32 / Francisco López Estrada, José Filgueira Valverde, José Jesús de Bustos Tovar, Ian Michael, Isabel Uría Maqua, Carlos Alvar, Manuel Alvar, Francisco Marcos Marín, Manuel Criado de Val, Agustín García Calvo, Rafael Lapesa, Stephen Gilman, Nicasio Salvador Miguel, José María Alín, Julio Rodríguez-Puértolas, Emilio García Gómez, Miguel Angel Pérez Priego y Diego Catalán

EL COMENTARIO DE TEXTOS, 4 (Poesía medieval)

33 / Alberto Blecua

MANUAL DE CRíTICA TEXTUAL

MANUAL
DE CRÍTICA TEXTUAL

LITERATURA Y SOCIEDAD

DIRECTOR
ANDRÉS AMORÓS

Colaboradores de los primeros volúmenes

Emilio Alarcos. Jaime Alazraki. Earl Aldrich. Manuel Alvar. Andrés Amorós. Enrique Anderson-Imbert. René Andioc. José J. Arrom. Francisco Ayala. Max Aub. Mariano Baquero Goyanes. Giuseppe Bellini. Rubén Benítez. Alberto Blecua. Jean-François Botrel. Carlos Bousoño. Antonio Buero Vallejo. Eugenio de Bustos. Richard J. Callan. Xorge del Campo. Jorge Campos. José Luis Cano. Alfredo Carballo. Helio Carpintero. José Caso. Elena Catena. Gabriel Celaya. Víctor de la Concha. Maxime Chevalier. John Deredita. Mario Di Pinto. Manuel Durán. Julio Durán-Cerda. Eduardo G. González. Luis S. Granjel. Alfonso Grosso. Miguel Herrero. Pedro Laín. Rafael Lapesa. Fernando Lázaro. Luis Leal. C. S. Lewis. Francisco López Estrada. Vicente Lloréns. José Carlos Mainer. Eduardo Martínez de Pisón. José María Martínez Cachero. Marina Mayoral. G. McMurray. Seymour Menton. Franco Meregalli. Martha Morello-Frosch. Antonio Muñoz. Julio Ortega. Roger M. Peel. Rafael Pérez de la Dehesa. Enrique Pupo-Walker. Richard M. Reeve. Hugo Rodríguez-Alcalá. Emir Rodríguez Monegal. Antonio Rodríguez-Moñino. Serge Salaün. Noël Salomon. Gregorio Salvador. Alberto Sánchez. Manuel Seco. Juan Sentaurens. Alexander Severino. Gonzalo Sobejano. Francisco Yndurain. Alonso Zamora Vicente.

ALBERTO BLECUA

Manual de crítica textual

EDITORIAL CASTALIA

Zurbano, 39 - Madrid (10). Tel. 419 58 57

Cubierta de Víctor Sanz

Impreso en España - Printed in Spain
Unigraf, S. A. Fuenlabrada (Madrid)

ISBN: 84-7039-413-4
Depósito Legal: M. 25.870-1983

SUMARIO

Francisco Rico,
rariori viro, optimo amico, culto magistro.

ADVERTENCIA PRELIMINAR

> «...dizen los sabios que toda lectión se deve leer diez vezes primero que se diga que se leyó; que 'se leyó' se dize, y no que se entienda.»
>
> (*Biblia de Ferrara,* en el prólogo)

La crítica textual es un arte que ofrece una serie de consejos generales extraídos de una práctica plurisecular sobre los casos individuales de naturaleza muy diversa. Por ejemplo, analizando múltiples casos particulares de los errores que cometen los copistas en diferentes épocas, lenguas y géneros, es posible reducir el error de copia a una tipología limitada. Parece claro que quien conozca el arte de editar textos estará, en el peor de los casos, en mejores condiciones de llevar a cabo una edición que aquel que ignore los presupuestos mínimos.

La búsqueda de un método que permitiera eliminar en lo posible lo subjetivo se remonta a los orígenes de la filología y se halla estrechamente ligada a la concepción del libro como transmisor de unos significados fundamentales —la *res*—, que se conformaban a su vez a través de unos significantes únicos —los *verba*—. Cualquier alteración de estos últimos podía provocar catástrofes exegéticas irremediables, en particular en aquellos textos que transmitían, nada menos, la palabra divina. La Biblia, la *Ilíada,* Aristóteles o Platón, pilares de una cultura basada en la palabra escrita y en su interpretación, debían permanecer incorruptibles, inmutables, siempre idénticos a su estado original. Una mala interpretación bíblica por error de una letra podía crear un hereje; un error en el nombre de una planta en Dioscórides podía ocasionar una defunción. Si la filología bíblica reconstruía la palabra divina, la filología clásica reconstruía la palabra pagana, comenzando, naturalmente, por la Gramática. En este último caso, un error mínimo —por ejemplo, en un régimen verbal— podía alterar la reconstrucción del sistema. El Brocense, con gran escándalo de cierto sector de los humanistas, enmendó sin apoyo manuscrito algún pasaje virgiliano que no se ajustaba a la norma gramatical que él había deducido. Ambas filologías, bíblica y clásica, fueron desarrollando al unísono un método que permitiera al filólogo actuar con la mayor objetividad posible. Así, en el siglo XIX se constituye un *ars critica,* conocida como 'método de Lachmann', que es, con matizaciones posteriores, la que habitualmente se sigue en la filología clásica.[1]

Desde fechas lejanas se fueron aplicando los mismos métodos de la filología bíblica o clásica a los textos vulgares. Su fin: reconstruir el sistema lingüístico y cultural de cada 'nación' desde sus orígenes, y mantener la palabra original de un 'autor', que, por otra parte, es lo que se había intentado hacer siempre con los clásicos para su correcta interpretación. Pero la filología vulgar se encontró con problemas muy distintos de los que planteaban las otras ilustres filologías, y aunque aplicó inicialmente el método lachmanniano, lo abandonó o lo utilizó con bastante escepticismo a raíz de un célebre y polémico artículo de Bédier. Sin embargo, gracias sobre todo a las contribuciones de Contini y de sus discípulos, en los dos últimos decenios entre los romanistas han reverdecido, con ramas más flexibles y mejores frutos, los árboles textuales del método de Lachmann. Neolachmannianas —o translachmannianas— son, en general, casi todas las introducciones teóricas que se han publicado durante estos años.[2]

La escuela filológica española, por su propia tradición histórica y por los problemas específicos que plantean algunos de sus textos más notables, ha sido poco partidaria del método lachman-

1 Para la bibliografía sobre la historia de la crítica textual y sus avatares, *vid.* pp. 18-19, n. 5. Ya en prensa este libro, han aparecido varios artículos de G. Morocho Gayo sobre el tema («La transmisión de textos y la crítica textual en la antigüedad», *Anales de la Universidad de Murcia,* 38 [1979-1980], pp. 3-27; «La crítica textual en Bizancio», *ibid.,* pp. 29-55; «Panorámica de la crítica textual contemporánea», *ibid.,* 39 [1980-81], pp. 3-25; «La crítica textual desde el Renacimiento a Lachmann», *ibid.* [en prensa]).

2 Además de la mencionada bibliografía en pp. 18-19, n. 5, *vid.* ahora Giorgio Chiarini, «Prospettive translachmanniane dell'Ecdotica», en *Ecdotica e testi ispanici,* Atti del Convegno Nazionale della Asociazione Ispanistici Italiani (Verona, giugno 1981), Verona, 1982, pp. 45-64.

niano. Hasta tal punto fue esta actitud refractaria, que hay que llegar a 1964, con la publicación del *Libro de Buen Amor* en edición crítica de Giorgio Chiarini, para encontrar un trabajo en el que, en palabras de Macrí, se «ha aplicado estricta y rigurosamente el método neolachmanniano en una edición de clásicos castellanos», y a 1965, con la edición crítica del *Buscón* llevada a cabo por Fernando Lázaro, para encontrar, también con palabras del maestro italiano, «la primera edición de un clásico castellano hecha por un filólogo español con aplicación exacta» del mencionado método.[3]

A pesar de las numerosas introducciones teóricas e históricas que se han publicado desde aquellas fechas, en particular en Italia, y que han divulgado el método tanto en la filología clásica como en la románica, la filología hispánica no cuenta todavía con una tradición sólida, y hay que reconocer que, en términos generales, la reflexión teórica sobre la materia es escasa, hecho que redunda, evidentemente, en perjuicio de la práctica.[4]

Yo no creo que se deban reducir todas las artes a la crítica textual ni que el método lachmanniano con sus matizaciones posteriores carezca de defectos. Sus limitaciones, como podrá comprobar el lector, son numerosas, y la dificultad de adaptar la teoría —por lo demás, nada compleja— a la práctica sigue siendo inmensa. Y, sin embargo, es el menos malo de los métodos conocidos.

Limitaciones... menos malo... En efecto, aunque mis alegatos anteriores en defensa del método lachmanniano pudieran hacer pensar que soy un fervoroso apologeta de una teoría que resuelva 'científicamente' los complejos problemas históricos que plantea un texto, el lector comprobará a lo largo del libro que tal actitud no existe. Por el contrario, desde su génesis, este libro se concibió con la intención de dar al neófito una guía inicial que le ayudara a caminar, sin más tropiezos que los nece-

[3] Oreste Macrí, *Ensayo de crítica sintagmática,* Madrid, Gredos, 1969, pp. 11 y 39.

[4] Sin embargo, ahora la filología hispánica cuenta ya con una revista dedicada al tema, *Incipit,* que publica el Seminario de Edición y Crítica Textual (SECRIT) de la Universidad de Buenos Aires, bajo la dirección de Germán Orduna.

sarios —que serán numerosos—, desde los árboles ideales del huerto teórico a la selva confusa de la práctica.

He dividido el libro en tres partes (teoría-práctica, historia y práctica), de acuerdo con lo que, en mi opinión, debe responder una introducción a un arte dirigida a un fin práctico como es el de editar textos. Justifico a continuación estas divisiones.

La primera parte intenta resolver el problema de la delimitación entre teoría y práctica. Era cuestión que siempre me había preocupado y de la que no encontraba respuestas satisfactorias en aquellas obras más reconocidas sobre la crítica textual. Aquí he procurado solucionar el problema delimitando, en cuanto me ha sido posible, las zonas en que teoría y práctica se separan y se interfieren y las causas históricas y conceptuales que han impedido la uniformidad de la crítica en puntos tan importantes como la división de las fases en la elaboración de la materia, esto es, en el proceso de una edición crítica; en la definición de conceptos tan fundamentales como *arquetipo* y *original*; y en las propias limitaciones de una teoría basada en el error. La primera parte es, por consiguiente, una reflexión teórica sobre la teoría y la práctica. O, mejor, una reflexión teórico-práctica (pues se aducen ejemplos extraídos del *Libro de Buen Amor*) sobre la teoría-práctica de la crítica textual. Creo que los resultados son satisfactorios y que desaparecen las incoherencias habituales. Sin embargo, dado que en ciertos puntos importantes, como los señalados, no responde a la ortodoxia tradicional del método, debe leerse con cautela y con espíritu crítico, pues no querría sembrar la confusión ni menos el error. Un crítico textual debe comenzar siendo crítico de los propios textos que enseñan el arte.

La crítica textual se ejerce sobre un texto concreto que ha sido compuesto y se ha transmitido en unas determinadas circunstancias históricas y, como tales, nunca idénticas. Crítica textual e historia de la transmisión son, por consiguiente, inseparables. Por este motivo he trazado en la segunda parte una breve historia de la transmisión literaria en España. Se trata de una apretada síntesis que hubiera podido desarrollarse en un libro de considerable extensión, pero por lo que atañe a la crítica textual no creo que en lo esencial pueda presentarse una tipología diferente.

Como este libro pretende ser un instrumento útil, en la tercera parte he incluido una colección de ejemplos que hacen referencia a lo expuesto en las dos partes primeras. En ellos podrá el lector observar en la realidad los distintos problemas que se plantean a lo largo de una edición crítica y, desde luego, podrá practicar él mismo lo aprendido en la teoría (como colacionar, por ejemplo, el cuento XIII de *El Conde Lucanor* o las distintas redacciones de la *República Literaria*). Salvo en dos casos, el de Guillem de Bergued́á y el de Guerau de Liost —en recuerdo el primero de las espléndidas clases de mi maestro Riquer, y como homenaje el segundo al poeta cuyo cincuentenario se conmemora este año—, me he limitado a ejemplos en castellano, mi campo propio de trabajo del que puedo dar fe por experiencia.

No quisiera cerrar esta advertencia preliminar sin dedicar unas palabras de agradecimiento a todos aquellos que, como Pilar Aparici, Sergio Beser, Amadeo Soberanas o Enric Bou, me facilitaron material para las láminas, o que, como mi padre o Francisco Rico, soportaron con santa paciencia mis disquisiciones ecdóticas, o me aclararon dudas teóricas, como mis colegas científicos Julià Cufí y Miguel Angel Sáinz. Pero, en especial, quiero dar las gracias a Charles Faulhaber y a Jaime Moll, cuyas sabias observaciones, tras la lectura del original, han permitido que este libro vea la luz con menos desaciertos de los que, presumiblemente, en sí contiene.

PRIMERA PARTE

TEORÍA-PRÁCTICA

INTRODUCCIÓN: EL PROBLEMA

EL ACTO DE LA COPIA

UN MENSAJE verbal puede transmitirse oralmente o por medio de la escritura. En cuanto el mensaje oral se fija en la escritura se convierte en un texto. La crítica textual, en efecto, puede trabajar sobre tradiciones orales pero sólo cuando quedan fijadas en forma de texto.[1]

Los textos pueden ser de dos tipos: originales o copias. Texto original es, en términos generales,[2] todo aquel que alguien escribe directamente dictándose a sí mismo. La distinción afecta al proceso de los errores porque en el original se elimina alguna de las operaciones que tienen lugar en el proceso de la copia, que son las siguientes: *a*) el copista lee un fragmento (una *pericopa*); *b*) lo memoriza; *c*) se lo dicta a sí mismo; *d*) lo transcribe; *e*) vuelve al modelo.[3] En el caso del original, la operación *a*) no

[1] Sobre la voz *texto vid.* el artículo de Cesare Segre en la *Enciclopedia* de Einaudi (Torino, 1981), s. v. *Testo.* Para las tradiciones orales *vid.* Jan Vansina, *La tradición oral,* Barcelona, Labor, 1966, donde incluso se lleva a cabo un *stemma codicum* de unas divisas de tribus africanas (pp. 134-138). De las tradiciones fluctuantes —cantares de gesta, romances, etc.— se tratará en la parte dedicada a la transmisión de las obras literarias en España.

[2] Para otras acepciones del término *original, vid.* más adelante, pp. 61-62 y 84-87.

[3] Una clara exposición en E. Vinaver, "Principles of Textual Emendation", *Studies in French Language and Medieval Literature Presented to Professor Mildred K. Pope,* Manchester University Press, 1939, pp. 351-369 (ahora en Christopher Kleinhenz, ed., *Medieval Manuscripts and*

existe y la operación *b*) se conforma diferentemente. En el caso de la copia al dictado, la operación *a*) es distinta, pues si en la lectura pueden confundirse unas letras por otras —un grafema [4] por otro— de acuerdo con las semejanzas gráficas, en el dictado las confusiones nacen de la similitud de unos fonemas. Así, por ejemplo, en un texto gótico podrán confundirse gráficamente una ſ (s) y una f (f), pero no una ſ (s) y una ʒ (z); en la copia al dictado, ocurrirá, en cambio, al revés. Es ocioso señalar que el modo de transmisión, el tipo de letra, la cultura del copista y las condiciones materiales de la copia varían en cada época. Más adelante se tratará de estos aspectos.

El error

La crítica textual [5] es el arte que tiene como fin presentar un texto depurado en lo posible de todos aquellos elementos ex-

---

Textual Criticism, Chapel Hill, North Carolina, 1976, pp. 139-159), y en casi todos los manuales de crítica textual. Algunos críticos reducen las operaciones a cuatro, fusionando *b)* y *c)* en una sola, y otros no tienen en cuenta la operación *e).* Parece más útil una división en cinco operaciones.

4 *Vid.* Emma Scoles, "Criteri ortografici nelle edizioni critiche di testi castigliani e teorie grafematiche", *Studi di Letteratura Spagnola,* III (1966), pp. 1-16.

5 Dom Quentin acuñó en 1926 un nuevo término, *Ecdotique* ('Ecdótica'), que algunos críticos utilizan como sinónimo de *crítica textual* (como es el caso de Silvio D'Arco Avalle, *Principi...,* p. 21) y otros, como A. Roncaglia *(Principi e applicazioni...,* p. 26), dan a este término un significado más extenso, puesto que incluiría, además de su núcleo puramente filológico —la crítica textual—, todos los aspectos de la técnica editorial, como es la disposición, titulación, el uso diferenciador de los caracteres gráficos, ilustraciones, índices, etc. En alguna ocasión se utiliza también el término *stemmatica* como sinónimo de *crítica textual,* dado que el llamado método lachmanniano, basado en la construcción del *stemma,* es el más generalizado. En fechas relativamente recientes ha surgido una nueva arte, la *Textología* —el término procede de Tomachevski (1928) y es normal en la filología eslava— que tiene por objeto velar "à la bonne utilisation des signes typographiques: elle ne s'applique qu'à des textes déjà typographiques ou du moins pré-typographiques, c'est-à-dire compatibles avec le système. Elle est une sémiologie scientifique des textes parce qu'elle néglige la signification humaine, philoso-

traños al autor. Deberá atender, en primer lugar, a los errores propios de la copia.

Es un hecho evidente que todos cometemos errores al escribir. El número de ellos varía, claro está, según sean las condiciones materiales o psicológicas de quien lleva a cabo la operación de escribir. Un modelo dispuesto con poca claridad, una mala iluminación del lugar, la fatiga o la preocupación provocarán en un copista mayor número de errores que otro que realice su copia —de un modelo o al dictado— en condiciones óptimas. Un copista profesional cometerá menos yerros que un copista accidental. Las estadísticas demuestran que, como media, se comete un error por página. [6] Cuanta mayor difusión tiene un texto, tanto mayores son las probabilidades de que los errores se acumulen hasta el punto de convertirlo en ininteligible. Sin la existencia del *grammaticus,* la cultura occidental, tal y como la conocemos, no existiría. La crítica textual nace con el libro a fin de que las obras mantengan un grado máximo de pureza e inteligibilidad. Es una *ancilla libri* que intenta conservarlo siempre en su aspecto más puro.

En las cinco operaciones que se efectúan en el acto de la copia el tipo de error varía, pero de acuerdo con las categorías modificativas aristotélicas, [7] los cuatro tipos de errores posibles son:

---

phique, etc. au profit du sens opératoire des signes en tant qu'ils fondent l'espace de la textualité" (Roger Laufer, *Introduction à la textologie...,* p. 9). La *Textología* vendría a ocupar, por consiguiente, el espacio que deja vacío la Crítica textual si la entendemos como una parte —central, desde luego—, de la Ecdótica, y a su vez tomaría de aquélla el método filiativo. Para la historia de la Crítica textual debe consultarse el libro fundamental de Sebastiano Timpanaro, *La genesi...,* que puede completarse con el de E. J. Kenney, *The Classical Text.* Una excelente revisión del estado actual en Gino Belloni, "Rassegna di studi e manuali filologici", *Lettere Italiane,* 28 (1976), pp. 482-514.

[6] Naturalmente, los copistas cometen más errores cuando están fatigados. De ahí que, en general, en los manuscritos e impresos se observa que los errores se acumulan en ciertas zonas y en otras apenas existen.

[7] Para el origen de esta clasificación del error, *vid.* E. J. Kenney, *The Classical Text,* pp. 28-29, que la remonta a Quintiliano, de quien la toman los humanistas (Ugoletus en 1494 y posteriormente Valla). Y, en efecto, los humanistas no hicieron más que aplicar la clasificación de la Gramática y de la Retórica (los 'vicios' y 'virtudes'). Pero Quintiliano no hacía a su vez más que trasladar a la Retórica las categorías

a) por adición *(adiectio); b*) omisión *(detractatio); c*) alteración del orden *(transmutatio),* y *d*) por sustitución *(immutatio).*

En este apartado nos referimos específicamente a los errores propios de la copia, errores accidentales cometidos por un copista de forma inconsciente. Caso distinto es el de todos aquellos cambios que se originan por la intervención voluntaria del copista que, con plena conciencia, altera el texto. Todo error supone un cambio, pero no todo cambio supone un error. Un copista puede alterar el texto por causas muy diversas. En numerosas ocasiones, y en especial en textos transmitidos en un solo testimonio, resulta imposible detectar cuando se trata de una intervención voluntaria o cuando de un error accidental, como sucede, por ejemplo, en los casos de inversiones y sustituciones.

A) *Errores propios del copista*

a) Por adición

Ocurre con frecuencia que un copista repite una letra, una sílaba, una palabra o una o más frases. Esto último sucede en pasajes repetitivos en los que la cercanía de frases iguales o muy similares favorece el error. Si la frase es extensa, el copista advierte el error y lo subsana de inmediato. Por lo general, cuando no lo advierte es porque ha hecho un alto en la copia y al reanudar el trabajo ha vuelto a un pasaje ya copiado. Los casos de repeticiones de sílabas o palabras son, en cambio, frecuentes. El fenómeno recibe el nombre de *ditografía* o *duplografía.*

---

modificativas aristotélicas. Otras tipologías del error lo clasifican en *a)* visuales, *b)* mnemónicos, *c)* psicológicos, y *d)* mecánicos. Dado que, en su opinión, lo psicológico interviene siempre, A. Roncaglia *(Principi,* p. 103*)* prefiere los siguientes tipos: *a)* de lectura, *b)* de memorización, *c)* de dictado interior, y *d)* de ejecución manual, tipos que se corresponden con las cuatro operaciones del proceso de la copia. La clasificación más minuciosa sigue siendo probablemente la de Gaspar Scioppius *(De arte critica; et praecipue, de altera parte emendatrice,* Amsterdam, 1662) al tratar del arte de la enmienda (puede leerse en Kenney, *op. cit.*, p. 39). Un amplio repertorio de ejemplos en Louis Havet, *Manuel de Critique verbale,* París, 1911.

a) Adición de un fonema por atracción de otro anterior o posterior de la misma palabra o de la palabra contigua. En general, el error está motivado por el dictado interior:

219 a Sorberuia *S* [8]
289 d piereden *S*
174 a contençió *S*
156 d al perezoso fazer ser presto e agudo *S*
302 a con nel *S*

b) Adición de una sílaba por repetición.

1370 d fauaua ('haba') *S*

c) Adición por repetición de una palabra o una frase breve:

653 c ¡Qué cabellos, qué boquilla, *qué boquilla,* qué color *S*
738 a Dixo Trotaconventos: «¿Quién *fija* es, fija señora *S*

Obedece habitualmente a la operación *e)*, esto es: el copista vuelve al modelo porque no recuerda con exactitud la pericopa.

d) Adición de un sinónimo. Es caso extraño y está estrechamente ligado a los errores por sustitución (el copista memoriza el sinónimo y a la vez la lección del modelo y se dicta ambas formas): [9]

1248 a Dixieron allí luego todos los ordenados *GT*
todos los *religiosos* e ordenados *S*

b) Por omisión

El copista omite una letra, sílaba, palabra o frase de extensión variable cuando el elemento siguiente comienza o termina de forma igual o muy semejante. La omisión de una sílaba

[8] Estos y los siguientes tipos de errores van ejemplificados con casos del *Libro de Buen Amor,* en sus tres manuscritos: *S, G* y *T*. El número hace referencia a la estrofa y la letra al verso. Sólo indico las variantes que afectan al caso concreto.

[9] En el ejemplo siguiente el caso parece claro, pero, en general, cuando se dan estas sinonimias las causas son otras: glosas, interlineales o marginales, incorporadas al texto.

o palabra se conoce bajo el nombre de *haplografía*. La de una frase que puede ser de cierta extensión se denomina salto por *homoioteleuton* o salto de igual a igual *(omissio ex homoioteleuto)*.

El salto por *homoioteleuton* y la *haplografía* son los fenómenos más frecuentes en la transmisión manuscrita porque, particularmente en el caso del primero, no suelen ser advertidos por los copistas posteriores, en tanto que las adiciones por repetición, al ser notadas de inmediato, desaparecen en las copias. En los casos en que sólo se conserva un testimonio transmisor de la obra, los saltos por *homoioteleuton* suelen pasar inadvertidos, a no ser que exista una evidente ruptura de sentido.

Son muy frecuentes también en el proceso de la copia las pérdidas de palabras con poca entidad gráfica como conjunciones, artículos, pronombres, etc. El olvido, por razones obvias, resulta particularmente grave en el caso de la negación.

Por lo que respecta a otras pérdidas —las lagunas no justificadas por las causas anteriores—, habitualmente se producen por motivos ajenos al copista y deben incluirse dentro de esa categoría (excepción hecha de pérdidas de versos, aunque, en general, suelen estar motivadas por los saltos de igual a igual).

a) Omisión de un fonema o de una letra:

298 d vassal[l]o *S*
340 b asign[a]se *S*
539 a C[r]eyó *S*
937 c como estas vieja[s] troyas *S*

b) Omisión de una sílaba o una palabra idéntica o muy similar gráficamente a la contigua *(haplografía)*:

497 c échanle las [es]posas *S*
527 c entende[de]ra *S*
893 a dolíale [la] tiesta *S*
965 c prome[te]d *S*
1161 b era del [papo] papa e dél mucho privado *S*
1177 d que vayan a la iglesia con [con]çiençia clara *T*

1929 a El segundo adoba e aprieta carrales,
b esconbra los rastrojos e cerça los corrales;
c estercuela barvechos e sacude nogales;
d comiença a bendimiar uvas de los parrales. *GT*

c estercuela barvechos e sacude nogales;
d comiença a bendimiar uvas de los parrales;
b esconbra los rastrojos e çerca los corrales. *S*

Lo mismo sucede con la inversión de las estrofas 505-506 en *S* o la inserción de la copla 497 entre las 501 y 502 en *G*. En buena parte de estos casos la transposición puede haberse producido al estar escrito al margen el verso o la copla saltada y un copista posterior no ha sabido integrarlos en su lugar apropiado.

d) Por sustitución

Es fenómeno más complejo que los anteriores. Afecta habitualmente a una palabra y se trata, por lo general, de un error propio de la operación *a*), es decir, de la lectura del modelo. Por causas distintas —desde el desconocimiento de la lengua o de la grafía hasta una mala iluminación— el copista confunde unos grafemas por otros y lee una palabra distinta de la del modelo. El caso más frecuente es el de la *lectio facilior* o trivialización: ante una palabra poco frecuente con rasgos gráficos muy similares a otra de uso normal, el copista opta de inmediato por la segunda, la lección más fácil. Habitual es también la confusión de unas abreviaturas por otras. E igualmente abundan los errores cuando un copista se encuentra ante una cadena de palabras en escritura continua y realiza los cortes en lugar no conveniente. Estos errores suelen ser conocidos como *errores paleográficos*.

Más complejos y no siempre fáciles de deslindar de las intervenciones voluntarias de los copistas, son aquellos cambios en que es sustituida una palabra que no presenta semejanzas gráficas con el modelo. Puede deberse a causas propias de la operación *a*), es decir, de la lectura, y estar estrechamente ligadas a los saltos por *homoioteleuton,* si la palabra o frase en cuestión se halla situada en la misma disposición o muy similar a otra de la línea anterior o posterior. En pasajes repetitivos

—y afecta a la operación *b*), la memorización— es fácil que el copista, en lugar de la lección del modelo, dé otra que ha aparecido con frecuencia en contextos similares del texto copiado. El caso de la confusión de nombres propios que se repiten en un texto —en las obras de teatro, por ejemplo, o en los textos históricos— es muy normal.

Factores de explicación más difícil intervienen en los casos en que un copista comete un *error por sinonimia* —casi imposible de determinar si se trata de un error accidental o de un cambio voluntario— o un *error por antonimia,* evidentemente error accidental.

No niego que puedan existir otros cambios no voluntarios que puedan obedecer a complejos procesos psicológicos. Sin embargo, creo, con Timpanaro, que la inmensa mayoría de los lapsos que analiza Freud y que pretende explicar por el subconsciente del copista, entran de hecho en las especies anteriormente citadas y se justifican sin necesidad de recurrir a la psicopatología de la vida cotidiana. [12]

a) Sustitución de un fonema por atracción de otro cercano:

358 b en criminal *S* : *in* criminal *G*
377 a En saliendo el sol *G* : E*l* saliendo el sol *S*
1039 a tanto alto *G* : ta*l*to alto *S*

b) Sustitución por atracción de una palabra igual en la misma pericopa:

731 c El coraçón del omne por la obra se prueva *G*
El coraçón del omne por *el coraçón* se prueva *S*
40 bd vino a él bailando la rana cantadera *S*
vino a él *cantando* la rana cantadera *G*
786 d coraçón, por tu culpa bivirás *culpa* penada *S*

c) Sustitución de una palabra o frase por otra de la pericopa inmediata o cercana. De hecho se produce una omisión por salto en la lectura del copista a la línea anterior o siguiente:

[12] *Vid.* S. Timpanaro, *Il lapsus freudiano. Psicoanalisi e critica testuale,* Firenze, La Nuova Italia, 1974 (hay traducción castellana: *El lapsus freudiano,* Barcelona, Crítica, 1977).

497 a El dinero quebranta las cadenas dañosas,
b tira çepos e grillos e presiones peligrosas *S*
b e *cadenas* peligrosas *G*
1314 c sienpre quiere alegría, plazer e ser pagado;
d de triste e de sañudo non quiere ser *ospedado* *S*
d ser *pagado* *G*
d ser *amado* *T*

Como puede observarse, en *G* se ha producido un salto al verso anterior. La lección de *T* indica que la rama presentaba el mismo error de *G* y que un copista, al advertirlo, subsanó conjeturalmente. La lección correcta al parecer es la de *S*.[13]

Caso similar al anterior, pero más complejo, es el siguiente:

1152 d el Rosario de Guido, Novela e *Decretorio.*
1153 a *Dotores* más de çiento, en libros e questiones,
b con fuertes argumentos, con sotiles razones,
c tienen sobre estos casos deviersas opiniones. *G*
1152 d el Rosario de Guido, Novela e *Diratorio.*
1153 a *Decretales* más de çiento, en libros e en questiones *S*

En algún momento de la rama *S* el verso 1152 d debía leer *Decretorio* que por atracción pasó también al principio del verso siguiente, en vez de *Dotores*. Un copista conjeturó que *Decretorio* carecía de sentido sintáctico y lo enmendó en *Decretales*. La lección correcta es la de *G*.

d) Sustituciones de fonemas por desconocimiento histórico del copista:

258 d Joab: J*a*ab *S*
381 d Factus sum sicut uter
fautus un sicud uter *G*
feo sant sant uter *S*

e) Sustitución de una palabra por otra de similar frecuencia en el uso y con grafemas casi idénticos:

382 c *v*uestra *G* : *n*uestra *S*
501 a m*e*jores *S* : m*ay*ores *G*

[13] Evidentemente, la rama *S* pudo encontrarse con el error y subsanarlo por conjetura, como *T*, aunque la lectura *ospedado* tiene todo el aspecto de ser original.

618 a tó*m*anse *S* : tó*rn*anse *G*
1317 c ga*rr*ida *S* : g*u*a*r*da *G* : g*u*a*r*ida *T*
801 a *Conteçe G* : *Estonçe S*

f) Sustitución de una palabra o frase por otra al establecer mal el corte sintáctico:

1253 d *al tomar* vienen prestos, a la lid tardineros *SG*
alta mar *T*
1476 d es *en amigo* falso toda la malandança *S*
enemigo malo *GT*

Como puede observarse no se trata de un cambio por antonimia, sino de un error paleográfico. La lección *malo* de *GT* es una corrección posterior al error, ya que *falso* carecía de sentido como epíteto, aunque igualmente podría tratarse de un error por atracción del v. 1253 b ("quien con *amigo malo...*").

g) Sustitución de una palabra por otra por atracción del contexto —de un pasaje o de toda la obra—:

607 d Respondió doña Venus: "Se*rv*idores vençen *S*
Los se*gu*idores vençen *G*
619 c con arte e con *of*içio *G* : con arte e con *serv*içio *S*
1386 c como el ga*ll*o *ST* : como el ga*lg*o *G*

h) Sustitución por sinonimia: [14]

330 a çibdat *S* : tierra *G*
402 a loca *S* : nesçia *G*
475 a dona *S* : joya *G*

i) Sustitución por antonimia:

42 f e por nos murió *S*
por nos nació *G*

j) Sustitución por confusión de una abreviatura con una palabra sin abreviar:

[14] En los casos de sinonimia es muy difícil dilucidar si se trata de un cambio accidental o de un cambio voluntario de copista.

1312 b la Quaresma católica dóla a *santa* Quiteria *G*
dela santa Quiteria *T*
de *aquesta* Quiteria *S*

Muy probablemente la rama *S* se encontró con la lección *de s̄tā,* que entendió como *d'esta* (de ésta) y enmendó en *de aquesta* para subsanar la hipometría.

Más complejo es el ejemplo siguiente:

1273 a Comia nuezes primeras e asava las castañas *S*
nuevas piñas *G*

Parece claro que en este caso en la rama *G* se produjo un primer error por *lectio facilior* contextual (*nuevas* por *nuezes*) y probablemente el recuerdo de *castañas,* con la palatal, y la visión de la abreviatura *p̄mas̄* provocó el error.

k) Sustitución por trivialización *(lectio facilior)*:

354 a alegada *G* : llegada *S*
846 a El amor cobdicioso quiebra *caustras e* puertas *S*
El amor engañoso quiebra *vuestras* puertas *G*

En este caso se ha producido una innovación *(cobdiçioso)* y una *lectio facilior* al desaparecer anteriormente la conjunción *e.*

1213 a çapoña *S* : çanpona *G* : canpana *T*
1214 c vienen derredor della, *balando,* mucha oveja *S*
bailando *G*
saltando *T*

La lección de *T* es una innovación llevada a cabo sobre la de *G.*

1457 d fue el ladrón a un *canbio,* furtó de oro gran sarta *S*
camino *T*

En algún caso, la trivialización se produce por atracción de una frase hecha:

1379 c al que *teme la muerte* el panar sabe a fiel *SG*
al que *toma la puerta* *T*
1475 d él le da *mala çima* e grand mal en chico rato *S*
él le da *mala çena* *G*
1477 d desque le veen en coita non dan por él dos *motes SG*
nuezes T

En los casos anteriores el copista, aunque conoce la lección correcta, lee inconscientemente palabras o sintagmas que le son más habituales. En los siguientes, en cambio, el copista se convierte en intérprete paleográfico al desconocer qué quiere decir el modelo e intenta reconstruir el pasaje, trivializando e innovando:

396 d que *aquel Mingo Oveja non es della* parejo *S*
que *tal ninguno non ay en villa* nin es parejo *G*
849 d o callará vençido o váyase *por Menga S*
do venga G

Frente a los primeros, estos dos casos, aunque presenten *lectiones faciliores,* deben incluirse entre las innovaciones —esto es, cambios conscientes— mejor que entre los tipos de error inconsciente de copista. La distinción tiene interés, como veremos, a la hora de tratar de los errores comunes.

B) *Errores ajenos al copista*

Además de los errores accidentales anteriormente citados, y que son naturales en todo copista, en el proceso de la transmisión de un texto pueden aparecer otros más notables y de importancia mayor que son debidos a las condiciones materiales de la difusión y composición del libro, manuscrito o impreso. Me refiero a todos aquellos casos de pérdidas de palabras, frases o pasajes a veces de extensión muy considerable debidas a agentes destructores como el tiempo, la humedad, el fuego, la polilla y, desde luego, a la inclinación aniquiladora que padecen en todas las épocas algunos individuos, en especial los censores. El proceso de composición del libro —la encuadernación, por ejemplo— origina igualmente perturbaciones notables en la integridad del texto. De estos aspectos se tratará por extenso en los capítulos dedicados a la transmisión.

EL MÉTODO

Introducción a las fases de la crítica textual

SOBRE el número y orden de estas fases, conocidas y practicadas desde antiguo, aunque no con los mismos presupuestos metodológicos, los filólogos no mantienen una actitud unánime. La disparidad de criterios en la división del proceso viene determinada por el propio desarrollo histórico de la Filología.[1] Hasta el siglo XVIII, los humanistas practican básicamente la *emendatio,* es decir, la corrección del *textus receptus* o de la *editio vulgata* sin establecer una *recensio* —análisis de las variantes de todos los testimonios y la filiación de éstos— de tipo exhaustivo. Se limitan a realizar una *selectio* de lecciones y corrigen bien con ayuda de otros testimonios *(emendatio ope codicum),* bien por conjetura *(emendatio ope ingenii, ex coniectura, divinatio).*[2] Practican, pues, más una simple *recognitio* de los códices que una *recensio* completa. La gran novedad en la filología del siglo XIX —con preclaros antecedentes del siglo anterior, como Bengel o Wettstein— es la fundación científica de la *recensio.* Lachmann, tras las huellas de Wolf, Zumpt y Madvig entre otros, divide tajantemente la parte crítica del texto en *recensio* y *emendatio.* Según Lachmann, la *recensio* tiene como fin la

[1] *Vid.,* sobre todo, la mencionada obra de Timpanaro, *La genesi...;* la de Kenney, *The Classical Text...;* y la de L. D. Reynolds y N. G. Wilson, *Copisti i filologi. La tradizione dei classici dall'Antichità ai Tempi moderni,* Padova, Antenore, 1974 (segunda edición revisada sobre el original inglés, Oxford, 1968).

[2] Para la rica terminología humanista *vid.* Silvia Rizzo, *Il lessico filologico degli humanisti,* Sussidi Eruditi, 26, Roma, Edizioni di Storia e Letteratura, 1973.

construcción de un *stemma* y —a través de una elemental teoría de conjuntos— aplicarlo mecánicamente para conseguir la reconstrucción del arquetipo medieval —nos hallamos en el campo de la filología clásica— del que derivarían los testimonios conservados. En contra de la filología humanista, muy amiga de la *emendatio ope codicum* u *ope ingenii,* pero siempre acudiendo al *iudicium,* Lachmann postulaba una *recensio sine interpretatione,*[3] y sólo se permite acudir al *iudicium* cuando dos variantes presentan, de acuerdo con el *stemma,* igual autoridad.[4] La *recensio sine interpretatione* suscitó desde principios del siglo XX numerosas réplicas desde distintas perspectivas —Bédier, Maas, Pasquali, Barbi— y también adeptos extremos —Dom Quentin[5]. Se tendió, en general, a valorar más el *iudicium* del filólogo y, por consiguiente, a incluir dos nuevas fases entre la *recensio* y la *emendatio*: la *examinatio* de las variantes para poder determinar si la tradición se halla o no dañada y la *selectio* o selección de la variante que corresponda al *arquetipo.*[6] Caso de que la tradición esté deteriorada, el filólogo deberá acudir a la *divinatio,* esto es, a la clásica *emendatio ope ingenii.* La igualmente clásica *emendatio ope codicum* no tenía demasiado sentido puesto que, desechados a partir de la *recensio* con *stemma* los métodos tradicionales basados en el *textus receptus,* el *codex vetustissimus,* el *codex antiquior,* el *codex optimus*

3 "Recensere [...] sine interpretatione et possumus et debemus", escribe Lachmann en el prefacio a su *editio maior* del Nuevo Testamento [1842] (ap. Timpanaro, *La genesi...,* p. 47).

4 En realidad, el método de Lachmann, de acuerdo con las conclusiones de Timpanaro *(La genesi...,* pp. 77-80), no es original más que en el punto del uso de criterios mecánicos para determinar la lección correcta. Para la fama posterior de Lachmann y cómo fue considerado el creador de un nuevo método *vid.* Kenney, *The Classical...,* pp. 105-129.

5 Para una visión general de la crítica textual en el siglo XX *vid.* Kenney, *The Classical...,* pp. 131-149, y el mencionado artículo de Belloni, "Rassegna...". Para el método de Dom H. Quentin *vid.* más adelante, pp. 105-108.

6 Es la división del célebre manual de Paul Maas, *Textkritik,* Leipzig, Teubner, 1927. Utilizo la traducción italiana *(Critica del testo,* Firenze, Le Monnier, 1952) llevada a cabo sobre la segunda edición alemana (Leipzig, Teubner, 1950).

o el de los *codices plurimi,*[7] no se enmendaba ningún códice concreto, sino que se reconstruía un ideal arquetipo perdido. La *selectio* viene a ocupar la casilla vacía de la *emendatio ope codicum* y la *divinatio* la de la *emendatio ope ingenii.*

Estos son, a grandes rasgos, los motivos por los que los actuales manuales del arte textual discrepan, en general, en la división del proceso de la edición crítica y en el número y lugar de cada fase. No soy partidario de innovaciones en aquellas artes o métodos pluriseculares, pero creo que, en este caso, el mismo peso de la tradición, con sus vaivenes históricos inevitables, puede crear confusiones entre los lectores que no conozcan a fondo la teoría y la práctica textual. Quien haya llevado a cabo una edición crítica sabe que la *examinatio* y la *selectio* no son unas fases específicas de la crítica textual, sino de cualquier situación en que se utilice el *iudicium* y sin él, desde luego, no se puede llevar a cabo nada que se denomine crítico.

Parece evidente que en el proceso de la edición crítica existen dos grandes fases o partes bastante diferenciadas: la primera es una fase que tiene como fin determinar la filiación o las relaciones que se dan entre los testimonios; la segunda es una fase decisoria, más pragmática, que tiene como fin dar un texto crítico concreto a los lectores. Denominaré a la primera fase, de acuerdo con una de sus acepciones tradicionales, *recensio;* a la segunda, *constitutio textus.*[8] A su vez, la *recensio* puede

[7] Se trata de los llamados 'métodos anticuados', a los que todavía hay que acudir en algunos casos. El del *textus receptus* consiste en admitir como válido el texto tradicionalmente conocido (puede coincidir con la *editio princeps* cuando se ha convertido en *editio vulgata*); el método del *codex vetustissimus* o el del *codex antiquior* consiste en aceptar el más antiguo de los testimonios; el del *codex optimus* en seguir el que se considera el mejor testimonio, que suele coincidir con el *vetustissimus* o con el *antiquior*; finalmente, el método de los *codices plurimi* se basa en elaborar un texto con las lecciones de la mayoría de los testimonios.

[8] Puede utilizarse el término *restitutio textus,* que, en general, se emplea como sinónimo *(vid.* Armando Balduino, *Manuale di Filologia italiana,* Firenze, Sansoni, 1979, pp. 3, 32, 51, etc.*).* Prefiero *constitutio* por su carácter más amplio, que se adecua mejor a la finalidad de esta fase.

subdividirse en: *a*) *fontes criticae,* esto es, el acopio y análisis histórico de los testimonios [9]; *b*) *collatio codicum,* es decir, la colación o cotejo de todos los testimonios entre sí para determinar las *lectiones variae* o variantes; *c*) *examinatio* y *selectio* de las variantes; *d*) *constitutio stemmatis codicum* si es posible. La *constitutio textus* puede subdividirse en: *a*) *examinatio* y *selectio* de las variantes *(emendatio ope codicum)*; *b*) *emendatio ope ingenii* o *divinatio*; *c*) *dispositio textus* (grafías, acentuación, puntuación, signos diacríticos, etc.); *d*) *apparatus criticus*; *e*) *corrección de pruebas.*

9 Habitualmente esta fase es conocida como *recensio.* Doy el término de *fontes criticae* para evitar la confusión con el significado más amplio de *recensio* que su propia historia ha convertido en anfibológico. Puede utilizarse otro si se desea, al igual que en el caso de *constitutio stemmatis.* No he encontrado término idóneo latino para *corrección de pruebas.*

LIBRO PRIMERO

Recensio

I. *FONTES CRITICAE*

A TRAVÉS de las distintas fuentes bibliográficas, el editor debe acceder directamente a todos los testimonios. El ideal sería tener siempre a la vista todos ellos durante el proceso de la edición. Este ideal crítico, salvo casos excepcionales, no puede realizarse porque la dispersión de los testimonios en distintas bibliotecas lo impide. Hasta fechas recientes, los humanistas se veían obligados a realizar largos e incómodos desplazamientos y a copiar directa o indirectamente los testimonios —de ahí que se hiciera más una *recognitio* que una *recensio* exhaustiva. Hoy, el microfilm, la xerocopia, la facilidad de la información y de los medios de comunicación han hecho la tarea del filólogo bastante más segura, más cómoda y, desde luego, menos heroica. Aunque los procedimientos modernos de reproducción son muy perfectos, el editor debería acudir directamente a los testimonios porque ciertos detalles de lectura y, sobre todo, la constitución de los códices y ediciones sólo se puede apreciar físicamente. [1] El examen de las fuentes y de los

[1] Recuérdese, por ejemplo, que los folios en blanco que aparecen en la edición facsímil del *Cancionero de Baena* (New York, 1926) no existen en realidad: se trata de microfilms en blanco que por inadvertencia pasaron al facsímil, por lo demás, muy cuidado (más que la reedición de 1970, en la que ha desaparecido la foliación, notas marginales, correcciones y reclamos; *vid.* Barclay Tittmann, "A contribution to the study of the *Cancionero de Baena* manuscript", *Aquila,* I [1968], p. 190). O el caso del facsímil de la *Copilaçam* de Gil Vicente (*vid.* Stephen Reckert, "El verdadero texto de la *Copilaçam* de Gil Vicente", *Homenaje a Dámaso Alonso,* III, 1963, pp. 53-68). Para el problema de los facsímiles *vid.* las

testimonios —y, por descontado, el previo conocimiento de la paleografía, codicología y textología—[2] servirán para determinar la constitución, fecha e historia de los testimonios. Son sumamente importantes las descripciones y transcripciones antiguas de manuscritos, porque posteriormente han podido sufrir alteraciones graves como pérdidas de hojas, adiciones facticias, reencuadernaciones y deterioros notables. Y, desde luego, el editor debe conocer las ediciones y estudios sobre la obra y, en particular, aquellos que afectan a la constitución del texto.

Tipos de tradición

Un texto ha podido llegar hasta nosotros a través de uno o más testimonios; en *tradición directa* o en *tradición indirecta,* es decir, en citas de otros autores, fragmentos en antologías, en refundiciones, en traducciones, etc., y en forma manuscrita o impresa, o en ambas a la vez.

Ejemplo de tradición indirecta puede ser el de la primera redacción de las *Soledades* de Góngora, conocida a través de la carta de Pedro de Valencia, o el cantar de *Los infantes de Lara,* que ha podido ser reconstruido parcialmente gracias a las prosificaciones en las crónicas y a través del romancero (Lám. LXXX). Del *Libro de buen amor* se conservan, entre otros, fragmentos de la traducción portuguesa, citas meramente morísticas del Arcipreste de Talavera o de García de Salazar, breves antologías de Alvar Gómez de Castro con versos desconocidos[3] y citas de

observaciones de Fredson Bowers en *Modern Philology,* 53 (1955), pp. 50-57.

2 Para la Codicología, además del clásico libro de A. Dain, *Les Manuscrits,* París, 1964², debe consultarse la colección al cuidado de A. Gruys y J. P. Gumbert, *Litterae Textuales: Codicologica,* vols. I, II y IV, Leiden, Brill, 1976-1978. Para la Textología una buena visión general se halla en el mencionado libro de Laufer, *Introduction à la textologie,* París, Larousse, 1972. Para el libro clásico español es imprescindible el estudio de J. Moll, "Problemas bibliográficos del libro español en el Siglo de Oro", *Boletín de la Real Academia Española,* 59 (1979), pp. 49-107.

3 Gómez de Castro copia varios versos en orden descendiente procedentes del episodio de doña Endrina quizá de algunos folios desgajados del ms. *T* o de otro códice de su misma familia, como supuso Sánchez-

Ortiz de Zúñiga comunicadas por Argote de Molina, procedentes como el anterior, de un manuscrito perdido. En la mayoría de los casos de citas indirectas conviene sopesar con cuidado el valor de los testimonios que las transmiten. Las citas memorísticas, por ejemplo, son siempre peligrosas en cuanto a la fidelidad textual, pero también lo son las que proceden de manuscritos perdidos, como es el caso de Argote de Molina, erudito competente aunque poco de fiar porque tenía tendencia natural a la *emendatio ope ingenii* y a arcaizar los textos medievales.[4]

A) Tradición con un solo testimonio

Puede ser manuscrita o impresa.

a) Tradición manuscrita

Un manuscrito o códice puede ser *autógrafo,* es decir, de mano del autor de la obra, o copia de mano ajena.

En el primer caso conviene distinguir entre *borrador, original* y *copia autógrafa.* El *borrador* presenta siempre correcciones abundantes por lo general; o lo que es lo mismo, da un texto en las distintas etapas de creación. Llamaremos *original autógrafo* a una copia hecha sobre el *borrador,* copia en la que, como es lógico, el autor pone especial cuidado —aunque no siempre. Una *copia autógrafa* es aquella que el autor ha realizado sobre el original u otra copia, y en numerosas ocasiones no posee mayor valor que el de una copia de mano ajena, pues el autor puede cometer los mismos o más errores que los co-

Cantón ("Siete versos inéditos del *Libro de Buen Amor*", *Revista de Filología Española,* 5 [1918], pp. 43-45). Verosímilmente estos versos no van situados entre las coplas 766 y 767 como indicaba Sánchez-Cantón, a quien siguen algunos editores, sino en la laguna entre las coplas 877 y 878.

[4] Que es lo que hace, por ejemplo, en *El Conde Lucanor.* Argote debió de conocer el manuscrito *G* u otro similar en el que faltaban los versos 1023e y 1025e, como se advierte por la lección del v. 1023e "de la madrugada" que trae Argote frente a la lectura de *S* "e de grand elada", que es la presumiblemente original, como atestigua el v. 1006d "viento con grand elada, rozío con friura", de quien el otro es repetición en métrica distinta. En mi opinión, las lecciones de Argote son *emendationes ope ingenii,* y, por consiguiente, pudo conocer el manuscrito *G.*

pistas. No siempre resulta fácil distinguir un original de una copia autógrafa. En general, el borrador suele presentar numerosas correcciones —aunque no necesariamente, como sucede, por ejemplo, con las cartas que pueden ser a la vez borradores y originales—; el original sólo presentará algunas ligeras correcciones —aunque el texto puede diferir bastante del borrador que le sirve de base—; y la copia ninguna. La distinción entre los tres no es gratuita porque el original, como copia de un borrador, incluirá más errores, pero a la vez subsanará errores de aquél, y en la copia autógrafa los errores serán más abundantes, aunque el autor pueda igualmente subsanar otros del original o copia que le sirve de base. En la transmisión con varios testimonios esta distinción reviste particular interés.

Por lo que se refiere a las copias no autógrafas, se denomina *apógrafo* a un manuscrito copiado sobre un autógrafo y que, a veces, suele llevar correcciones del propio autor. Es frecuente el caso de autores que tienen a su servicio copistas profesionales que pueden realizar su trabajo sobre un borrador, un original, una copia autógrafa, o sencillamente, al dictado. Para el valor del testimonio resulta de suma importancia discernir entre un apógrafo y una copia cualquiera.[5]

El valor de un testimonio no autógrafo ni apógrafo depende de numerosos factores que deben ser sopesados con sumo cuidado, factores que no pueden reducirse a una tipología cerrada. Cada lengua, cada época, cada tipo de obra, cada autor y cada texto plantea problemas distintos. De ellos nos ocuparemos al tratar de la transmisión.

b) Tradición impresa

Ocurre, por lo general, que todos los ejemplares impresos de una misma edición son idénticos y, por consiguiente, mil ejemplares equivalen a un solo testimonio, pero hasta fechas relativamente cercanas no es infrecuente que ejemplares de una misma

[5] El término *apógrafo* se utiliza también con la acepción del manuscrito que es copia de otro manuscrito perdido, original o copia. Los manuscritos copiados bajo el control del autor se denominan también *idiografos*.

edición presenten diferencias, a veces muy notables, entre sí. El valor textual de un impreso depende también de factores múltiples, porque no es el mismo el caso de una edición antigua o una moderna; con tipos móviles, linotipia o fotocomposición; el género literario del texto; el tipo de impresión; si está compuesta sobre un original o una copia; si el autor vigiló el proceso de la impresión, etc.

B) Tradición con varios testimonios

Un texto puede llegar hasta nosotros a través de dos o más testimonios. El editor debe establecer la relación que existe entre ellos, para lo cual debe efectuar una *collatio,* colación o cotejo de todos los testimonios entre sí y establecer las *variae lectiones* o variantes.

II. *COLLATIO CODICUM*

Una edición rigurosamente crítica exige la colación personal de todos los testimonios aunque existan numerosas ediciones críticas anteriores. Es cierto que, a veces, "un immense effort —scientifiquement nécessaire— ne donne souvent que des resultats pratiquement insignifiants", [1] pero el cotejo directo de los testimonios debería ser presupuesto crítico inicial.

Aunque como método se considere anticuado, la noción de *codex optimus* resulta imprescindible a la hora de seleccionar el testimonio que servirá de base en el cotejo. La noción de *emendatio ope codicum,* que, como hemos visto, va ligada a la de *codex optimus* o *editio vulgata* y que, en principio, carece de sentido desde la crítica lachmanniana, sigue siendo perfectamente válida en la mayoría de las ediciones de textos vulgares, y en especial en los medievales, puesto que habitualmente se toma como base el que la crítica considera el *codex optimus,* que con frecuencia coincide con el *antiquior* o con la *editio princeps.*

La *collatio codicum* es la fase más ingrata y una de las más delicadas de todo el proceso editorial. Para ahorrar esfuerzos inútiles y desesperanzadores es aconsejable seguir desde el principio un mismo criterio previamente establecido, puesto que cualquier cambio que se opere —en la numeración de las líneas, por ejemplo—, repercutirá en el aparato crítico, provocando

[1] A. Dain, *Les manuscrits,* París, Les Belles-Lettres, 1964^2, pp. 180-181.

no sólo más trabajo al editor sino también nuevas causas de error.

En el caso de los textos en verso, los problemas son menores. Los textos en prosa, en cambio, plantean insoslayables problemas de disposición tipográfica. Así, antes de la colación, el editor debe conocer cuál será la caja de su edición, puesto que las variantes se referirán a una línea determinada. Una vez seleccionado el testimonio base, podrá optarse por transcribirlo o por cotejarlo con una edición anterior, siempre que esta edición reuna unas mínimas garantías de transcripción y se acomode a los criterios de grafías que se vayan a seguir. En este caso es preferible el cotejo con la edición porque ahorra tiempo y rebaja el número de errores de copia que necesariamente se iban a producir en una transcripción.[2] La selección del testimonio base, el *codex optimus,* en principio debería hacerse *a posteriori,* es decir, una vez realizados la colación y el examen de las variantes. Por lo general, la tradición crítica anterior ha llevado a cabo ya esta selección o, al menos, su trabajo permite que el editor, utilizando los aparatos críticos anteriores, pueda decidir él mismo a la vista de las variantes. En el caso de que no exista tradición crítica anterior o sea de escasa confianza, se debe realizar un examen de los testimonios con colaciones por calas para escoger el testimonio base de la colación definitiva.[3]

[2] *Vid.* H. Fränkel, *Testo critico e critica del Testo,* Firenze, Le Monnier, 1969, p. 3.

[3] La colación por calas debe hacerse a lo largo de toda la obra y no limitarse al principio y al fin del texto, porque, precisamente, estas zonas son las más propensas a contaminaciones por pérdida de los folios iniciales o finales. Cuando la cantidad de testimonios es grande —el caso de la Biblia o de la *Divina Comedia*— y la colación exhaustiva resulta en la práctica imposible se suele utilizar el método de los *loci critici* que desarrolló M. Barbi *(Per il testo della Divina Commedia,* Roma, 1891*)*, basado en el cotejo de unos determinados pasajes conflictivos. La finalidad es eliminar una serie de *codices descripti* o *deteriores* para efectuar la *collatio* completa sólo sobre los considerados *meliores.* El método, aunque rápido, puede ser peligroso (*vid.* A. Balduino, *Manuale di Filologia Italiana,* pp. 28-30*)*. En estos casos extremos es donde la colación por medio de computadores puede dar resultados positivos.

Una vez dispuesto el testimonio base y preparada la numeración por versos o líneas y las demás divisiones pertinentes, se colacionan con él los restantes testimonios. El cuidado en estas labores debe ser extraordinario porque un deficiente cotejo puede provocar errores irremediables en la filiación. No es aconsejable que una sola persona lleve a cabo la *collatio* porque, además de la lentitud de la tarea, los errores por salto de la lectura de un testimonio a otro son numerosos. Conviene que la sigla propia de cada testimonio [4] y la variante vaya en color distinto de los otros; de esta manera, un error en la sigla queda subsanado de inmediato por el color de la variante. De acuerdo con el plan inicial, el editor anotará todas las variantes que a él se ajusten. En este sentido, es preferible pecar por exceso que por defecto.

Salvo casos excepcionales, la colación de los testimonios debe ser completa para poder más adelante proceder a la eliminación de aquéllos que son copias directas o indirectas de otros conservados *(eliminatio codicum descriptorum),* que sólo puede llevarse a cabo con cotejos exhaustivos; [5] para descubrir contami-

[4] Para el desarrollo de las siglas desde el Humanismo hasta el siglo XIX *vid.* el apéndice "Conservatism and the *apparatus criticus*", en Kenney, *The Classical Text,* pp. 151-157. También en este caso el peso de la tradición impide una coherencia de criterios con perjuicio grande en la lectura de los aparatos críticos. Habitualmente los testimonios suelen presentarse con las mayúsculas cursivas del abecedario latino, mayúscula que suele ser la inicial de la biblioteca donde se guarda o guardaba el códice *(P* = París; *S* = Salamanca; *G* = Gallardo*)* o el lugar de edición *(M* = Madrid; *B* = Barcelona*)*, y se suele respetar la sigla por la que tradicionalmente se conoce un manuscrito (*P* = Puñonrostro; *G* = Gayoso; *O* = Osuna*)*, aunque convendría especializar la *O* sólo para el 'original' y *X* (e *Y* en algún caso) para el arquetipo. En todo caso, el sistema de siglas que se utilice debe ser lo más claro posible y distinguir siempre la ausencia, la presencia, manuscrito, edición, testimonios indirectos y editores modernos. Más adelante, al tratar del arquetipo y del aparato de variantes, se volverá sobre el tema.

[5] Los *codices descripti* pueden hacer desaparecer errores evidentes del ascendiente y, lo que es más grave, pueden contaminar con tradiciones perdidas y traer lecciones útiles. Es bien sabido que numerosos códices copias de humanistas consideradas *descriptae* son portadores de lecciones interesantes. La historia externa de los manuscritos y ediciones es ayuda preciosa. De todas formas, sólo el cotejo exhaustivo permite determinar,

naciones; y para determinar el comportamiento de cada testimonio.

en la mayoría de los casos, el carácter *descriptus* de un códice o edición. Por ejemplo, las dos primeras ediciones de la *República Literaria* se remontan a un manuscrito conservado —con presuntas, y en mi opinión apócrifas, correcciones autógrafas de Saavedra Fajardo— a través de un manuscrito perdido modelo de ambas ediciones y, sin embargo, las alteraciones que ha sufrido el texto son tales y tantas (Láms. L-LVII), que sólo un minucioso examen de las variantes permite demostrar que se trata de *editiones descriptae* (examen que debe hacerse directamente sobre los testimonios, porque determinados errores de la benemérita edición de García de Diego impiden llegar a esta conclusión). Los *codices descripti* no sirven, por supuesto, para la reconstrucción del original Ω, pero en algunos casos sus lecturas no deben ser eliminadas porque permiten reconstruir la vida histórica de un texto.

III. *EXAMINATIO* Y *SELECTIO*

LAS VARIANTES

TRAS la *collatio codicum* el editor se encuentra con un repertorio de variantes de calidad desconocida. En principio, debe abandonar todo prejuicio valorativo sobre el testimonio base, que sólo es *codex optimus* en cuanto al cotejo, puesto que en esta fase la noción de *variante* carece de cualquier indicio de valor. O lo que es lo mismo, en un determinado *locus criticus* los testimonios presentan lecciones distintas (*A* frente a *BDC,* o *AB* frente a *CD,* o *ABC* frente a *D,* etc.), pero no sabemos quiénes traen la lección original, si es que alguno de ellos la ha transmitido. En el aparato crítico, en cambio, la noción de *variante* adquiere un matiz valorativo, o dialéctico, en relación con la autenticidad o corrección del texto. En esta fase de la *recensio,* las categorías modificativas aristotélicas —adición, omisión, alteración del orden, inmutación— no hacen referencia a un modelo ideal —el texto original Ω o el arquetipo *X*— sino al testimonio base.

Con el examen de las variantes se intenta la filiación de los testimonios. El viejo método de los *codices plurimi,* es decir, el que presuponía que la lección correcta venía transmitida por el consenso de la mayoría, es lógicamente falso. Los métodos cuantitativos, sin intervención del *iudicium,* tampoco se han demostrado eficaces para determinar la filiación. Por el momento, el único método lógico, basado en una elemental teoría de conjuntos, es el que sólo utiliza los errores comunes para filiar los testimonios.

En relación a la autenticidad de una lección, todo desvío del original será o un error o una innovación. Como ya se ha indicado al tratar de la fenomenología de la copia, el copista comete una amplia gama de errores involuntarios. En determinadas ocasiones advierte un error en su modelo y lo corrige, bien con ayuda de otro testimonio —y el copista *contamina*— o bien por conjetura. En otras ocasiones, en fin, puede variar conscientemente la lección de su modelo por causas muy variadas —lingüísticas, morales, religiosas, estéticas, etc.—, esto es, introduce *innovaciones.*

Ambas nociones, *error* e *innovación,* frente al concepto indistinto de *variante,* poseen una clara acepción valorativa. Conviene distinguir, sin embargo, entre lección auténtica u original y lección correcta, pues tanto los errores como las innovaciones son, en efecto, desvíos de un modelo ideal. Ese modelo, no obstante, puede ser el original u otro del que derivan todos los testimonios conservados, y que habitualmente se denomina *arquetipo.*[1] Este arquetipo puede traer lecciones no auténticas pero aparentemente correctas que pasan a sus descendientes. Y no es ocioso recordar, asimismo, que una lección auténtica puede ser errónea, ya que, como hemos visto, los autores cometen también errores inevitablemente en el acto de escribir.

El examen de las variantes debe atender, pues, a detectar dos tipos de desvíos: el de los testimonios en relación a su arquetipo *X* y el de los de éste en relación a su original Ω. Como puede comprobarse, el examen de las variantes en la fase de la *recensio* es tarea crítica muy delicada, porque para conocer el desvío —error o innovación— se requiere el conocimiento de la lección auténtica o de la lección correcta, lo que habitualmente sólo se consigue, y no del todo, *a posteriori,* esto es, una vez analizadas todas las variantes y trazada la filiación de los testimonios.

En el examen de las variantes, el editor hallará dos tipos principales: lecciones enfrentadas, correctas en apariencia todas ellas, y errores frente a lecciones igualmente correctas en apariencia.

[1] Para el término *arquetipo* y *original, vid.* pp. 59-71 y 84-87.

A) Lecciones equipolentes

Estas lecciones enfrentadas, que en esta fase de la *recensio* denominaremos *equipolentes* mejor que *adiáforas* —término que se utilizará en las variantes enfrentadas en la *constitutio textus*—, en principio no sirven para filiar los testimonios pero no deben considerarse ni indiferentes ni insignificantes cuando opongan dos o más testimonios a otros que igualmente leen en común. Deben, por lo tanto, seleccionarse para ser utilizadas posteriormente cuantitativa y cualitativamente en la corroboración de la filiación que, como veremos, se lleva a cabo a partir de los errores.

Cuando uno o más testimonios lea independientemente frente a otros dos o más, sus *lectiones singulares,* tras el examen que demuestre que o son errores o lecciones equipolentes, serán, en principio, marginadas. Sin embargo, no sólo no deben eliminarse en esta fase *(eliminatio lectionum singularum),* sino que volverán a ser utilizadas para comprobar la filiación, puesto que el análisis de las mismas permitirá observar el comportamiento de cada testimonio y de cada rama. Al igual que en el caso de la *collatio codicum,* la *examinatio* de cada testimonio debe ser completa. Una *lectio singularis* puede también ser la auténtica o la correcta frente a la lección de los demás testimonios, que en este caso poseerían un error o una innovación común. Vuelvo a insistir, por consiguiente, en que la *lectio singular* sólo debe postergarse en esta fase —nunca eliminarse— [2] cuando se trate de un error singular o de una lección equipolente.

B) Error común

Las lecciones equipolentes —salvo las de autor— [3] no sirven por sí mismas para filiar los testimonios, aunque cuantita-

[2] *Vid.* sobre este punto S. Timpanaro, *La genesi...,* p. 70.

[3] La crítica italiana suele utilizar el término de *variante redazzionale* para referirse a este tipo de variante.

tivamente pueden ser orientadoras, en especial cuando no puede construirse un *stemma* (aunque, de hecho, raro es el caso en que se den numerosas variantes equipolentes y, en cambio, no puedan hallarse errores comunes).

El único criterio eficaz para la filiación es el basado en el *error común*. Parece claro que dos o más testimonios que coincidan en un error se remontarán en última instancia a un modelo común en el que se hallaba ese error.

La operación más delicada de la crítica textual radica precisamente en el correcto establecimiento del *error común*, porque no todo error en que inciden dos o más testimonios es significativo y propiamente común, es decir se remonta a un modelo en el que ya aparecía. Dos o más copistas pueden coincidir en un mismo error casualmente, al tratarse de errores propios de la operación de copia: haplografía, ditografía, salto de igual a igual, *lectio facilior*, error paleográfico, etc. Se trata, por consiguiente, de errores accidentales independientes o *errores poligenéticos*, que no poseen, en principio, valor filiativo.[4] El *error común* se define, pues, como todo aquel error que dos o más testimonios no han podido cometer independientemen-

[4] Se trata, naturalmente, de un problema cuantitativo y cualitativo no fácil de mensurar. Ciertos tipos de sustitución, de saltos de igual a igual y, sobre todo, de *lectiones faciliores* suelen remontarse a un ascendiente común, como se puede comprobar en las tradiciones en que se conservan esos ascendientes comunes. Habitualmente se afirma que un error por salto de igual a igual no es significativo y, evidentemente, no lo es, pero conforme aumenta el número de *omissiones ex homoioteleuto* las probabilidades de que se trate de errores comunes son mayores. Por otra parte, en ciertos pasajes muy repetitivos la probabilidad del salto accidental es mayor que en otros lugares. Tampoco las innovaciones comunes son significativas en la teoría, puesto que pueden ser accidentales o puede haber habido contaminaciones. Pero también en este caso se trata de un problema cuantitativo y cualitativo en el que, dadas las variables, es muy difícil establecer un cálculo de probabilidades (la probabilidad de que dos copistas cometan una cierta innovación en un determinado lugar es del 0,009 por 100 —según Silvio D'Arco Avalle, *Principi...*, p. 97). De todas formas, para tranquilidad del lector, raro será el caso en que el número de posibles errores poligenéticos e innovaciones sea muy elevado y no existan errores comunes conjuntivos evidentes. Y en los casos en que el número de aquéllos sea bajo, será difícil encontrar errores comunes significativos.

te. Conviene distinguir, sin embargo, entre el *error común conjuntivo (coniunctivus)* y el *error común separativo (disiunctivus).*

a) Error común conjuntivo

El *Libro de Buen Amor* nos ha llegado en tres manuscritos, *S, G* y *T*. Los testimonios *G* y *T* presentan algunos errores comunes, entre ellos el siguiente:

1471 Fabló luego el diablo, diz: "Amigo, otea
e dime lo que vieres, toda cosa que sea."
El ladrón paró mientes, diz: "Veo cosa fea:
tus pies descalabrados e ál non sé que vea.
1472 "Beo un monte grande de muchos viejos çapatos,
suelas rotas e paños rotos e viejos hatos,
e veo las tus manos llenas de garavatos:
dellos están colgadas muchas gatas e gatos."
1473 Respondió el diablo: "Todo esto que dixiste,
e mucho más dos tanto que ver non los podiste,
he roto yo andando en pos ti, segund viste;
non pu[e]do más sofrirte, ten lo que mereçiste.
1474 "Aquellos garavatos son las mis arterías,
los gatos e las gatas son muchas almas mías,
que yo tengo travadas; mis pies tienen sangrías
en pos ellas andando las noches e los días."

En los testimonios *G* y *T* falta la estrofa 1472. Como la copla es necesaria para el sentido, y no ha podido omitirse en ambos accidentalmente,[5] hay que concluir que *G* y *T* presen-

[5] La tendencia general del ascendiente común de *GT* es a suprimir aquellos pasajes del libro que manifiestan ciertas incoherencias (en este caso el *ál non se qué vea* del v. 1471c), pero como la copla 1472 es correlativa de la 1474, difícilmente podría tratarse de un añadido de *S,* y aunque lo fuera sería sumamente extraño que *G* y *T* hubieran contaminado independientemente con la rama *S* pero sólo para incluir la estrofa 1474 que carecía de sentido sin la 1472. Puede alegarse que la contaminación se produjo de *G* a *T* o de *T* a *G,* pero resulta igualmente extraño contaminar una estrofa que, sin la anterior, carecía de sentido. Conviene indicar, además, que, como señalaré más adelante, las variantes de un texto no deben analizarse aisladamente sino como elementos constituyentes de un conjunto, lo que permite establecer una escala de valores

tan un *error común conjuntivo,* que puede definirse, por consiguiente, como *aquel error que dos o más testimonios no han podido cometer independientemente.*

b) Error separativo

En el ejemplo anterior sabemos que *G* y *T* presentan un error común conjuntivo pero, por él solo, no podemos determinar si *G* es copia directa o través de varios manuscritos perdidos de *T*: o viceversa; o si ambos, *G* y *T*, proceden de un antecedente común —habitualmente denominado *subarquetipo*[6] y representado por las minúsculas griegas, α, β, γ, etc.—, que ya poseía ese error y que lo transmitió a sus descendientes:

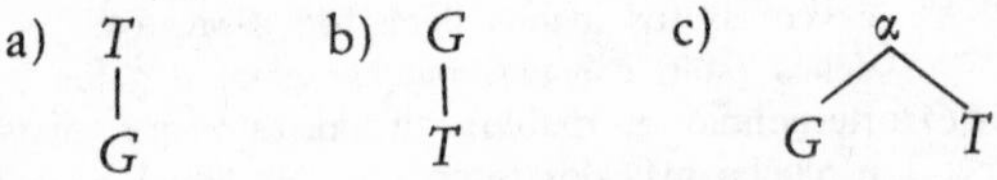

Al tratar de la *lectio facilior* se ha indicado como ejemplo el siguiente:

1214 c vienen derredor della, *balando,* mucha oveja *S*
bailando *G*
saltando *T*

La lección correcta, evidentemente, es *balando,* y *saltando* es una innovación de *T* llevada a cabo sobre la *lectio facilior* de *G* que por accidente resulta ser en exceso imaginativa. En este caso *T* lleva a cabo una trivialización consciente, que no permite afirmar que *T* no derive de *G*, pero sí en cambio que *G* no deriva de *T,* porque de haber estado *saltando* en el modelo, *G* no presentaría un error basado en una *lectio difficilior,* como lo es *balando.*

más matizada, y éste es el caso del *Libro de Buen Amor.* De todas formas, y para que no haya la menor vacilación en la definición de *error conjuntivo,* supóngase que en *G* y *T* falta la copla 1473, absolutamente necesaria para el sentido.

[6] Para el término *subarquetipo, vid.* pp. 68 y ss.

En el caso siguiente, la situación es a la inversa:

1399 a Alegre va la monja del coro al parlador,
b alegre va el fraile de terçia al refitor:
c quiere oír la monja nuevas del entendedor,
d quiere el fraile goloso entrar en el tajador. *S*

a Alegre va la *dueña de cara* al parlador *G*
b alegre va el *monje* de terçia al refitor *T*
c quiere oír la *dueña* nuevas del entendedor *G*

Como puede observarse, el texto correcto es de *S* que mantiene la correlación y el sentido perfectos, pero difícilmente un copista habría advertido, de tener delante la lección de *G*, que la lección de este manuscrito, por una parte, innova —*dueña*— y, por otra, comete una *lectio facilior* —*de cara*—, si no se trata también de una innovación trivializadora. Por consiguiente, el manuscrito *T* no puede remontarse ni directa ni indirectamente a *G*.[7]

Así, *G* y *T* presentan *errores conjuntivos* similares al del ejemplo del apartado anterior —la laguna de la copla 1472— y *errores separativos,* que se definen como *aquellos errores que un copista no puede advertir ni, por lo tanto, subsanar por conjetura o con ayuda de otros manuscritos.*

Como ni *G* ni *T* son *codices descripti* —esto es, copia directa o indirecta—, pues presentan *errores separativos,* pero a su vez están unidos por *errores conjuntivos,* ambos testimonios se remontan independientemente a otro común desaparecido que transmite los errores conjuntivos pero no los errores separativos.

[7] En general, cuando un testimonio es copia directa de otro se advierte fácilmente; en el caso de las copias indirectas no siempre es tan sencillo, especialmente cuando entre el códice modelo y la copia ha habido una rica tradición pérdida de intermediarios, que han ido borrando errores evidentes de aquél y han introducido innovaciones. En todos pero más en ciertos tipos de tradiciones, la codicología es absolutamente imprescindible para la filiación, porque sus métodos permiten determinar el lugar de composición, el taller e incluso al copista, y datar con precisión los códices.

Como *S,* de acuerdo con el primer ejemplo, presenta la copla 1472, omitida en el ascendiente común —el subarquetipo α— de *G* y *T*, podría deducirse la filiación:

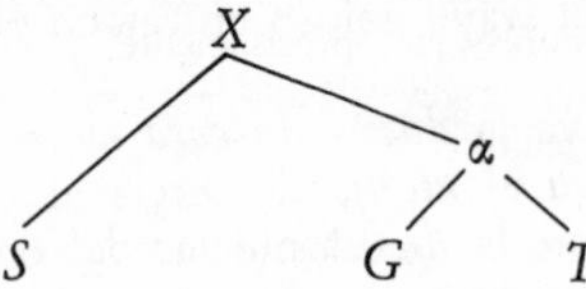

Sin embargo, la omisión de la copla 1472 no permite separar a *S* de *GT,* porque se trata de un *error conjuntivo* de *GT* pero no posee las condiciones de un *error separativo,* dado que un copista pudo advertir por el contexto la laguna y subsanarla por conjetura o con ayuda de otra rama. Por consiguiente, sólo con los ejemplos anteriores, no puede descartarse la filiación

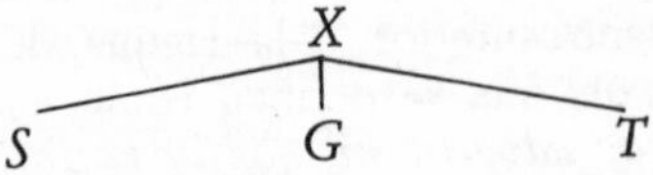

> Un error separativo es la omisión en *G* y *T* de las coplas 1318-1331, cuya ausencia no podía ser advertida por un copista, dado que precisamente han sido suprimidas en el ascendiente de *G* y *T* para evitar una incoherencia. Muy probablemente, gran parte de los errores conjuntivos de *G* y *T* pueden considerarse cuantitativamente separativa aunque uno a uno no reúnan las exigencias críticas necesarias en la teoría, dado que un copista siempre puede o conjeturar o contaminar —especialmente un copista filólogo de textos clásicos o bíblicos. Por ejemplo, se podría alegar que un copista de la rama *S,* conocedor del *Libro de Buen Amor,* pudo advertir la laguna de las coplas 1318-1331 y rellenarla con ayuda de otra rama perdida. No es absolutamente imposible, pero el comportamiento general de la rama *S* —que presenta lagunas comunes con *G* y *T*, y por consiguiente errores conjuntivos con ellos que obligan a establecer un arquetipo común para los tres testimonios— no permite sospechar este tipo de intervenciones. En cambio,

el ascendiente común de *G* y *T* —el subarquetipo α— manifiesta una clara tendencia a la supresión de todos aquellos pasajes que denotan incoherencias motivadas por lagunas en el arquetipo. De todas formas, y como principio general, no conviene presentar sólo lagunas —y más cuando son extensas— como errores separativos, porque puede darse la contaminación; es necesario aducir una colección lo más amplia posible de errores menores que, precisamente, por su aspecto intrascendente son los que suelen revestir en la práctica el carácter de separativos. El siguiente ejemplo:

1316 a Los que ante *son* solos, desque *eran* casados,
b veíalos de dueñas estar acompañados;
c *pensé* cómo oviese de tales gasajados,
d ca omne que es sólo *siempre* ... *pienso cuidados*. *S*

a Los que ante *eran* solos, desque *son* casados *GT*
c *puñé* *G*
c *puse* *T*
d ca omne que es solo *tiene muchos cuidados* *GT*

Evidentemente, la lección de *GT* en el verso 1316 d, "*tiene muchos cuidados*", es una trivialización de una lectura similar a la de *S*, que el subarquetipo α no entendió. Si en el arquetipo hubiera existido la lección de *GT* —esto es, de α—, habría tenido que pasar a *S*, cuya laguna indica que se encontró con una construcción ininteligible que, sin embargo, mantuvo, pudiendo haber enmendado conjeturalmente de la manera más sencilla posible: "*siempre piensa cuidados*". Muy probablemente la lección correcta es "*siempre*[á en]*pienso cuidados*", que explicaría la laguna de *S* (Lám. I) con la forma anómala *pienso* y el *tiene* de *GT*.[8]

[8] Sin embargo, en el caso del *Libro de Buen Amor* no puede descartarse la hipótesis —desde luego, muy inverosímil— de que, aunque *G* y *T* presenten errores conjuntivos y separativos, se remonten independientemente al mismo arquetipo. Es el caso que planteó Timpanaro *(La genesi...*, pp. 67 y 137-139*)* de un arquetipo que ha sufrido alteraciones —lagunas y transposiciones principalmente, por pérdida de folios y desencuadernación— con posterioridad a la copia de una rama. Así, la rama *S* puede proceder de un arquetipo en estado más completo o más puro que el utilizado por *G* y *T*. Un copista —no el autor— al encontrarse con el arquetipo ya incompleto —con lagunas que llegaron a *S*— suprimió todos aquellos lugares que presentaban incoherencias e introdujo innovaciones en el manuscrito que pasaron posterior e independiente-

Comprendo que un lector que pretenda encontrar en estas páginas una fórmula mágica que le sirva para demostrar con absoluta certeza la existencia de un error común separativo, quedará sin duda desanimado ante una realidad difusa en la que sólo son demostrables los errores comunes conjuntivos. Este es el problema central, y por el momento irresoluble de un método lógico basado en el error. La demostración del error común separativo —esto es, el que permite establecer ramificaciones secundarias (los subarquetipos)— se basa en argumentos históricos y, por consiguiente, verosímiles que nunca pueden alcanzar la certeza absoluta de un juicio lógico como es el que sustenta la demostración del error común conjuntivo. El copista —y tanto más en ciertas épocas y tipos de transmisión— puede conjeturar y contaminar y, por lo tanto, hacer desaparecer errores comunes conjuntivos que permanecen en otras ramas de su misma familia.

Esta es la situación y de ahí las polémicas en torno a las filiaciones de numerosas obras. Sin embargo, el análisis del comportamiento de cada testimonio y la experiencia del filólogo en ciertos tipos de tradiciones permiten presentar una serie de argumentos cuyo mayor o menor grado de credibilidad dependerá, por una parte, de la cualidad de cada caso concreto que sirva de prueba y, por otra, de la cantidad de los mismos. Por este motivo, para separar subarquetipos y ramas independientes (si es posible llevar a cabo esto último, como se tratará más adelante), el mejor criterio en mi opinión consistirá en presentar el mayor número posible de pruebas de distinta calidad: *a*) errores comunes separativos sólo refutables por una anormal contaminación;

---

mente a *G* y *T*. Y tiene razón Timpanaro (*vid.* p. 137) al indicar que el hecho no es indiferente para la reconstrucción de *X* ya que, como veremos, en las lecciones adiáforas de *A* y *BC,* estos últimos darían la lección de *X* al ser independientes, mientras que si se remontan a un subarquetipo α, las lecciones equipolentes de *A* frente a α serían auténticamente adiáforas (aunque en el caso del *Libro de Buen Amor,* y en otros, no podríamos determinar si las lecciones comunes de los testimonios que se remontan independientemente al segundo estadio del arquetipo estaban ya en el primer estadio o eran innovaciones introducidas en el segundo y, por consiguiente, las lecciones equipolentes de *A* frente a *BC* en la *examinatio* de la *recensio,* se convertirían en adiáforas en la *selectio* de la *constitutio textus*).

b) errores comunes separativos sólo refutables por una conjetura de copista históricamente poco explicable; *c*) errores comunes separativos probables (esto es, aquellos que un copista normal difícilmente advertiría); *d*) errores comunes subsanables por conjetura o contaminación; *e*) errores comunes no significativos, pero que podrían remontarse a un ascendiente común (los errores poligenéticos); *f*) las lecciones equipolentes. Todos estos casos y las *lectiones singulares* de cada testimonio (errores e innovaciones) permiten observar no sólo el comportamiento general de cada uno de ellos sino también si ese comportamiento es coherente a lo largo de toda la obra o varía en ciertas zonas, lo que suele ser indicio de contaminaciones o de cambios de modelo.[9]

Aunque la filiación de los textos impresos puede hacerse desde los mismos presupuestos del error que la de los manuscritos, en la mayoría de los casos existen pruebas e indicios externos suficientes para trazar con claridad las familias y las contaminaciones. La calidad de los errores es, además, distinta porque distinto es también el sistema de la copia.

[9] Es caso frecuente en la tradición medieval, en la que los copistas utilizan cuadernos de ramas distintas.

IV. *CONSTITUTIO STEMMATIS* (I)

EL ARQUETIPO

AL IGUAL que sucede en la división y fases de la crítica textual, la noción de arquetipo va ligada a la historia de la filología clásica y no es, por consiguiente, unívoca. Los humanistas utilizan el término *archetypus* con la acepción ciceroniana del primer ejemplar oficial de una obra clásica que una serie de copias posteriores, y en particular las medievales, habrían corrompido. [1] Esta es habitualmente la acepción que mantiene el término hasta el siglo XIX en que, con Madvig, *codex archetypus* pasa a significar el manuscrito medieval transliterado del que derivaría toda la tradición de una obra —clásica, por supuesto. [2] Aunque no está explícitamente expuesta la tesis por Lachmann ni por sus antecesores, [3] se daba por supuesto que este *codex archetypus* se hallaría ya dañado por los copistas medievales. En el fondo de la cuestión latía, al parecer, una profunda rivalidad nacionalista de origen antiguo, que enfrentaba el humanismo del norte y el periférico al italiano. De ahí el menosprecio de Lachmann por los manuscritos *recentiores,* copias en general de humanistas italianos, que fueron considerados *deteriores* y habitualmente *descripti* o *eliminandi.* Y de ahí la réplica de la filología italiana

[1] *Vid.* Silvia Rizzo, *Il lessico...,* pp. 308-323, con ejemplos de otras acepciones dadas al término por los humanistas —como 'autógrafo', 'borrador', 'notas', *schedae,* etc.

[2] *Vid.* Timpanaro, *La genesi...,* pp. 57-58.

[3] *Vid.* Timpanaro, *La genesi...,* pp. 81 y ss., matizando los juicios de Pasquali.

encabezada por Pasquali[4] en defensa de los *recentiores* y, por consiguiente, de la noción de un arquetipo medieval móvil, es decir, un arquetipo con variantes procedentes de ramas diversas del que sus descendientes seleccionarían la lección más idónea a juicio del copista.[5] De esta manera los *recentiores* podrían traer lecciones del arquetipo y la *eliminatio codicum descriptorum* sólo debería llevarse a cabo tras el análisis exhaustivo de todas sus variantes: *recentiores non deteriores*.

A su vez, la confusión terminológica viene determinada no tan sólo por causas históricas sino por las distintas funciones que desempeña el término en el proceso de la edición en la teoría y en la práctica.

Ya se ha indicado que el gran avance crítico en el siglo XIX consiste en el establecimiento de una *recensio* científica y, por consiguiente, de una teoría de la *recensio* que no es otra cosa que una aplicación, al campo textual, de la lógica de las relaciones. Como esta teoría, evidentemente, no puede desligarse de la realidad, porque los textos son objetos concretos y no entes de razón, se interfiere terminológicamente con la práctica, creando la consiguiente confusión al utilizar un término a la vez como concepto —ideal— y como objeto —real—, confusión que se acrecienta cuando el mismo término, con la misma ambigüedad que en la *recensio,* vuelve a utilizarse en la *constitutio textus*. Como no existe una formalización nítida para cada una de las funciones que se presentan en la teoría y en la práctica de ambas fases críticas, los términos *original, arquetipo* y *subarquetipo* se han convertido en términos ambiguos, semilleros de discordias críticas.

En la *recensio* se intenta determinar la filiación de los testimonios que han trasmitido una obra. Es evidente que *n* testimonios se han de remontar en última instancia a un manuscrito o impreso que ha tenido o tiene entidad física. Este códice —au-

[4] G. Pasquali, *Storia della tradizione e critica del testo,* Firenze, Le Monnier, 1952[2] (la primera edición, que nació como una reseña del manual de Maas, se publicó en 1934).

[5] Para el concepto de *arquetipo* en Pasquali (y en Dain) *vid.* G. A. Alberti, *Problemi di critica testuale,* Firenze, La Nueva Italia, 1979, pp. 6-8 especialmente.

tógrafo o apógrafo— o edición —llevada a cabo bajo el cuidado del autor— suele ser denominado *códice original* o *edición original* y más frecuentemente *original,* que acostumbra a indicarse con la letra *O* del alfabeto romano o con la ω u Ω del griego. Dado que el acto de escribir presupone el error, pocos de estos originales carecerán de errores. Si es un original autógrafo, los errores serán de autor; si se trata de copias apógrafas o ediciones originales, el autor deja pasar sin advertirlo errores de copista. Como objetos tridimensionales, los originales han podido estar sujetos a los mismos avatares que cualquier testimonio: alteración del orden por desencuadernación, pérdida de hojas, lagunas, tachaduras, enmiendas ajenas, etc. Pero el término *original* puede entenderse también como un texto que refleja la voluntad del autor y que no se corresponde con ningún códice o impreso concretos. Es, por consiguiente, un texto ideal, aunque compuesto con palabras y por lo tanto real. Un ejemplo: Fernando de Herrera vigila cuidadosamente la edición de las *Anotaciones* a las obras de Garcilaso (Sevilla, 1580) hasta el punto de corregir a mano los errores tipográficos.[6] Desaparecido el códice original, verosímilmente autógrafo, la edición de Sevilla será la original, que presenta un número determinado de errores que pasaron inadvertidos al autor a pesar de extremar su celo en la corrección. Con la primera acepción concreta del término, de las *Anotaciones* existirán tantos *originales* como ejemplares se imprimieron. Sin embargo, como no todos los ejemplares son idénticos —pues se dan variantes entre ellos— puede llegarse a reconstruir entre todos ellos un texto, que nunca existió físicamente, que subsane los errores inadvertidos por Herrera y seleccione las variantes. Ese texto ideal será el *original* de las *Anotaciones* en la segunda acepción del término, que se suele indicar con las mismas siglas, *O,* ω y Ω, que en la acepción concreta.

Para evitar confusiones, parece evidente que cada acepción debería formalizarse con una sigla distinta: *O* para el códice o impreso; Ω para el texto ideal. Ocurre, sin embargo, que en el

[6] *Vid.* J. Moll, "Problemas...", p. 61, y J. M. Blecua, "*Las Obras de Garcilaso con Anotaciones de Fernando de Herrera*" [1952], en *Sobre poesía de la Edad de Oro,* Madrid, Gredos, 1970, pp. 100-105.

primer caso se debe indicar la conservación o la pérdida del códice, por lo que sería recomendable utilizar dos siglas distintas: *O* para la presencia, y [*O*] para la ausencia. De esta manera la lectura de los tres *stemmata*

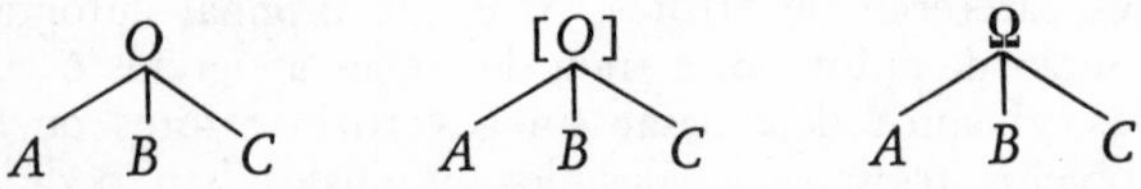

carecería de ambigüedades.

La *recensio,* que tiene como fin la filiación, parte de una teoría general en la que la noción de *original,* en las acepciones anteriores carece de sentido. La teoría se interesa tan sólo por las relaciones que se establecen entre *n* elementos y los niveles de dependencia. Así las posibilidades combinatorias de tres elementos [7] son las siguientes:

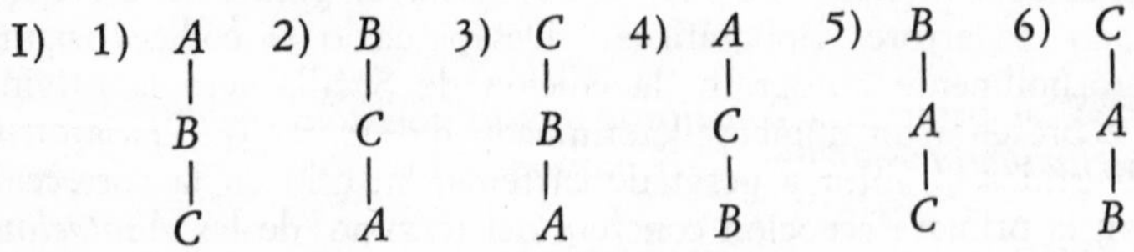

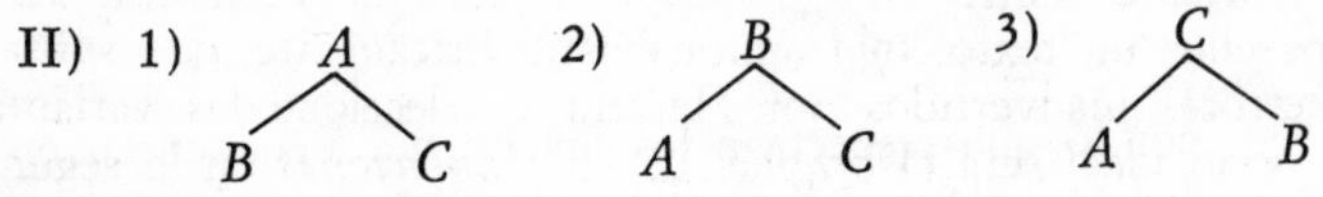

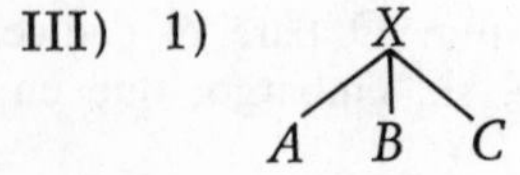

[7] Es obvio que no se trata de elementos matemáticos sino históricos y, por consiguiente, diacrónicos.

IV)

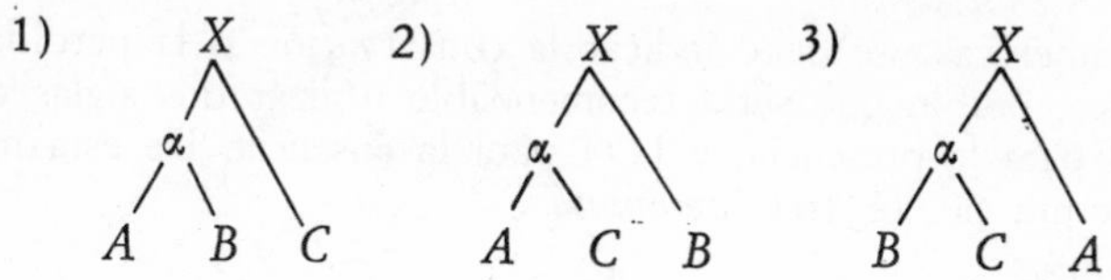

V)

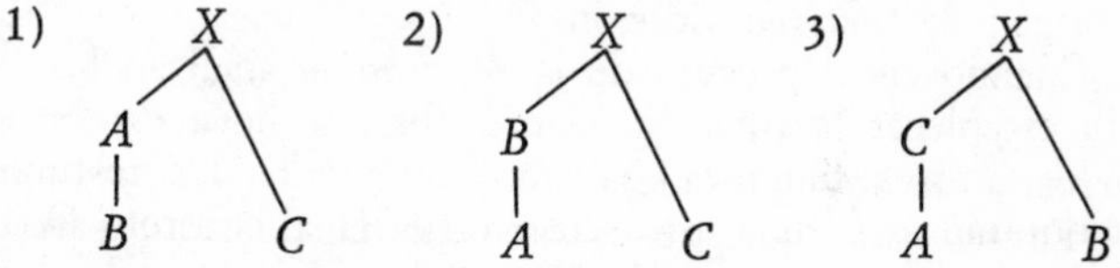

Como puede observarse, los tipos de relación son, sin embargo, cuatro:

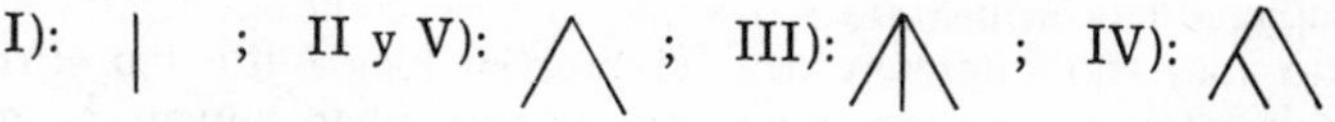

Y al pasar a la *constitutio textus* son sólo operativos —tras la *eliminatio codicum descriptorum*— los tipos:

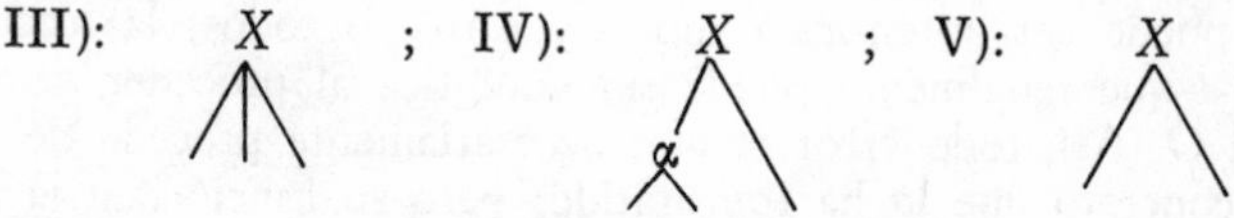

Así, por lo que respecta a los niveles de dependencia, en el mismo nivel se halla *A* y *B* en el *stemma*

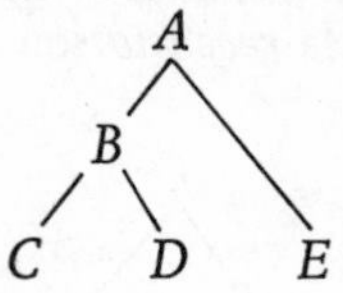

que *X* y α en el *stemma*

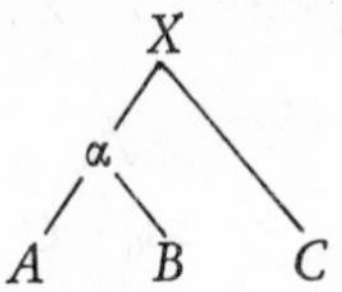

puesto que tanto *A* como *X* son el origen de la familia y *B* y α el origen de una ramificación.

Cuando en el proceso de la *recensio* se analizan las variantes para establecer la filiación, este análisis se lleva a cabo a través de los errores comunes. Sabemos que todos los testimonios se remontarán en última instancia a un original concreto *O* (u [*O*]). Si el original se conserva y es, por consiguiente, uno de los testimonios, teóricamente importa poco, porque las relaciones de los testimonios no habrían de alterarse por ese motivo, dado que el método de los errores comunes —en teoría, repito —es irrefutable. En principio, pues, las nociones de códice concreto o de texto ideal no interesan para el proceso lógico filiativo. Error común es aquí un concepto operativo para filiar, aunque la idea de error presuponga la existencia de un escrito concreto y las nociones de corrección y autenticidad. En otras palabras: para hallar el error común se analizan las distintas lecciones de un *locus criticus* en el que unos testimonios traen la lección correcta —que puede ser auténtica o no— y otros, o todos, la lección errada —que igualmente puede ser auténtica al proceder de un original *O*. Así, todo error común necesariamente procede de un códice concreto que lo ha transmitido; pero su función en la *recensio* no es otra que la de establecer relaciones lógicas sin preocuparse de la concretez de los testimonios.

Como dos o más testimonios que presenten un error común se remontarán en última instancia a un ascendiente que origina ese error, en la teoría de la *recensio* son indiferentes los *stemmata*

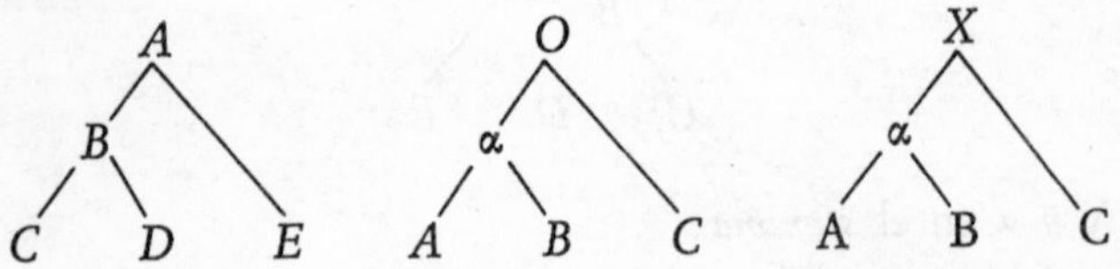

porque los tres se reducen a la relación

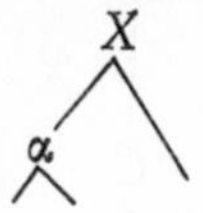

en la que *X* indica la ramificación primaria y α la secundaria. Estos *X* y α en el plano abstracto de las relaciones de dependencia suelen recibir la denominación de *arquetipo* y *subarquetipo.* Así, en la relación abstracta de los testimonios

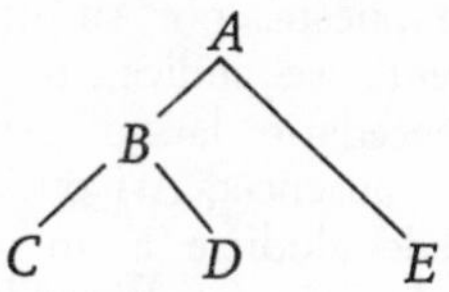

el testimonio *A* funcionaría como un arquetipo y *B* como un subarquetipo, independientemente de que al trazar el *stemma* concreto el testimonio *A* pueda ser el original *O* —y por consiguiente se utilizará esta sigla— o un testimonio que se remonta en última instancia a través de *n* testimonios perdidos a [*O*]:

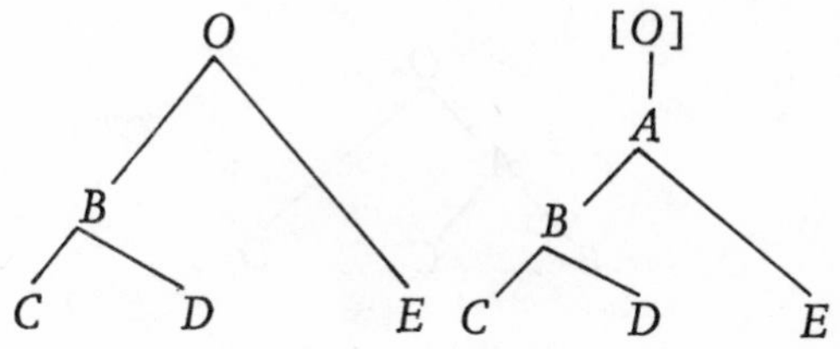

En ambos casos, *O* y *A* funcionan abstractamente como arquetipos, puesto que a partir de ellos comienza la ramificación primaria. Si el arquetipo no se conserva ni existen pruebas evidentes de que pueda identificarse con [*O*], habitualmente se indica con la letra *X* y los subarquetipos con las griegas α, β, γ, etc.

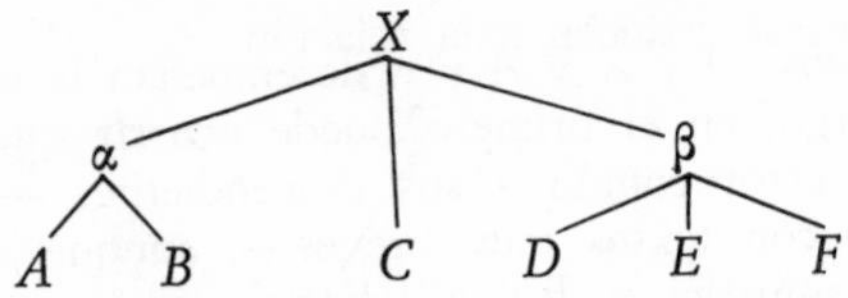

Como puede observarse, en el proceso filiativo *arquetipo* y *subarquetipo* son términos que aluden a códices o impresos concretos, conservados o desaparecidos, y a la vez a funciones abstractas de relación. En cuanto se formalizan en el *stemma* las funciones vienen expuestas por su situación, y la presencia o ausencia habitualmente se indica, o debería indicarse, por las mayúsculas del abecedario latino —presencia— y por las minúsculas del griego —ausencia. Así pues, en la *recensio* con el término *arquetipo* puede aludirse a un códice concreto y a la vez a una función relacionante. El códice se caracteriza por transmitir errores comunes conjuntivos a todos sus descendientes y la función viene determinada por la presencia de esos errores. O lo que es lo mismo, los errores del códice concreto sólo interesan para establecer la función y poder construir un *stemma* que facilite la *constitutio textus*.

Ahora bien, en la realidad puede darse la siguiente relación:

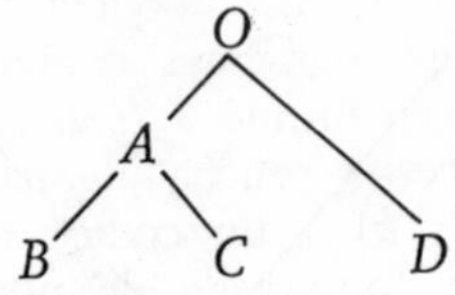

que se reduce a la abstracción

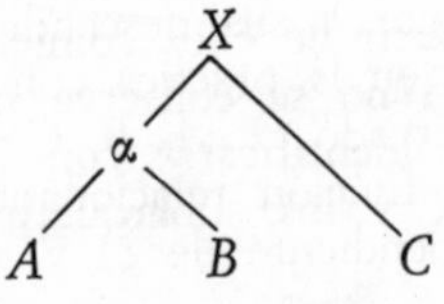

En ambos casos, *O* y *X* y *A* y α desempeñan la misma función. Y, sin embargo, en el primero puede ocurrir que *O* no transmita ningún error común a sus descendientes —como sucede, por ejemplo, con textos muy breves—, aunque *A* forzosamente debe transmitirlos a *B* y *C*. En el primer caso la función de *O* no ha venido determinada por la ausencia de errores, sino porque sabemos que *O* es el original, pues teóricamente no se puede llegar a ese *stemma*, dado que para que exista la función de arquetipo debe existir el error común en un códice concreto, que puede ser *O* o *X*. El *stemma* que construiríamos sería (cambiando la sigla *O* por otra —*E*, por ejemplo—):

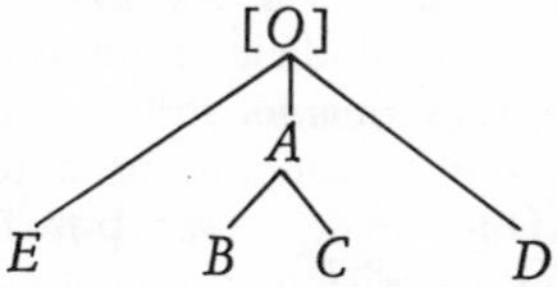

A ese [*O*] denominaban en general los humanistas *archetypus*, y de acuerdo con la etimología de la palabra, la acepción es correcta.

Así, sin salir de la *recensio*, podemos encontrar el término *arquetipo* aplicado a los siguientes contenidos: *a*) a un códice concreto que es el origen último *a fortiori* de toda la tradición, cuya existencia no necesita prueba alguna y que habitualmente se denomina 'original'; *b*) a un códice medieval transliterado, origen de la tradición conservada de una obra clásica y que, por consiguiente, nunca puede identificarse con *O* ni con [*O*], aunque sí con un códice existente; *c*) a un códice concreto, perdido o conservado, original o copia, transmisor de los errores comunes conjuntivos a sus descendientes que en la teoría se expresa como *X* y en la práctica con la sigla correspondiente al testimonio conservado *O, A, B, C*, etc., o con *X* si se ha perdido; y *d*) a una función relacionante, determinada por el error común, interdependiente de *c*) y expresada de la misma manera.

En todos los casos el *arquetipo* es o se piensa como una unidad; por lo tanto, cualquier ramificación secundaria —expresada con las minúsculas griegas α, β, γ, etc., en la teoría para indicar la función y en la práctica para la pérdida y la función— se denomina por lo general *subarquetipo,* cuyo número es teóricamente infinito.

Ocurre, sin embargo, con frecuencia que al analizar las variantes de los testimonios, los errores comunes dividen a estos en dos o más familias en apariencia independientes —caso anteriormente señalado. Como estas familias o ramas no presentan errores comunes entre sí, nos encontraremos con la situación

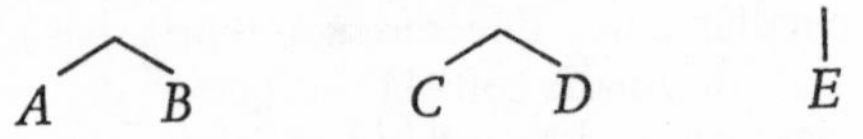

Con la acepción *a*), el *stemma* sería:

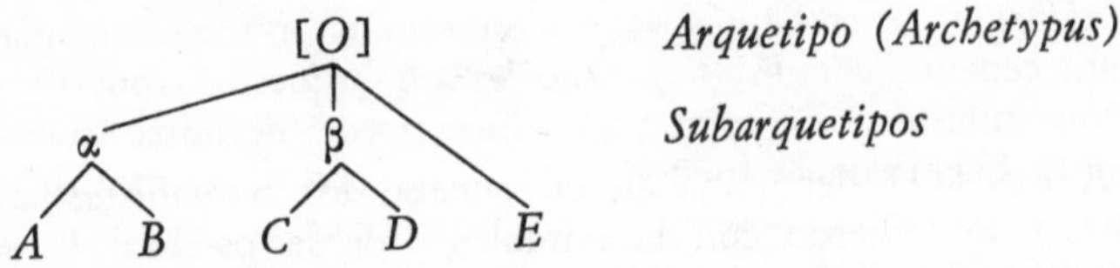

Con la acepción *b*):

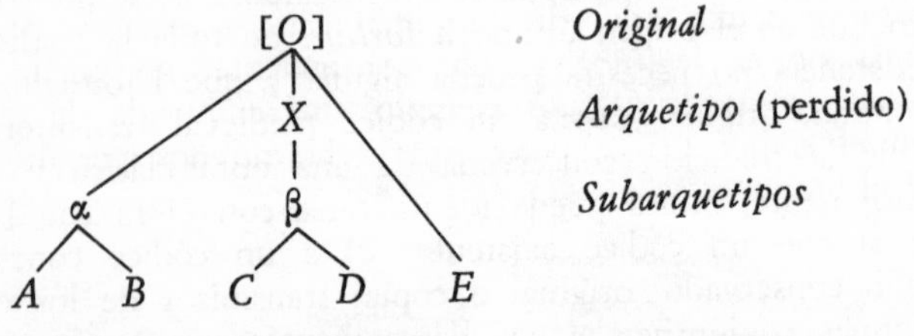

Es solución que sólo admitirían aquellos críticos que creían en el arquetipo transliterado raíz de toda la tradición, sin especificar si estaba ya dañado, y por consiguiente su existencia no necesitaba ser probada. Para los críticos que postulaban un arquetipo siempre dañado, la situación no podía plantearse prácticamente, puesto que todos los descendientes habrían de presentar errores comunes.

Con las acepciones *c*) y *d*) la situación no tiene solución que no contradiga la propia definición de arquetipo, dado que los ascendientes comunes de *A* y *B* y de *C* y *D* no se ajustarían ni a la definición de *arquetipo* —el transmisor de los errores comunes a todos los descendientes— ni a la de *subarquetipo,* ya que, en las acepciones *c*) y *d*), un subarquetipo no puede aparecer sin arquetipo, pues Ω no lo es ni funciona como tal en la teoría filiativa basada en el error. Nos encontramos, por consiguiente, con unos códices concretos y a la vez con unas funciones que carecen de terminología propia.

Ocurre, sencillamente, que en una teoría basada en el error el concepto de 'original' con la acepción de texto ideal no posee valor operativo. La teoría no tiene en cuenta si una lección es auténtica o no lo es, sino si una lección es un error significativo transmitido a unos descendientes. Por consiguiente, tres ramas independientes se remontarán en última instancia a un antecedente común —que no es un arquetipo, puesto que no transmite errores comunes— que puede definirse como el conjunto que tiene la función caracterizadora de transmitir sólo lecciones correctas —sean o no auténticas o legítimas. Ese conjunto carece por el momento de término propio en la teoría filiativa, pues ni es el arquetipo ni el original, aunque pueda identificarse con éste en la *constitutio textus.* En la práctica, de la *recensio* podemos advertir que una *lectio communis* de las tres ramas no es legítima y, por consiguiente, no puede ser de Ω —aunque sí de *O* (por ejemplo, una enmienda de mano ajena en el códice *O*)—; pero este hecho no nos permite establecer el *stemma*:

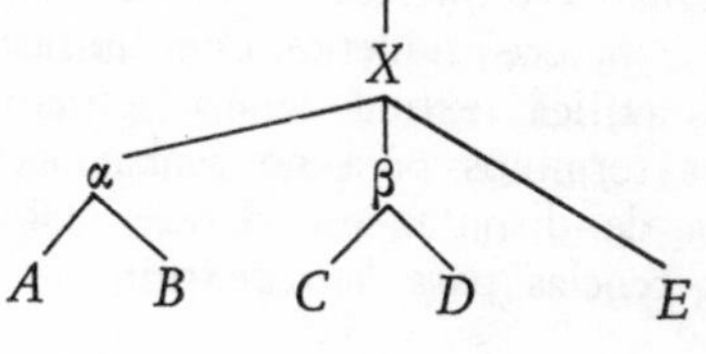

La lección común de α, β y *E*, al ser correcta —aunque no legítima— no une a las ramas que la posean porque ha podido existir una contaminación entre ellas, contaminación que pasa inadvertida al no poder establecerse la filiación. En estos casos —que son los más frecuentes— no podemos trazar en la *recensio* ningún *stemma* y nos limitaremos a presentar las relaciones:

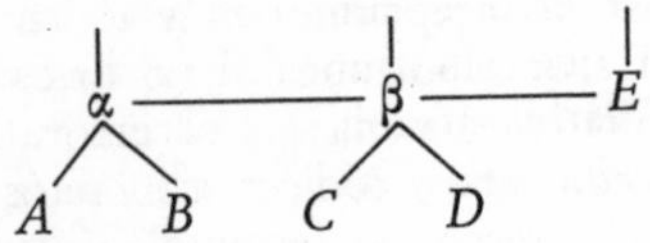

en las que el orden indicaría que las lecturas de α —al que podemos denominar *ascendiente común* mejor que subarquetipo— coinciden en mayor número de ocasiones con β que con *E*. Como veremos en la *constitutio textus*, α + β + *E* pueden no reconstruir *X* ni Ω.

Sólo se podrá hablar propiamente de *arquetipos* en los casos en que se haya podido llegar a un *stemma* y pueda demostrarse —lo que es muy difícil— la existencia de contaminaciones procedentes de otro arquetipo perdido (o mejor, de otra rama perdida de Ω, dado que *Y* no transmitiría errores sino lecciones correctas):

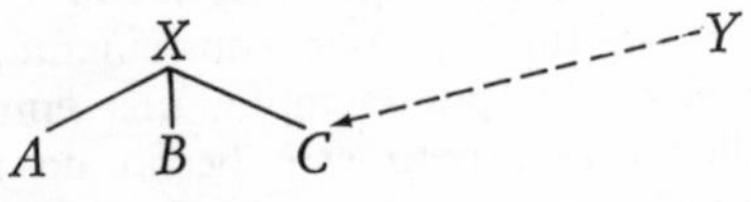

A la vista, pues, de la multiplicidad semántica y formal de los términos *original* y *arquetipo,* polisemia debida a los motivos ya expuestos, parece evidente que un arte o un método como es el de la crítica textual debería procurar la univocidad en el uso de los términos para no acabar siendo un arte babélica suscitadora de disputas escolásticas. Doy a continuación una serie de sugerencias para la *recensio*:

1.º No utilizar nunca términos ambiguos como *original* o *arquetipo* sin aclarar la acepción en que se usa en ese momento.

2.º En la *teoría* de la *recensio* el término *original* no significa nada, y, por consiguiente, no debe utilizarse como función. *Arquetipo* es una abstracción de una función caracterizada por transmitir errores comunes a todos los descendientes, y *subarquetipo* la que los transmite a dos o más de los descendientes. Para estas nociones podrían utilizarse las letras griegas χ para el *arquetipo* y *α, β, γ,* etc., para los *subarquetipos.*

3.º En la *práctica* de la *recensio* el término *original* hace referencia siempre a un códice o impreso conservado, *O,* o perdido, [*O*]. Aunque funcione como un arquetipo χ, es decir, que transmita errores comunes, se le denominará *original.* Con el término *arquetipo* se aludirá a un códice o impreso perdido, *X,* o conservado, *A, B, C,* etc., que transmita errores comunes a todos los testimonios. El *subarquetipo* será el códice o impreso perdido, α, β, γ, etc., o conservado *A, B, C,* etc., que transmita errores comunes a dos o más de los testimonios, pero no a todos.

V. *CONSTITUTIO STEMMATIS* (II)

El "stemma codicum"

Tras el examen y selección de las variantes, si en condiciones óptimas el editor puede demostrar con absoluta seguridad la existencia de un arquetipo y de unos subarquetipos o ramas independientes trazará el *stemma codicum.* [1] Insisto en que la certeza en la filiación de los testimonios debe ser total —dentro de lo que permiten las ciencias humanas—, pues, de lo contrario, es preferible no construir ningún *stemma* y limitarse a indicar las filiaciones de las ramas bajas, caso de que puedan comprobarse.

Los errores comunes, conjuntivos y separativos, deberán ser evidentes y en una obra de cierta extensión, que pudiera proceder de arquetipos distintos, deberán aparecer a lo largo de toda ella. Encontrar errores comunes indubitables es, como ya se ha indicado, muy difícil y numerosos *stemmata* que figuran al frente de las ediciones críticas no resisten un análisis severo. Con razón se extrañaba Bédier del alto porcentaje de *stemmata* bífidos, es decir, de dos ramas, frente al escaso número de los de tres o más. [2] ¿Por qué esta extraña tendencia cuando las

[1] El término aparece por vez primera en Zumpt, en su edición de los Ciceronis *Verrinarum libri VII* (Berlín, 1831); *vid.* Timpanaro, *La genesi…,* p. 46.

[2] Joseph Bédier, *La tradition manuscrite du Lai de l'Ombre,* París, Champion, 1929 (había sido publicado como artículo en *Romania,* LIV [1928]).

posibilidades de relación de siete testimonios, por ejemplo, son catorce y de estas catorce sólo tres responden a *stemmata* de dos ramas? Aparte de las razones técnicas de la copia de textos medievales, la razón principal es que se han construido sin tener en cuenta la contaminación, tan difícil de detectar en ciertos casos, y, sobre todo, a la tendencia general a unir testimonios de dudosa filiación: quien ha llevado a cabo una extensa y complicada *recensio* quiere ver premiado su esfuerzo con la seguridad de poder filiar los testimonios y construir un *stemma* que —además de dar un aspecto más científico a un trabajo filológico— le facilita la tarea de fijar el texto.[3]

Pero hay otras razones de mayor peso. En realidad, Bédier estableció mal la pregunta, porque no debería haberse sorprendido tanto de la existencia de *stemmata* de dos ramas como de la posibilidad de trazar un *stemma* con más de dos ramas. No se trata de una paradoja —otra paradoja como la de Bédier—, sino de una aplicación correcta de una teoría basada en el error. En el apartado anterior se ha indicado que en la teoría el *arquetipo* como función se caracteriza por ser la transmisora de errores comunes a sus descendientes. En un nivel más bajo, la misma función desempeñan los *subarquetipos*. Un *stemma* —esto es, la representación gráfica de una filiación— no puede construirse sobre las lecciones comunes sino sobre los errores comunes. La presencia del error común permite afirmar taxativamente que los testimonios que lo poseen se remontan a un *arquetipo* —cuando todos presentan el mismo error— o a un *subarquetipo* —cuando lo hacen dos o más y los restantes leen correctamente. Pero no parece que la teoría pueda demostrar que la ausencia de errores comunes entre las distintas ramas presuponga la independencia de todas las ramas entre sí. Una teoría basada en el error sólo puede afirmar la dependencia. Efectivamente, si *A* y *B* poseen errores comunes y *C* y *D* poseen errores comunes y los cuatro igualmente coinciden en errores comunes, la filiación es incontrovertible:

[3] Sobre el problema *vid.* Timpanaro, *La genesi...*, pp. 123-150 (Appendice C: "Stemmi bipartiti e perturbazioni della tradizione manoscrita), y G. B. Alberti, *Problemi di critica testuale,* Firenze, 1979.

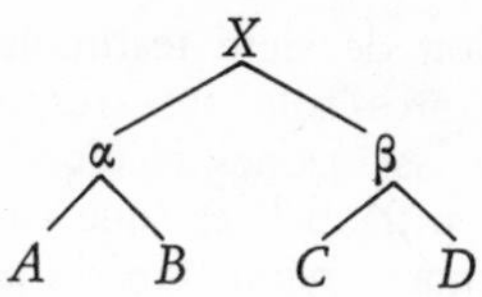

Pero si aparece un nuevo testimonio, *E,* que se remonta a *X* por traer un error común con *ABCD,* y, en cambio, no presenta ningún error común con α y β, no puede trazarse un único *stemma*

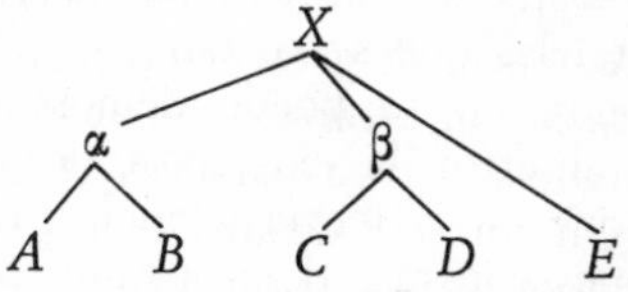

porque sólo se puede afirmar que *E* no pertenece a las ramas engendradas por α y β, pero no que se trate de una rama independiente, porque puede ocurrir que *E* descienda de un eslabón entre *X* y α o entre *X* y β, que haya transmitido errores comunes a *E* α o *E* β, errores comunes que pasan inadvertidos en la práctica o bien que consideramos no significativos. Porque un error poligenético se define por negación: todo aquel error que no reúne las exigencias críticas del error común que no pueden cometer dos testimonios independientemente. Una *lectio facilior* puede aparecer accidentalmente en tres testimonios independientes, por consiguiente, no puede utilizarse para unir esos testimonios; sin embargo, este presupuesto crítico no prueba que los tres testimonios no se remonten a otro que poseía ya esa *lectio facilior.* Errores evidentes cometidos por un ascendiente anterior al subarquetipo han podido ser eliminados sin dejar huella en él, pero han podido pasar a otro descendiente, que al poseer sólo *errores singulares* queda desligado de la rama. Así, en este caso no pueden rechazarse las otras posibilidades de filiación:

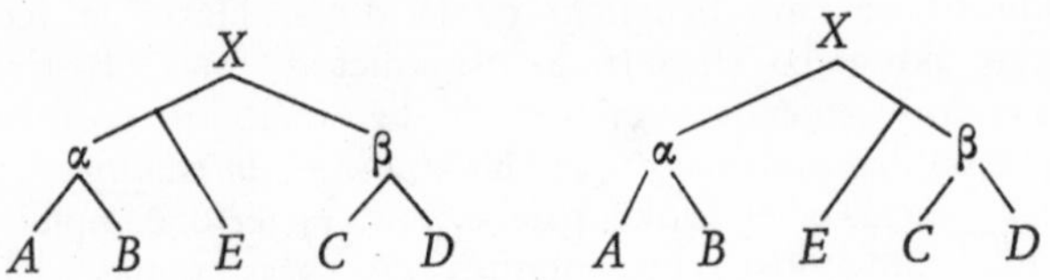

Si la ausencia de errores comunes demostrara la independencia de los testimonios, sería indiferente para la reconstrucción de Ω que todos se remontaran a un arquetipo como ramas independientes o que todos también independientemente se remontaran a [*O*], porque, como señalaba Bédier, unas ramas independientes sin arquetipo no son paralelas que se cortan en el infinito. Son paralelas que se cortan en [*O*].

Teóricamente, pues, no se puede demostrar por el procedimiento basado en el error la existencia de *stemmata* con más de dos ramas, aunque en la teoría y en la práctica son posibles y reales las filiaciones con más de dos ramificaciones. En la teoría no pueden demostrarse, en la práctica sí, pero con métodos ajenos al error. Es, por ejemplo, el caso de los textos impresos porque poseemos datos externos que nos permiten afirmar que no existe ningún eslabón perdido entre *X* y α o entre *X* y β.

Las probabilidades de que, en efecto, la ausencia de errores comunes sea indicio de independencia de la rama son mayores, puesto que, dado que los copistas cometen un error por página como media general, será difícil que ninguno de ellos presente las exigencias críticas del error común significativo y que no haya pasado a sus descendientes. Pero en la práctica cada caso es individual y hallar errores comunes en las ramas altas resulta sumamente dificultoso. Por consiguiente, el editor hará bien en no trazar ninguna filiación con más de dos ramas sin establecer las distintas posibilidades, a no ser que tenga pruebas fehacientes que permitan justificar un *stemma* único de tres o más ramificaciones. Y, por supuesto, tampoco construirá *stemmata* de dos ramas con pruebas endebles, como habitualmente suele ocurrir.

Esta limitación de la teoría sin duda provocará desazón entre quienes buscan un método que resuelva todos los problemas sin admitir el sano beneficio de la duda. Hasta la fecha, sin embargo, no se ha encontrado otro método más objetivo, y sigue siendo el menos subjetivo de los métodos posibles. Conviene recordar, además, que las *litterae humaniores* no son ciencias exactas y el filólogo debe perder cierto complejo de inferioridad ante los representantes de otras ramas del saber. El *stemma* —la representación gráfica de la filiación— da, en efecto, un aire "científico" a un prefacio de una edición crítica. Pero no llegar a un *stemma* determinado tras la *recensio* no denota menor probidad intelectual ni menores conocimientos —en bastantes casos es indicio de lo contrario. Y aunque los problemas que el editor tenga que resolver en la *constitutio textus* serán distintos, no olvidemos que un *stemma* es, en el mejor de los casos, una orientación pero no una panacea universal que resuelve de forma mecánica un problema histórico.[4] Los *stemmata* ni se construyen ni se aplican *sine iudicio*.

En esta última fase de la *recensio* se tendrá en cuenta la contaminación —bastante generalizada en ciertas épocas y tipos de tradición— para incluirla en el *stemma*, e igualmente se indicarán los *codices descripti* que sólo se eliminarán al aplicar el *stemma* en la *constitutio textus*.

Los *stemmata codicum* suelen representarse también con trazos verticales y horizontales:

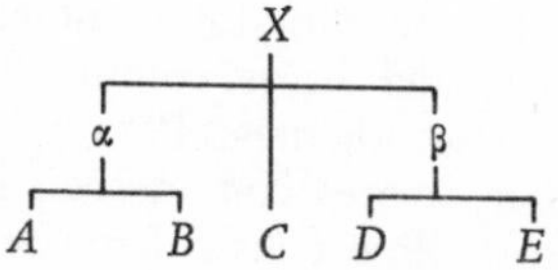

[4] Cf.: "Dobbiamo e vogliamo fondarci sul nostro personale giudizio se abbiamo deciso di occuparci di *humaniora;* e dobbiamo e vogliamo farlo nel corso di ogni singola operazione filologica: per esempio nel corso dell'interpretazione del testo, la quale è indissolubilmente legata alla critica del testo. Per fortuna, per l'interpretazione non solo è altretanto fuor di luogo, ma è anche impossibile coniare regole meccaniche, sull'esempio di un frainteso metodo 'scientifico'" (Hermann Fränkel, *Testo critico...*, p. 41).

El editor escogerá de acuerdo con sus preferencias estéticas, pero parece preferible reservar la verticalidad para las ramas independientes y los *codices descripti* y la horizontalidad sólo para cierto tipo de contaminaciones (que se suelen representar con flechas – – – – – – – →, indicando la dirección de las mismas) o para los casos de *stemmata* incompletos en los que sólo se conocen las filiaciones de las ramas bajas.
En los casos en que se conocen las fechas de los códices y habitualmente en el caso de textos impresos, las siglas suelen situarse a distinta altura (las más bajas, como es lógico, indican la mayor modernidad del testimonio, y viceversa). A su vez, las ramas más cercanas en cuanto a las lecciones se situarán, aunque sean independientes, más próximas que las más alejadas:

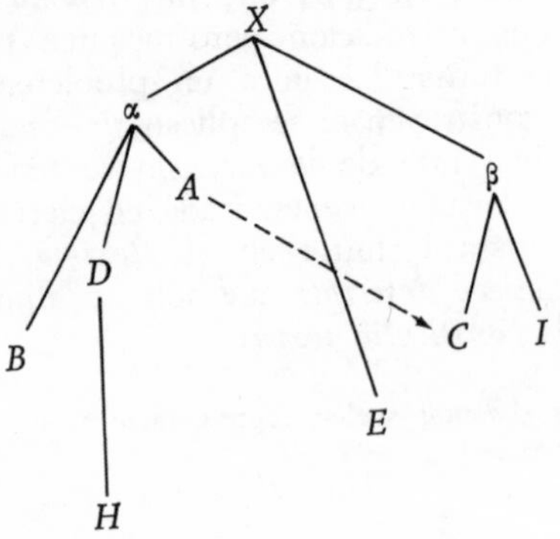

LIBRO SEGUNDO

Constitutio textus

INTRODUCCIÓN

Tras la fase preparatoria de la *recensio,* el editor puede haber llegado a filiar todos los testimonios y, por consiguiente, a trazar un *stemma codicum* exento de contaminaciones o con ellas —y, por supuesto, sin variantes de autor—, o bien sus conclusiones pueden ser negativas y no ha podido determinar ninguna o sola alguna de las relaciones que se establecen entre los testimonios. En ambos casos procederá a la *examinatio* y *selectio* de las variantes, aunque con aplicaciones distintas en cada situación, como hemos de ver.

Pasquali (*Storia...,* p. 126) introdujo los términos "*recensione chiusa*" y "*recensione aperta*" para distinguir aquellas tradiciones cuyo arquetipo —medieval— podría reconstruirse mecánicamente ("*chiusa*") o con auxilio del *iudicium* ("*aperta*"), aunque se trate de una tradición no contaminada. Ambos términos han tenido particular éxito, pero alterando su campo semántico original. Para Dain (*Les manuscrits,* p. 130) una "*tradition fermée*" es aquella que sólo ha sufrido una transliteración. Para Martin L. West (*Textual Criticism and Editorial Technique,* Stuttgart, 1973, p. 14) una tradición "*closed*" es aquella que permite la construcción del *stemma* y "*open*" la que carece de él. A la vista de este confusionismo terminológico, parece conveniente seguir el consejo de G. B. Alberti (*Problemi...,* pp. 17-18) quien, tras estudiar minuciosamente el problema en el primer capítulo de su libro, aconseja —respetuosamente— renunciar a la terminología de Pasquali, proponiendo la denominación de *recensión mecánica* a la que aquél denominaba "cerrada". Como la aplicación mecánica del *stemma* ocurre rara vez —y, además, no es aconsejable—, me parece preferible establecer una distinción entre *recensio sine stemmate* y *recensio cum stemmate* y, a la vez, subdividir la segunda en *stemmata pura* y *stemmata impura,* es decir, con contaminaciones o con problemas de variantes de autor y de refundiciones (utilizo esta terminología vinícola-genealógica por ser la más coherente con la metáfora central de la crítica textual, pero puede buscarse otra, o ninguna, siempre que se especifique el tipo de tradición).

I. *EXAMINATIO* Y *SELECTIO* (I)

Aplicación del *stemma* sin contaminaciones ni variantes de autor y refundiciones

El *stemma codicum*, como ya se ha indicado, no se construye para dar apariencia científica a la Filología y provocar la admiración de los neófitos. Cuando el editor, a través del método de los errores comunes, puede con seguridad trazar un *stemma*, su finalidad no es otra que la de garantizar una más exacta —menos subjetiva— reconstrucción del arquetipo *X* o χ, o del original [*O*] u Ω.

En la *constitutio textus* el arquetipo puede entenderse como un códice concreto *X* o como un texto ideal χ, que podía definirse como el texto ideal que, de entre todos los posibles, se aproxima más al original ideal Ω, con el que, incluso, puede identificarse.

Dado, por ejemplo, el *stemma codicum* de la *recensio*

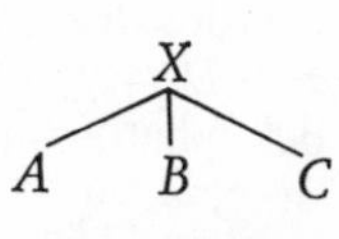

el editor, en condiciones óptimas, puede reconstruir el códice *X* hasta en los menores detalles —lagunas, número de líneas por página, tipo de letra, etc. [1]—; sin embargo, para llegar a

[1] Recuérdese el intento de Lachmann, válido en gran parte, de reconstrucción del arquetipo de Lucrecio, con el número de líneas y de páginas (*vid.* Timpanaro, *La genesi...*, p. 68).

construir ese *stemma* ha tenido que descubrir errores comunes de *ABC*. El editor puede optar —de acuerdo con su concepción de la crítica textual— por mantener esos errores, o bien por intentar subsanarlos practicando la *emendatio ope ingenii* y por consiguiente reconstruye un modelo ideal χ, que, al carecer de errores, se identifica con Ω en la teoría, aunque en la práctica podemos reconstruir χ teniendo la certeza de que no reconstruimos Ω —en el caso, por ejemplo, de tradiciones móviles o fluctuantes—, aunque sí el texto ideal más próximo a él.

Así, en la teoría de la *constitutio textus* la noción de error, que en la *recensio* era sustancial, carece de relevancia a la hora de la aplicación del *stemma*. En la teoría, dado el *stemma*[2]

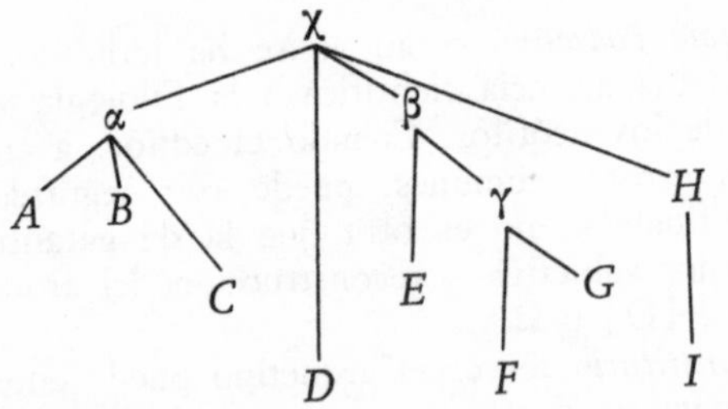

podemos reconstruir α cuando por lo menos dos de sus testimonios lean en común o, cuando en el caso de que los tres lean independientemente, uno de ellos lo haga con las otras ramas. Del mismo modo, χ estará representado al menos por dos de las ramas cuando las otras dos lean distinta e independientemente. Así $\alpha + \beta = \chi$, $\alpha + D = \chi$, $D + \beta = \chi$, $D + H = \chi$, $\beta + H = \chi$. En el caso del subarquetipo β, si *E* y γ presentan lecciones distintas entre sí y, a su vez, de los restantes testimonios, β no puede ser reconstruido con exactitud, porque, en teoría, *E* y γ presentan un 50 por 100 de probabilidades de

[2] A pesar de las dudas sobre la construcción de *stemmata* no bipartitos, ejemplifico con casos de más de dos ramas para que el lector pueda seguir con mayor facilidad el método lachmanniano. Por lo demás, estos *stemmata* se dan, o mejor, se pueden demostrar, en las tradiciones impresas.

dar la lección de β. Lo mismo sucedería si α, *D,* β y *H* leyeran independientemente, pues cada una de las ramas —en teoría, repito— presentaría el 25 por 100 de probabilidades de transmitir la lección de χ. En el caso del testimonio *I,* como deriva de *H,* no posee ningún valor para la reconstrucción de χ y, por consiguiente, puede eliminarse *(eliminatio codicum descriptorum).*

Como puede observarse, si la *recensio* traza la filiación a partir de los errores comunes, la *constitutio textus* reconstruye un texto de acuerdo con las lecciones comunes de las distintas ramas. La noción de *arquetipo* es, pues, distinta y nunca puede tratarse de un códice o impreso conservado, ya se intente reconstruir *X* o χ. Si en la *recensio* se ha llegado a los *stemmata*

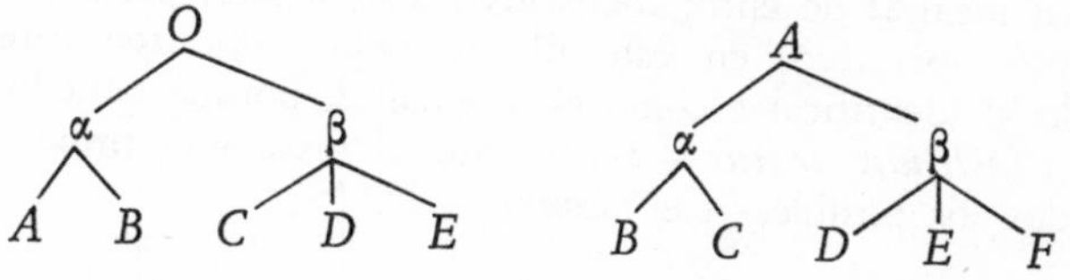

en la *constitutio textus* tales *stemmata* desaparecen porque, tras la *eliminatio codicum descriptorum,* nos encontramos con un solo testimonio —un *codex unicus*—, esto es *O* u *A.* Podemos optar por reproducir exactamente ambos testimonios o por intentar subsanar los errores. En la teoría, la situación es idéntica:

En la práctica, puede ocurrir, en cambio:

En el último caso, al reconstruir χ, reconstruimos, en efecto, un original, pero que no corresponde a Ω, es decir, el texto ideal del creador de la obra. Podemos, por ejemplo, reconstruir un texto que sea el más próximo posible al *Amadís* en la refundición de Montalvo y, por consiguiente, más próximo al original que *X* —el arquetipo concreto con errores—; pero es evidente que con la reconstrucción de una frase original de Montalvo reconstruimos un original —el de Montalvo autor— pero no el original primitivo.

Así, en la *constitutio textus* el arquetipo puede entenderse como un códice concreto perdido *X* que podemos reconstruir en mayor o menor medida con los testimonios conservados. Pero puede entenderse también como un texto ideal χ, carente de errores, y por consiguiente el texto ideal más próximo al original ideal Ω de entre todos los textos ideales posibles. Como concepto operativo, en este último caso, *arquetipo* carece de sentido al identificarse como el original Ω, porque para los fines de la *constitutio textus* —reconstruir el texto más próximo a Ω de todos los posibles— el *stemma*

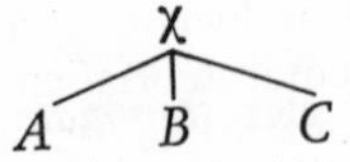

se convierte en

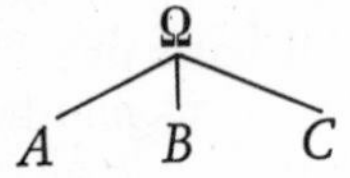

que no es más que la reducción del *stemma*:

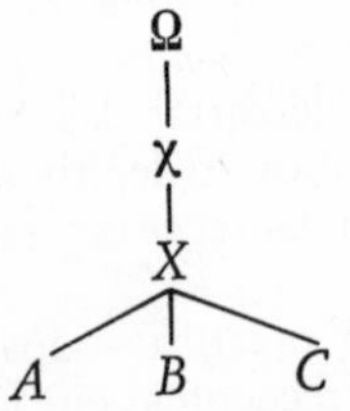

En la práctica puede mantenerse el concepto de arquetipo χ para indicar que el texto ideal reconstruido no es Ω; pero evidentemente en la teoría el término carece de función operativa porque se identifica con Ω, puesto que cuando trazamos el *stemma* abstracto

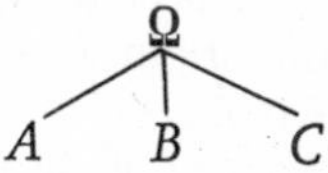

no se quiere indicar que el texto ideal resultante se identifique con Ω, sino que es el texto más próximo a Ω de todos los posibles.

Salvo casos excepcionales —dobles redacciones de autor, por ejemplo—, tras la *recensio* el editor se encontrará siempre con *stemmata* con un arquetipo *X* concreto desaparecido, puesto que, como hemos visto, si el arquetipo se conserva, todos los restantes testimonios serán *codices descripti* y, por consiguiente, el *stemma* desaparece al reducirse a un *codex unicus*. Ese *X*, de acuerdo con la elemental teoría en que se basa el método de Lachmann, sería reconstruible de una manera mecánica, o lo que es lo mismo, la *examinatio* y *selectio* de las variantes no se llevaría a cabo sobre el texto, sino sobre el *stemma*. Sería, pues, una aplicación de la *recensio sine iudicio*. Las *lectiones singulares* se eliminarían, al igual que la mayoría de las *equipolentes* de la *recensio* que se manifestarían como innovaciones de copistas. Sólo en el caso de que algunas *equipolentes* presentaran la misma probabilidad de acuerdo con el *stemma* habría que acudir al *iudicium,* es decir, se realizaría la *examinatio* sobre el texto y no sobre el *stemma*. Si tras el examen —basado, sobre todo, en el *usus scribendi*— no se pudiera seleccionar una de las lecciones y descartar las restantes, todas ellas podrían ser correctas, auténticas o legítimas y en ese caso pasarían a ser de equipolentes en la *recensio* a *lecciones adiáforas* en la *constitutio textus*.

Esto en teoría. En la práctica —aparte de que los *stemmata* puros sólo suelen ser frecuentes en la transmisión de textos impresos— la aplicación del *stemma* no debe hacerse nunca *sine iudicio,* porque dado el *stemma* anterior

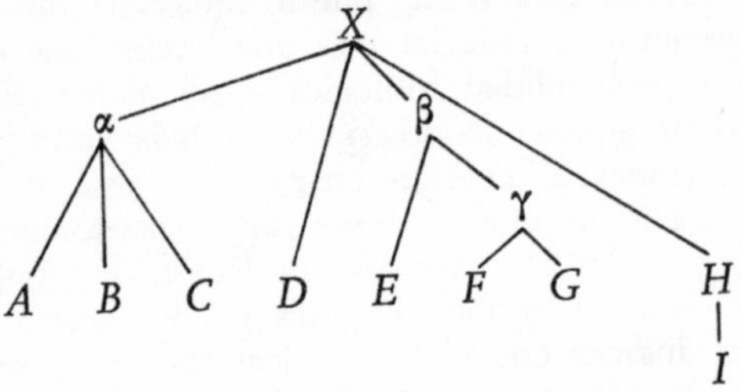

varias ramas —por ejemplo α, *D* y β— pueden haber cometido frente a *H* errores poligenéticos: *omissiones ex homoioteleuto,* haplografías, duplografías, errores paleográficos, omisiones de palabras con poca entidad gráfica y, sobre todo, *lectiones faciliores* e innovaciones poligenéticas. La aplicación mecánica del *stemma* llevaría a aceptar erróneamente en todos los casos la lección determinada lógicamente por aquél. Por lo que respecta a las lecciones adiáforas —en este caso de *stemmata* puros y tanto más en los casos con contaminaciones— es evidente que sólo una de ellas o incluso ninguna es auténtica o correcta y que las restantes son erróneas. Si, dado el *stemma*

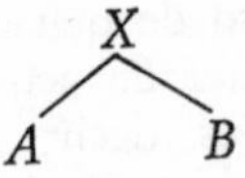

los testimonios *A* y *B* presentan lecciones equipolentes y tras un detenido análisis, no hay posibilidad de decidirse por una u otra —esto es, son auténticamente adiáforas— las probabilidades de ambas son, en efecto, del 50 por 100, pero el error que cometeremos si editamos *A* y la lección correcta es *B,* o viceversa, será del 100 por 100 —caso de que una de las dos traiga la lección original o la correcta, porque de no hacerlo, el error será igualmente del 100 por 100.[3]

En realidad, los casos de pura adiaforía no son demasiado frecuentes, porque rara vez el editor carece de indicios internos que no le permitan privilegiar más una lección que otra. Cuando exista mayor probabilidad filológica —no matemática—, se optará por editar aquella lección que sea más verosímil y relegar las otras lecciones al aparato crítico. Por este motivo existen los aparatos críticos que, a pesar de su poca amenidad, viven dialécticamente con el texto. Si un lector escrupuloso no está de acuerdo con la lección escogida puede sustituirla por otra adiáfora del aparato crítico.[4]

Así, se establece una *emendatio ope codicum* no del texto —como hacían los humanistas sobre el *textus receptus*— sino del *stemma* por medio de una *examinatio cum iudicio* y, de hecho, una auténtica *selectio*.

Como los errores e innovaciones poligenéticos no pueden reducirse a una férrea tabla general de probabilidades, porque cada *locus criticus* es un caso particular sujeto a múltiples variables, el editor hará bien en analizar cada uno de los *loci critici* con el mismo cuidado que ha puesto en la *recensio* y nunca aplicará el *stemma* mecánicamente. El *stemma* ha de servir en la mayoría de los casos para corroborar la selección de la variante, selección que se hará, sobre todo, a partir de un conocimiento lo más completo posible del *usus scribendi* del autor y de su época. La razón principal para extremar el cuidado estriba en que la contaminación —el enemigo más sigiloso del bosque crítico— puede estar oculta en las ramas aparentemente más limpias del árbol textual.

[3] *Vid.* sobre este punto Fränkel, *Testo critico...*, pp. 23-34.
[4] *Vid.* Fränkel, *Testo critico...*, pp. 50-51.

II. *EXAMINATIO* Y *SELECTIO* (II)

Contaminatio

El método anterior es, en teoría, perfecto si en la práctica cada uno de los testimonios mantuviera una transmisión pura en línea directa de su inmediato modelo y no intervinieran factores humanos muy variados. Pero la realidad no siempre se ajusta al molde ideal. Ocurre con frecuencia —y en particular en la tradición medieval y, por supuesto, en la clásica— que los copistas trabajan con dos o más modelos a la vez y componen un texto híbrido o contaminado.[1] Numerosos errores conjuntivos de su modelo son subsanados con otras ramas y resulta sumamente dificultoso descubrir su filiación auténtica, porque, como ya se ha indicado, encontrar errores comunes en las ramas altas es el punto más delicado de la crítica textual.

La contaminación se detecta cuando dos o más testimonios presentan errores conjuntivos y a su vez uno de ellos da una lección que coincide no accidentalmente con la de otra rama, que previamente ha sido separada de la anterior por los errores separativos. A través de los errores conjuntivos y separativos se ha llegado, por ejemplo, a construir el siguiente *stemma*:

[1] Sobre la contaminación en general *vid.* Avalle, *Principi...*, pp. 70-86. Para los textos medievales, en particular, *vid.* C. Segre, "Appunti sul problema delle contaminazioni nei testi in prosa", en VV. AA., *Studi e problemi di critica testuale,* Bologna, 1961, pp. 63-67 (recogido, en inglés, en Christoper Kleinhenz, ed., *Medieval Manuscripts...*, pp. 117-122).

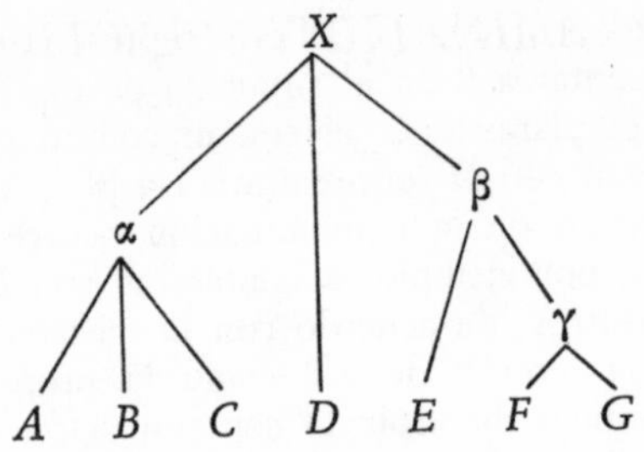

En este caso *C* y *G* no pueden leer en común frente a α (A + B), *D* y β (E + F); ni *B* puede hacerlo con *D* frente a α y β, etc., porque pertenecen a conjuntos distintos. Así, entre *C* y *G* habrá tenido lugar una contaminación, cuya dirección nos es, en principio, desconocida:

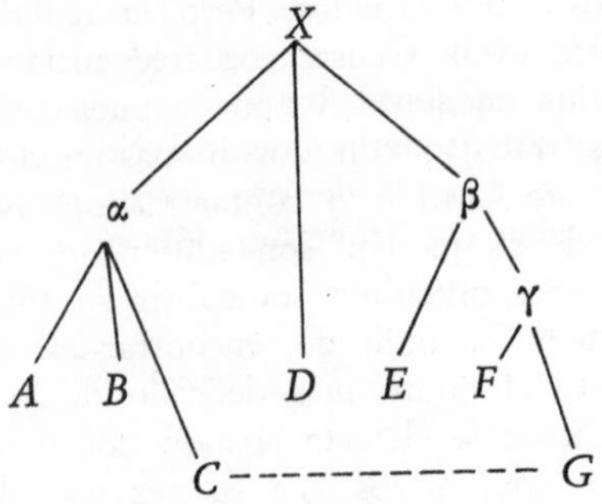

Descubrir la dirección de la contaminación no siempre es hacedero. Pero las contaminaciones no ocurren al azar, sino que obedecen a motivos concretos. Habitualmente un copista contamina cuando su modelo presenta un lugar confuso o una laguna. Si, por ejemplo, en el caso indicado, α lee con *D*, y β (*E* + *F*) presenta una lección errónea o anómala, se deduce que ha acudido a la rama *C* para subsanar el error —o presunto error— advertido. Si, en cambio, α presentara una lección dudosa, no sería posible demostrar la contaminación con *G*, porque para que esto ocurriera *G* debería representar a β; pero *G* sólo puede representar a β en el supuesto de que *E, F* y *G* trajeran lecciones singulares y *G* leyera en común con *D,* porque si *E* o *F* lo hicieran con *D* representarían a β.

El mayor peligro de la contaminación ocurre en las ramas altas en donde si, por ejemplo, α contamina con *D* y β diera la lección de *X,* nosotros, de acuerdo con la mecánica del *stemma,* consideraríamos la lección de α*D* como la propia de *X*. Muy difícil resulta también discernir la contaminación que ha tenido lugar entre miembros de una misma familia. Si, por ejemplo, en la familia α, *A* contamina con *B,* pensaremos que reproducen la lección del subarquetipo α, mientras que puede ser *C* quien la represente. En este caso, si *D* leyera con β, no habría problema, porque darían la lección de *X*. En cambio, si *D* y β presentaran lecciones independientes, el editor tendría que optar entre la lección de *D,* de β y la de α, que identificaríamos erróneamente con *AB.*

Más grave aún es la situación que se produce cuando una rama o una familia ha contaminado con una rama perdida del arquetipo o con otro arquetipo desaparecido también,[2] porque pensaríamos que se trataría de una *lectio singularis* sin valor para la reconstrucción del arquetipo. Por ejemplo:

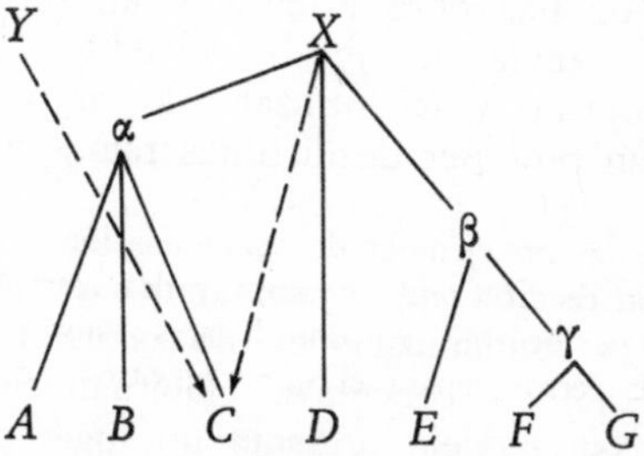

[2] Timpanaro denomina a la contaminación que se produce entre los descendientes del arquetipo "*intrastemmatica*", y "*extrastemmatica*" a quella que procede de otro arquetipo (*La genesi...,* pp. 143-144). Obsérese que se refiere al arquetipo medieval de un texto clásico. Como funón, no puede plantearse el problema en esos términos; habría que reirse a otra rama perdida de Ω.

Si por diferentes motivos *A, B, D* y β leyeran independientemente sería muy difícil notar que *C* trae la lección correcta a través de una contaminación con una rama perdida de *X* o de *Y*. Podría darse la circunstancia de que en *X* existiera una laguna que pasó a las familias α, *D* y β. La rama *C* sanó esa laguna con ayuda de otro arquetipo perdido. Por lo general, este tipo de contaminaciones se llevan a cabo para rellenar lagunas,[3] pero también para incluir adiciones. Las copias de textos clásicos llevadas a cabo por los humanistas y los manuscritos medievales de textos escolares, presentan en este sentido más problemas que los textos literarios en lengua vulgar, pero en éstos también la contaminación con arquetipos o ramas perdidos puede considerarse fenómeno normal.

Contra el veneno de la contaminación no es fácil encontrar remedios eficaces.[4] Conviene señalar, sin embargo, que rara vez se contaminan los errores; por el contrario, donde existen errores evidentes es fácil que el copista contamine para subsanarlos. Conviene igualmente no confundir las contaminaciones con las correcciones conjeturales de copistas que, de manera independiente, coinciden en sus lecciones; ni confundirlas con los cambios y modernizaciones que dos copistas pueden llevar a cabo por su cuenta al hallarse en ambientes culturales afines. Y, en fin, señalemos que la contaminación rara vez se limita, cuando se trata de una obra extensa, a un solo lugar. Por lo que respecta a los textos medievales, el editor deberá tener en cuenta que los copistas solían utilizar a lo largo de la obra cuadernos que podían proceder de distintas ramas textuales.

Doy a continuación un ejemplo de contaminación evidente que se da en la transmisión de *El Conde Lucanor* y dos ejemplos de presumible contaminación que ocurren en dos lugares muy próximos —apenas una veintena de versos separa el uno del otro— del *Libro de Buen Amor*.

3 Ya lo indicó P. Maas *(Critica del testo,* p. 11).

4 A la célebre frase con que se cierra el manual de Maas, respond S. D. Avalle, "Di alcuni rimedi contro la 'contaminazione'", en *La le teratura medievale in lingua d'oc nella sua tradizione manoscrita,* Torin Einaudi, 1971, pp. 171-172.

EJEMPLO I

El pasaje de *El Conde Lucanor* (Exemplo XXXVI) es el siguiente:

> Mas, quando vino la noche et los vio echar en la cama, fízosele muy grave de sofrir et endereçó a ellos por los matar. Et yendo assí muy sañudo, acordándose del seso que conprara, estido quedo.
>
> Et ante que matassen la candela, començó la madre a dezir al fijo, llorando muy fuerte:
>
> —¡Ay, marido et fijo señor! Dixiéronme que agora llegara una nabe al puerto et dizían que vinía daquella tierra do fue vuestro padre. Por amor de Dios, id allá cras de grand mañana, et por ventura querrá Dios que sabredes algunas buenas nuebas dél.
>
> Quando el mercadero aquello oyó, et se acordó como dexara en çinta a su muger, entendió que aquel era su fijo.

De los seis testimonios que han transmitido *El Conde Lucanor* —*S, P, H, M, A* y *G*— cuatro se remontan a un subarquetipo común con la filiación siguiente:

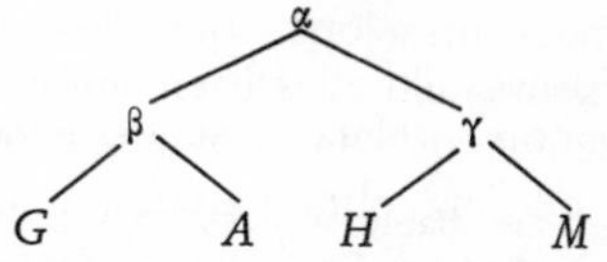

Es decir, *HMGA* presentan errores comunes, al igual que *HM* y *AG*. Ante esta situación, no pueden darse lecciones equipolentes entre *SPM* y *HGA,* a no ser que se trate de errores poligenéticos o innovaciones accidentales comunes. Sin embargo, en el pasaje anterior se produce esta anomalía:

5 la candela *SPM*: la lumbre *HGA*

Como puede observarse, se trata de un caso de sinonimia en el que no sabemos si la contaminación se ha llevado a cabo entre *H* y *GA* o entre *M* y *SP* (o *S, P*). Habitualmente, en estas situaciones es muy difícil determinar la dirección de la contaminación; no obstante, en esta ocasión una adición de la rama *H* permite llegar a una conclusión bastante firme. La adición es la siguiente:

> 12 Quando el mercadero aquello oyó *SPMGA*
>
> E el mercadero que estava aguardando quando matassen la candela, su cuchillo en la mano para los matar, e oyó *H*

Cuando se llevó a cabo esta novelesca amplificación, la rama *H* leía *candela* como *M*, y por consiguiente la lección *lumbre* es posterior a la adición. Con toda probabilidad, pues, la rama *H* contaminó con la rama β (no pudo contaminar con las ramas *G* o *A*, porque *H* es un ms. del siglo XV y aquéllos, como β, testimonios del siglo XVI). Podría tratarse de una innovación poligenética, pero otras contaminaciones de la rama *H* con β hacen que la hipótesis de la contaminación en este caso sea más verosímil que el azar.[5] (Obsérvese, por otra parte, la actitud del copista que adicionó el pasaje tan distinta de la de don Juan Manuel.)

Ejemplo II

El primer caso del *Libro de Buen Amor* es el siguiente:

> 1284 c los diablos do se fallan, lléganse a conpañía,
> d fazen sus dïabluras e su travesura. *S*
>
> d fazen sus dïabluras e su truhanería *G*
> d fazen sus travesuras e sus trujamanías *T*

Con anterioridad, al tratar de los errores comunes, se ha indicado que *G* y *T* se remontaban a un subarquetipo común α (muy improbablemente a un arquetipo *X* con supresiones y alteraciones de mano distinta del autor). Obsérvese que en el ejemplo la distribución de variantes es contradictoria con cualquier *stemma* sin contaminar. Se trata de un tipo de variantes cruzadas característico de las variantes de autor —cuando el autor, en una tercera redacción, utiliza las dos anteriores—, o de las contaminaciones (aunque, de hecho, un autor que se sirve de

[5] *Vid.* A. Blecua, *La transmisión textual de "El Conde Lucanor"*, Universidad Autónoma de Barcelona, 1980, pp. 63-64 (y 58-62 para las contaminaciones de *M* y *P*).

dos redacciones anteriores lleva a cabo también una contaminación). La hipótesis de las dos redacciones del *Libro de Buen Amor* en este caso tampoco explica las variantes, porque, como ya se ha indicado, habría que suponer o tres redacciones o dos y una contaminación. Admitir dos redacciones de la obra es ir contra toda la lógica de la crítica textual, que debe atenerse a lo verosímil; pero suponer tres redacciones raya en lo absurdo. Habrá que concluir, pues, que la contaminación explica mejor que cualquier otra hipótesis la distribución de las variantes.

Podría alegarse en contra que *T* —o un ascendiente de su rama— se encontró con un modelo que presentaba un error de sustitución por duplografía:

fazen sus travesuras e su(s) travesur(i)a(s)

Por conjetura, supuso que el error se hallaba en el segundo hemistiquio y buscó un sinónimo: *trujamanía.* Esta hipótesis presupondría lógicamente que el verso original traía la lección

fazen sus dïabluras e su travesuría

que se correspondería, subsanando la rima, con la lección de *S (travesur[í]a).* Pero esta hipótesis no explica la lección *truhanería* de *G,* a no ser que supusiéramos que se encontraba en un ascendiente la lección *travesura,* con rima anómala, y un copista innovó con la sinonimia *truhanería,* cambio que igualmente presupone la lección de *S* como original.

Obsérvese, pues, que si se admite esta hipótesis —no inverosímil— de las innovaciones independientes de copistas, la lógica del razonamiento nos lleva a aceptar como una única válida la lección de *S.*

Pero la lección de *S* no debe admitirse sólo por un razonamiento lógico al margen del razonamiento filológico, que es el que debe llenar de contenido unos silogismos. Aquí nos encontramos con una clara situación de *selectio* entre la lección *diabluras* de *S* y *G* y *travesuras* de *T,* y entre las lecciones *travesur(í)a* de *S, truhanería* de *G* y *trujamanía(s)* de *T.* En el primer caso contamos con la ayuda del *stemma,* pues tanto si se trata de un *stemma* de dos o tres ramas —*S* frente a α, o *S, G* y *T*— la lección común de *S* con *G* o *T* debería remontarse al arquetipo. La *selectio* mecánica viene corroborada por una *selectio cum iudicio,* pues *diabluras* genera una figura por repetición, la *interpretatio* o figura etimológica —*diablo-diabluras*— muy grata al *usus scribendi* del sistema y del autor. Como no se trata de una *lectio facilior,* sino de una sustitución voluntaria, si *travesuras* de *T* fuera la lección del arquetipo, *S* y *G* estarían contaminados entre sí. Sin embargo, como el *stemma* y el *usus scribendi* apoyan la lección de *S* y *G,* se seleccionará ésta y no la de *T.* Así el primer hemistiquio será:

fazen sus dïabluras

En el segundo caso la situación es distinta, pues se da equipolencia en el *stemma* al leer los tres testimonios distintamente. Las tres lecciones pertenecen al mismo campo semántico y las tres mantienen la *amplificatio* por sinonimia —tan grata igualmente al *usus scribendi* medieval— del primer hemistiquio. Obsérvese, sin embargo, que no sólo son tres lecciones sinónimas, sino que las tres presentan tal similitud de rasgos gráficos que es indicio claro de que una de ellas ha engendrado las otras dos en un curioso caso de sustitución compleja por error de lectura y por sinonimia involuntaria o voluntaria (un copista que prefiere una forma determinada):

traueſuría *S*
truhanería *G*
trujamanía *T*

La voz *travesuría* no está documentada, por lo que no podemos saber si *travesura* de *S,* que atenta contra la rima —la *res metrica*— es un error por sinonimia (no una *lectio facilior,* pues no parece que *trujamanía* ni *truhanería* sean *difficiliores* en el sistema) o un doblete, del sistema o del autor, de *travesura,* utilizado en la obra en una ocasión en rima en *-ura* ("fizo gran maestría e sotil travesura" [934 a]), refiriéndose a la vieja que se hace pasar por loca.
En el caso de *truhanería* y *trujamanía* parece claro que la semejanza gráfica (trufãeria-trujamãia) provocó la otra lectura, pero no sabría cuál de ellas es el origen. Quizá sea *truhanería* —o mejor, *trufanería*— que recoge rasgos gráficos de la lección de *S* y de la lección de *T*, y por consiguiente explicaría, de ser ella la auténtica, ambas lecciones, o de ser *travesuría* justificaría, a través de una lección *trufanería* del subarquetipo, la lección de *T*. Pero como ya se ha indicado que *S* podría haber leído por sinonimia sobre *truhanería* o *trujanería,* no es objeción de peso, y hay que concluir que, en principio, las tres se presentan como adiáforas.
En esta situación, sigue sin explicarse la lección de *T* "fazen *sus travesuras*", porque no sólo es difícil que sustituyera una lectura como

diabluras, sino que, además, coincidiera en la misma sinonimia que *S* en otro lugar del hemistiquio. Podría aducirse que *T* se encontró con la lección errónea "fazen sus *trujamanías* e sus *trujamanías*", y enmendó la primera en *travesuras* por conjetura. No es explicación inverosímil, como tampoco lo era la suposición de un "fazen sus travesuras e sus travesuras", que *T* pudo enmendar por conjetura en *trujamanía* o por contaminación con la rama *G* —que podía traer esta forma o la conservada. La explicación más sencilla —o aparentemente más sencilla— que el azar es suponer que en el arquetipo aparecía la forma *travesura* que pasó a *S*; en el mismo arquetipo posteriormente o en un subarquetipo por conjetura o por contaminación *extrastemmatica* (en la terminología de Timpanaro) aparecían las dos formas, la errónea —o presuntamente errónea— *travesura* y la conjetura —o lección original, si se trata de una contaminación con otro arquetipo— *truhanería* o *trujamanía.* O bien que en la rama *G,* la lección *travesura* del ascendiente común a *G* y *T,* fuera enmendada por conjetura o contaminación igualmente *extrastemmatica,* en *truhanería* (o *trujamanía*), que pasó por contaminación de ramas, esta vez *intrastemmatica,* a la rama *T.* Tanto en un caso como en otro esta lección se debió incorporar al margen o en la interlínea, sin hacer desaparecer la lección primitiva, por lo que la rama *T* se encontró con el verso

fazen sus diabluras, sus travesuras e sus trujamanías

y suprimió el primer sustantivo, dejando el verso en su estado actual:

fazen sus travesuras e su(s) trujamanía(s)

Otras hipótesis —por ejemplo, que *T* contamine con la rama *S*— son menos plausibles, pero todas exigen la contaminación.

Ejemplo III

El segundo ejemplo de presumible contaminación es el siguiente:

1289 a Buscava casa fría e fuía de la siesta;
b la calor del estío fázel doler la tiesta;
c busca yervas e aires en la sierra enfiesta:
d anda muy más loçano que pavón en floresta. *T*

1289 a e *om.S* 1289 b fazel doler : faziel doler *G* : doler faze *S* 1289 cd *El orden de los versos invertidos en S* 1289 d *G omite el verso.*

En el caso del v. 1289a muy probablemente la lección correcta es la de *S (fría, fuía)* y en el caso del v. 1289b se puede optar entre *fazel'* o *faziel'* —mejor que *faze* de *S*— y entre el orden de *GT* o el de *S* (*fazel doler* : *doler fazel*), quizá preferible el de este último que explicaría mejor la pérdida del pronombre apocopado enclítico (*faze*l *la*), aunque no es necesario, y se trata, por tanto, de un caso de adiaforía.

En el caso de los vv. 1289c y 1289d, resulta evidente que el orden es el de *T*, pues está exigido por el desarrollo de las ideas y refrendado por el *usus scribendi* del autor que acostumbra a cerrar las coplas con una frase de corte sentencioso o expresivo, como consecuencia de los versos anteriores. Tienen razón Corominas y Joset al seguir el orden de *T*, frente a Cejador y Chiarini que prefieren el de *S*.

Al parecer se trata de un caso de *selectio* entre *S* y *T* sin más trascendencia que el orden de dos versos contiguos. La laguna de *G*, sin embargo, es altamente sospechosa al coincidir con la inversión de *S*. Dada la relación de *S* y *G* en el *stemma* y el hecho de que en zona muy próxima se haya producido una más que probable contaminación de *T*, aunque no pueda descartarse el azar en la coincidencia de la laguna de *G* y la inversión de *S*, resulta más verosímil suponer una laguna en el arquetipo que pasó a *G* a través del subarquetipo α —o del arquetipo en un segundo estadio—, que *S* y *T* subsanaron contaminando con otro arquetipo (contaminación *extrastemmatica*). La rama *S* integraría el verso erróneamente.

Para defender la hipótesis del azar, puede alegarse que *S* en la copla 1287 —esto es, dos coplas antes— invierte el orden de los versos, lo que sería indicio de inversiones motivadas por cansancio de copista, como sucede con *G*, que se salta el verso tercero de la copla en tres consecutivas (1341, 1342 y 1343). Obsérvese, sin embargo, que la inversión de la copla 1287 en *S* es anómala:

a Andan tres ricosomnes allí en una dança:
b del primero al segundo ay una grand labrança,
c el segundo al terçero con cosa non le alcança
d e non cabrié entre ellos una punta de lança. *GT*

En *S* el orden de los versos es *adbc,* lo que denota que no es un caso de inversión por salto y posterior copia (como sería la situación de la copla 1289 en donde la inversión podría haberse producido por este motivo). Parece claro que en el caso de la copla 1287 se trata de una integración posterior: un copista encontró al margen el verso saltado y no supo integrarlo en el lugar exacto, que es lo que debió ocurrir con la inversión de la copla 1289 en *S* y lo que explicaría la laguna de *G*.

En definitiva, aunque no pueda descartarse el azar en ambos casos, parece más verosímil, por el carácter de las variantes y por su proximidad, explicar las anomalías y errores como fruto de una contaminación. [6]

[6] Una extraña variante de *T* en el cercano verso 1283c podría explicarse también por contaminación:

con este compañero que les	*da* libertades	*G*
	dan	*S*
dan este	*den*	*T*

ece que la rama *T* se encuentra con una corrección y la integra en
r no conveniente (*dan* por *con*).

III. *EXAMINATIO* Y *SELECTIO* (III)

"Constitutio textus" sin "stemma"

En tradiciones complejas, como ya se ha indicado, no siempre —o mejor, rara vez— resulta posible hallar errores comunes en todas las ramas. Tras la *recensio* el editor puede haber llegado en el peor de los casos a no hallar errores conjuntivos entre los testimonios o, con mejor fortuna, ha podido determinar su presencia y establecer la relación entre los distintos grupos. Estos casos, los más frecuentes en las tradiciones manuscritas de gran pujanza, son de difícil solución y ante la perspectiva de la multiplicidad de situaciones concretas distintas —puesto que cada tradición presenta peculiaridades propias—, la crítica se ha dividido entre los partidarios de conservar en lo posible el texto transmitido por un testimonio y los partidarios de establecer un texto crítico entre todos los testimonios, practicando, desde luego, la *emendatio ope ingenii*. Los matices entre ambos extremos críticos son numerosos, pero la línea de separación se mantiene con mayor o menor nitidez. Las dos actitudes son perfectamente lícitas y, en general, han coexistido, con preponderancia de una u otra, desde la filología humanista y, en particular, desde el siglo XIX.

En teoría, evidentemente, la actitud conservadora no resiste el embate del cálculo de probabilidades, pues la lección de la mayoría, haya o no contaminaciones, tiene una probabilidad mayor de traer la lección correcta o, cuando menos, una adiáfora. Con tres testimonios, por ejemplo, los *stemmata* posibles son cuatro —doy por descontado que los tres presentan errores separativos y que, por consiguiente, ninguno es un *codex descriptus*—:

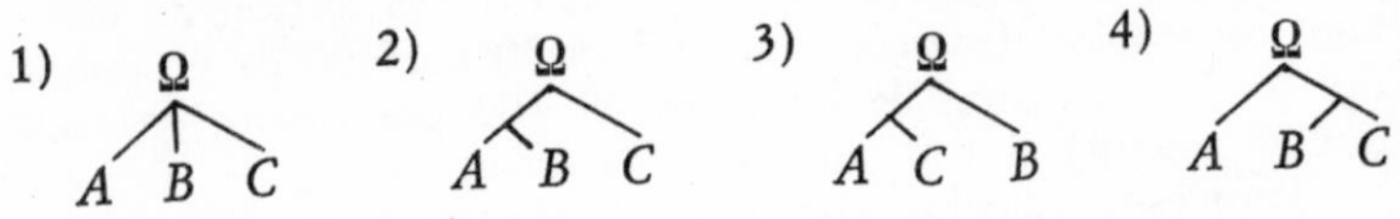

Como puede observarse, la lección de dos de los testimonios en un 50 por 100 de las posibles combinaciones de variantes da la correcta y en el otro 50 por 100 la adiaforía. Cuando los tres leen aisladamente, las posibilidades de uno u otra son del 33,33 por 100. Si conociésemos el *stemma,* evidentemente, disminuirían las situaciones de adiaforía, pero no las de error, que siguen siendo las mismas, esto es, ninguna. Conforme aumenta el número de testimonios sin filiar la situación se complica, pero las probabilidades de acierto o de adiaforía son mayores si se sigue la mayoría. Por ejemplo, con siete testimonios, que presentan catorce posibilidades de relación (1 : 6 |1 : 5 : 1 | 1 : 4 : 2 | 1 : 3 : 3, etc.) y un millar y medio aproximado de combinaciones de variantes (*A* : *BCDEFG* | *AB* : *CDEFG* | *AC* : *BDEFG* | *AD* : *BCEFG,* etc.), el porcentaje de error es de un 5 por 100, el de aciertos un 45 por 100 y el de adiaforía un 50 por 100.

Ahora bien, en un cálculo de probabilidades, seguir la lección de un testimonio, solo o en compañía de otros, conduce a cometer un número de errores que se hace proporcionalmente mayor conforme aumenta el número de testimonios. Sólo con tres testimonios, por ejemplo, el porcentaje de error es del 27,2 por 100. Y de las catorce posibilidades de relación entre siete testimonios, seguir la lección de uno solo presupone el *stemma*

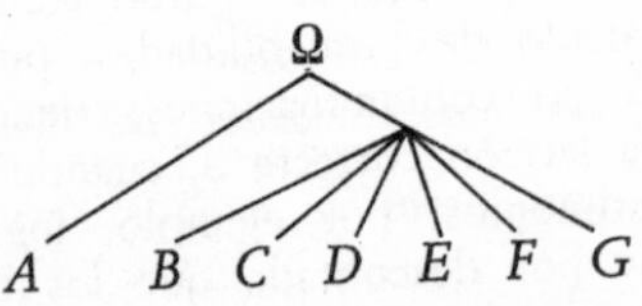

en el que, por lo menos, las lecciones de dos o más de los testimonios enfrentados a *A* tienen el 50 por 100 de probabilidades de dar una lección tan cercana a Ω como la de *A*. En cualquiera de las otras trece posibilidades de filiación, la lección de dos o más testimonios tiene como mínimo el 50 por 100 de posibilidades y en la mayoría de los casos, el 100 por ciento, en tanto que *A* presenta el 100 por ciento de error.

Pero estos cálculos, claro está, responden a una situación en que todos los casos son igualmente probables y no tienen en cuenta ni el número ni si se repiten unas combinaciones más que otras ni, desde luego, la calidad de las mismas. Por este motivo suele darse la paradoja de que editar un testimonio —el viejo método del *codex optimus*— sea menos peligroso para la integridad del texto que seguir la lección de la mayoría —el igualmente viejo método de los *codices plurimi*. El cálculo de probabilidades es, pues, útil como una orientación general, particularmente en el caso de la contaminación, [1] pero hay que confesar que no sirve para gran cosa a la hora de enfrentarnos a situaciones particulares en que las variables son tales y tantas que impiden una aplicación práctica que no sea aberrante.

Como encontrar errores comunes no resulta sencillo y, en numerosos casos, el carácter subjetivo de los argumentos aducidos para probar su existencia es evidente, Dom Quentin [2] construyó un nuevo método para filiar los testimonios basado no en el error, sino en la comunidad o discrepancia de unos frente a otros. En síntesis, el método de Dom Quentin consiste en comparar los *loci critici* por grupos de tres testimonios en combinación de pares para establecer las relaciones que existen entre ellos. Con este método se construye una cadena de proximidad y lejanía cuando uno de los testimonios resulta ser intermediario de los otros dos:

[1] Sobre la "hipótesis más económica" *vid.* Avalle, *Principi...*, pp. 84-86.

[2] Dom H. Quentin, *Essais de critique Textuelle (Ecdotique*, París, 1925).

$$A > BC \quad = 15 \text{ lecciones}$$
$$A > B < C = \ 7 \text{ lecciones}$$
$$AB > C \quad = \ 0 \text{ lecciones}$$

En este caso —cuando se dan dos cifras elevadas y un *cero* en la tercera— el testimonio *C* se manifiesta como un intermediario entre *A* y *B*. Sin la existencia del *cero característico* sólo se puede llegar a deducir que los testimonios son muy próximos entre sí ($A > BC = 15$; $A > C < B = 2$; $AC > B = 1$), o que son independientes ($A > BC = 8$; $A > B < C = 7$; $AC > B = 6$). La operación continúa con los restantes testimonios. Para orientar posteriormente la cadena, y construir un *stemma,* hay que acudir al análisis intrínseco de las variantes. El método de Dom Quentin fue agudamente criticado en un célebre estudio por Bédier y, en general, por la crítica posterior.[3] En fechas próximas se ha aplicado un método similar, basado en la teoría de conjuntos, para mecanizar la *recensio* con los ordenadores. Su creador, Dom Froger,[4] tiene en cuenta, sin embargo, el error para orientar el *stemma.* El método es válido, pero, en general, poco rentable y en cierto tipo de tradiciones, como las fluctuantes, dificultosísimo de llevar a la práctica ante la montaña de dificultades que ofrece la *collatio.*[5]

Ante esta situación, el editor puede desesperarse, dedicarse a otros menesteres o intentar llevar a cabo la menos mala de las ediciones posibles. La situación, sin embargo, no es en la práctica

3 *Vid.* el mencionado estudio de Bédier sobre el *Lai de l'ombre.* La oposición al método de dom Quentin se practica desde dos perspectivas: el terror a la máquina, y la dificultad práctica de aplicación con resultados mejores que los alcanzados con los métodos tradicionales. La primera no tiene más justificación que la pasión; la segunda, en cambio, está plenamente justificada, hasta el momento.

4 Dom Jacques Froger, *La critique des textes et son automatisation,* París, Larousse, 1968.

5 *Vid.* Alberto Del Monte, *Elementi di Ecdotica,* Milán, Cisalpino-Goliardica, 1975, pp. 124-134, y Armando Balduino, *Manuale...,* pp. 227-246, donde el lector encontrará con detalle la exposición y crítica de los métodos taxonómicos. De todas formas, conviene que el filólogo conozca directamente las obras de Quentin y de Froger y, en general, de los partidarios de la mecanización de la *recensio,* porque un resumen como el que aquí se expone se presta a una condena sin defensa.

tan dramática como se presenta en una generalización. Cada texto tiene su peculiar tradición y la *recensio* permitirá orientar la *constitutio textus* con las mayores garantías de éxito. La historia de los testimonios brindará datos inapreciables para valorarlos. Es cierto que un *codex optimus* tiene, sin duda, errores, pero no por ello deja de ser *optimus* y los *deteriores* [6] tampoco dejan de ser *deteriores,* aunque posean lecciones correctas. Es cierto, también, que sin errores comunes no es posible asegurar la filiación, pero el hecho de que unos testimonios lean continuamente frente a otros en lecciones importantes cualitativamente puede servir de orientación. Me refiero a lecciones significativas, porque una *recensio* cuidadosa —dé como resultado una tradición con *stemma* o una tradición sin él— permite, con la *examinatio* y la *selectio,* establecer unos grupos de variantes más significativas que otras. La *recensio* no se lleva a cabo mecánicamente —salvo en la *collatio*— y, por consiguiente, el editor tendrá al final de la *examinatio* una orientación respecto del comportamiento de cada testimonio. No habrá hallado errores comunes, pero habrá encontrado numerosos errores singulares y numerosos errores poligenéticos (puesto que si no fuesen poligenéticos, serían comunes significativos y, por consiguiente, podría determinarse la filiación). Cuanto mayor sea el número de testimonios tanto menores serán las posibilidades de que todos los testimonios coincidan en errores poligenéticos, y, en la mayoría de los casos, las lecciones de los otros testimonios permitirán detectar los errores singulares y los poligenéticos. Eliminados unos y otros, nos encontraremos con una colección de variantes enfrentadas de distinta categoría. Se trata de variantes equipolentes en la *recensio,* puesto que al no poder trazarse un *stemma* único todas las variantes enfrentadas pasan a ser equipolentes y todas tienen, en principio, las mismas probabilidades de remontarse a [*O*]. La *examinatio* en

[6] Las polémicas en torno al asunto responden, como ya se ha indicado, a circunstancias históricas concretas. Los *codices deteriores* son, en efecto, *deteriores* porque de no serlo, ¿para qué utilizar el término? *Deterior* quiere decir, sencillamente, que posee más errores que otro códice *melior,* pero no necesariamente que todas sus lecciones sean peores. La discusión es bizantina, como casi todas en las que intervienen ingredientes pasionales.

la *constitutio textus* llevará al editor a determinar si se trata de variantes realmente adiáforas o alguna de ellas puede rechazarse como innovación de copista. En este aspecto, el proceso crítico no difiere del utilizado con las variantes equipolentes en las tradiciones con *stemma*. La diferencia estriba en que el número de equipolentes será, en general, notablemente superior y, sin la orientación del *stemma,* será necesario extremar el cuidado crítico en la selección de las auténticamente adiáforas.

Cada tradición tiene sus peculiaridades y, por lo tanto, sus peculiares soluciones. Por lo general, el editor se encontrará que dos o más testimonios leen en equipolencia frente a otros de una manera continuada, lo que permite —y en este sentido el método de Dom Quentin es aprovechable— una orientación de proximidades y lejanías, de encadenamientos horizontales. Por ejemplo, si *A* y *B* leen en equipolencia continuada frente a *D* y *E* y nunca lo hacen en común frente a otros testimonios, se encontrarán en los extremos de una cadena *A-B-C-F-D-E,* y es presumible que pertenezcan a ramas distintas ($A\text{-}B > DE$; $AB > D\text{-}E$). Puede, en efecto, tratarse de un caso de contaminación generalizada ($A \leftrightarrows B$; $D \leftrightarrows E$), pero es muy improbable. En cambio, si en esa situación de equipolencia, importante por la cantidad y calidad, de $AB > DE$, en determinado caso o casos, se cruzan en la equipolencia, $AD > BE$ o $AE > BD$, habrá que sospechar que se trata de una contaminación.

En resumen, en los casos en que no sea posible demostrar la filiación de los testimonios, la propia *recensio* conducirá a encontrar las soluciones más idóneas para ese particular tipo de tradición. Dado que no existe hasta la fecha otro método mejor, el editor acudirá al único posible, humano y por consiguiente falible,[7] que es, como en las tradiciones con *stemma,* su conocimiento filológico para seleccionar aquellas lecciones que puedan acercarse a Ω más que otras. En ciertos tipos de tradición fluctuante

7 “Dès lors, il faut bien convenir, avec les anciens humanistes, qu'on ne dispose guère que d'un outil: le gout” (Bédier, *La tradition manuscrite...,* p. 71). Prefiero denominar a “le gout” de Bédier “conocimiento filológico” en el que se incluye, por supuesto, el dominio teórico-práctico de la crítica textual.

puede ser preferible tomar como base el *codex optimus* y llevar a cabo, al igual que los humanistas, una *emendatio ope codicum* o, si se quiere ser más conservador, corregir tan sólo los errores evidentes, como postulaba Bédier. Una *emendatio ope codicum* cuando se sigue un *codex optimus* o una *selectio variarum lectionum* cuando no se sigue un códice determinado debe llevarse a cabo con prudencia para no cometer los abusos de los humanistas. Las actitudes en exceso conservadoras pueden ser igualmente nocivas para el fin de la crítica textual, que no es sólo transmitir el estado lingüístico de un único testimonio, sino reconstruir Ω, es decir, el texto que se aproxime a Ω más que otro posible. Estemos, sin embargo, tranquilos por el porvenir de la integridad textual, pues frente a críticos con inclinaciones enmendadoras, suelen aparecer otros de tendencias contrarias. Por fortuna para el enriquecimiento de los textos, porque, de no ser así, todavía seguiríamos teniendo por auténticos pasajes apócrifos que, compuestos por imaginativos enmendadores, fueron conservados por no menos escrupulosos mantenedores de lo escrito. Los extremos se tocan. Entre ambas actitudes es menos peligrosa, sin embargo, la segunda.

IV. *EXAMINATIO* Y *SELECTIO* (IV)

Refundiciones e innovaciones de copistas

En ciertas épocas y géneros, la refundición de textos para adaptarlos a un público nuevo puede considerarse fenómeno normal. La refundición puede afectar a ciertos pasajes o a la obra en su totalidad, por lo que no es fácil trazar una frontera conceptual que delimite el término.[1] Cuando sólo se ha transmitido un texto refundido —como es el caso del *Amadís*—, la imposibilidad de reconstrucción ni siquiera aproximada del original primitivo es prácticamente absoluta. En algunos casos la libertad del refundidor es tal, que puede considerarse una obra nueva. Se operará en estas situaciones como si se tratara de Ω, sin atender —en cuanto a la edición, no en cuanto al análisis— a la originalidad. Se depurarán los textos de los posibles errores, pero siempre teniendo en cuenta que ciertos errores de la transmisión de [*O*] han podido pasar, a través de un códice *X,* a ΩR,[2] y

[1] Empleo aquí el término *refundición* para los casos en que uno o más autores refunden una obra anterior y para aquellos otros en que el copista se atreve a alterar determinados pasajes, añadiendo o suprimiendo detalles estilísticos de relativo interés, o bien cambiando la sintaxis. Se trata, pues, de casos en los que el copista conscientemente altera el modelo adaptándolo a su gusto. Llamaré *redacción* a un estadio de la obra admitido por el autor y *corrección* al retoque que el autor efectúa en cada una de las redacciones o en la redacción única.

[2] Utilizo esta sigla para distinguirla de Ω que corresponde al original ideal del autor primitivo. El editor puede servirse de la que le parezca

que han sido admitidos por éste bien por descuido, bien por desconocimiento del *usus scribendi* del autor primitivo. En estos casos, cuya existencia sólo puede demostrarse cuando se conserva el *O* de ΩR, o cuando ΩR ha refundido el pasaje erróneo manifestando claramente su desconocimiento, deberán mantenerse para no reconstruir un texto híbrido, porque ya se ha indicado que la edición va dirigida a reconstruir ΩR y no Ω, o lo que es lo mismo, la reconstrucción más cercana a ΩR nos dará un texto que será también más cercano a Ω que el de los descendientes de ΩR. Naturalmente, se indicarán en el aparato de variantes todos aquellos casos, seguros o dudosos, en que Ω puede reconstruirse total o parcialmente al margen de ΩR.

Cuando se ha transmitido el texto primitivo y una o más refundiciones, nos encontraremos con tantos Ω —Ω, ΩR_1, ΩR_2, ΩR_n— cuantas redacciones existan. El grado o calidad de las refundiciones varía en cada caso. Cuando la refundición sólo afecta a determinados pasajes de Ω, será preferible relegarlos al aparato de variantes; si la refundición afecta a toda la obra en general, es recomendable editarla como texto independiente.

En la *recensio,* el *stemma* se construirá partiendo de los errores comunes de todos los testimonios, versiones primitivas o refundiciones. Salvo casos excepcionales —un refundidor que tuviera acceso a un *O* sin errores—, se da por supuesto que ΩR trabaja sobre un texto con errores de un descendiente de *O*. Por consiguiente, los testimonios conservados —descendientes de *O,* y de *OR*— pueden presentar errores comunes si se remontan a un mismo arquetipo. Se puede, por lo tanto, llegar a una filiación como la siguiente, en la que *X* es perfectamente reconstruible con ayuda de *XR1* y *XR2*:

más apropiada, pero dado que las siglas representan unos conceptos muy precisos conviene utilizar un sistema lo más coherente posible para evitar la ambigüedad habitual en la práctica textual. En las páginas siguientes *OR* representa al original concreto conservado del refundidor; *[OR],* al original concreto perdido del refundidor; *XR,* al arquetipo concreto del texto refundido; R_1, al refundidor primero; R_2, al refundidor segundo; O_1, a la primera redacción de autor; O_2, a la segunda, etc.

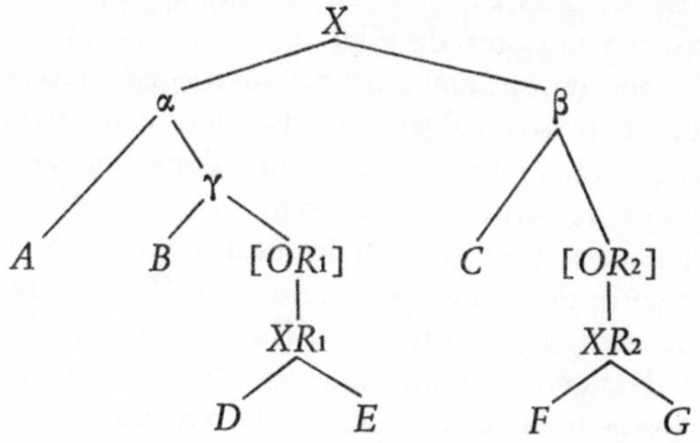

Caso de que no presenten errores comunes, nos hallaríamos ante la misma situación que la de las tradiciones sin arquetipo, esto es, con numerosas lecciones adiáforas que deberán tenerse en cuenta para la reconstrucción de cada uno de los textos —Ω, ΩR_1, ΩR_2, ΩR_n—, porque, aunque hayamos llegado a una filiación de cada uno de ellos

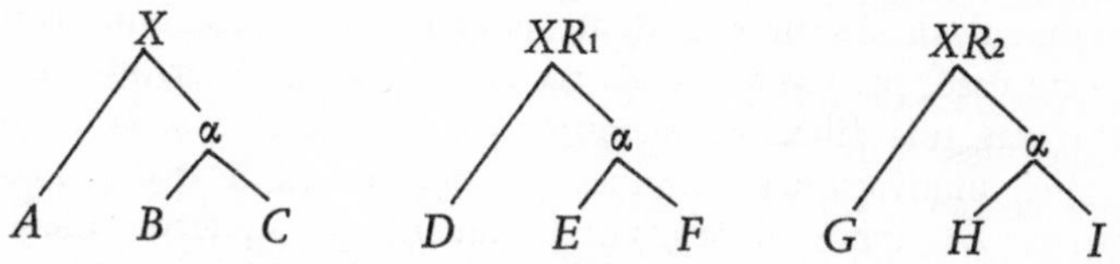

desconocemos cuáles son las lecciones auténticas de [*O*], al que en última instancia *a fortiori* se remontarán todos los testimonios. La situación puede en principio parecer distinta a la de las tradiciones de un solo texto sin *stemma*. De hecho, es la misma, porque la diferencia entre una tradición con refundiciones y otra normal es puramente cuantitativa y se anula en el momento de analizar cada variante, pues un copista que cambia una palabra actúa en ese caso concreto como un refundidor, aunque el cambio, como sucede con ciertas sinonimias, haya podido ser inconsciente. En el ejemplo anterior, no será un método correcto deducir que la lección común de *X* con XR_1 o XR_2 nos dará la lección de Ω, pues es evidente que tanto XR_1 como XR_2 pueden ser los transmisores de ella.

Cuando nos encontremos, como sucede con frecuencia en la transmisión de textos vulgares medievales, con testimonios que todos ellos presentan tendencias refundidoras independientes, en general, puede reconstruirse el texto primitivo Ω con bastante aproximación si es posible filiar los testimonios.[3] Si no lo es, el comportamiento de cada testimonio servirá de guía para una selección de cadenas de variantes. En estos casos, la lección de la mayoría dará, en general, el texto más próximo a Ω. Me refiero, claro está, a la reconstrucción de pasajes y no de lecciones limitadas a una palabra o grupo de palabras pequeño, que presenten el mismo tipo de variantes que en las tradiciones normales; es decir, variantes equipolentes que sólo un análisis muy detenido puede permitir la selección o la adiaforía.

Si unos testimonios presentan a lo largo de la obra numerosos pasajes comunes en los que se advierte una misma actitud refundidora, rara vez se trata de una contaminación generalizada —aunque ésta pueda existir en ciertos lugares—, sino de una comunidad de lecturas que arranca de un ascendiente común. En este caso, las innovaciones comunes —y no el error— permiten trazar una filiación, siempre que la cualidad y la cantidad de tales innovaciones comunes no puedan explicarse por otros motivos. Las innovaciones, por lo general, se advierten mediante un análisis del *usus scribendi* y, en situaciones afortunadas,

[3] Me refiero a las situaciones en que no se da una forma de transmisión oral, como en el caso de los romances, de los cantares de gesta o de la poesía cantada, en general, pues en este tipo de tradiciones no existen textos fijos o, mejor, cada testimonio conservado presenta un estado válido de múltiples ΩR. Ejemplos bien conocidos de este tipo de reconstrucciones son los llevados a cabo por don Ramón Menéndez Pidal y, desde otra perspectiva, la edición de Cesare Segre de la *Chanson de Roland,* Milán-Nápoles, Ricciardi, 1971 *(vid.* la reseña de O. Macrí, "Per una teoria dell'Edizione critica", *L'Albero,* 49 [1972] pp. 239-280, ahora en *Due saggi,* Lecce, Milella, 1977, pp. 77-171, con alguna modificación). Para el romancero *vid.,* por ejemplo, R. Menéndez Pidal, Diego Catalán y Alvaro Galmés, *Cómo vive un romance,* Madrid, CSIC, 1954.

cuando se conserva un testimonio que mantiene en mayor pureza el texto original primitivo (Láms. LVIII-LIX). Sabremos que un testimonio presenta un estado textual más puro —*codex optimus*— si lee con los otros cuando uno de ellos presenta a su vez pasajes singulares equipolentes. Cuanto mayor es el número de testimonios tanto más fácilmente es demostrable la existencia del *codex optimus*.

Esto ocurre, por ejemplo (Láms. VIII-XXI) en la tradición de *El Conde Lucanor,* tradición de seis testimonios —*S, P, H, M, G* y *A*— en la que todos ellos a excepción de *S,* pertenecen a tradiciones con tendencias refundidoras.[4] El testimonio *S* siempre lee indistintamente con unos u otros cuando alguno o varios se separan de los restantes. Como no es posible que *S* contaminara independientemente con los cinco testimonios ni llevara a cabo una *editio variorum* —poco frecuente en la transmisión de un texto vulgar medieval—, habrá que deducir que *S* presenta un estado textual muy correcto sin intervenciones de copistas. El caso de *El Conde Lucanor* puede servir de botón de muestra de los problemas que plantean las tradiciones medievales. En líneas generales el *codex antiquior* suele ser *optimus* dada la tendencia a la innovación de la transmisión medieval. Editar en el caso de *El Conde Lucanor* el *codex optimus* que es, a su vez, el *codex antiquior* —*S*—, es el mejor criterio, siempre que se subsanen sus errores con las lecciones de otros testimonios y se tengan en cuenta las variantes adiáforas. Pero si *S* hubiera desaparecido, no habría sido la mejor solución editar uno solo de los testimonios restantes, porque, en este caso concreto, el texto resultante estaría más alejado de Ω que si, por ejemplo, se sigue el método antiguo de los *codices plurimi.* Por supuesto, el texto así reconstruido no habría existido nunca, pero los textos de *P, M, H, A* o *G,* que acumulan innovaciones de numerosos copistas son, de hecho, tan híbridos como aquél y, desde luego, más alejados de Ω. Hay que decir, sin embargo, en honor a la verdad que se trata de una deducción *a posteriori,* basada en la filiación de las ramas bajas y medias y en la existencia de *S.* En este caso se da, además, la circunstancia de que *G,* el testimonio *recentior,* es el más fiel, después de *S,* a Ω. Pero este hecho no contradice el que, en general, en la tradición de textos medievales los *recentiores* sean *deteriores,* pues ocurre que *G* es ya una copia de mediados del siglo XVI de un códice

[4] *Vid.* A. Blecua, *La transmisión textual de "El Conde Lucanor",* Barcelona, Universidad Autónoma, 1980.

tan antiguo como *S,* copia llevada a cabo con el criterio de reconstrucción histórica característico del Humanismo. Dado el sistema de transmisión de los textos medievales vulgares, lo normal es que esté más cerca de un Ω del siglo XIII un testimonio coetáneo que otro del siglo XV, aunque éste pueda servir para enmendar ciertos *loci critici* de aquél.

V. *EXAMINATIO* Y *SELECTIO* (V)

Variantes de autor

En el proceso de la creación literaria el autor puede y, en general, lo hace, ir modificando lo escrito con correcciones. Habitualmente, el autor redacta la obra en un borrador que después copia o manda copiar en limpio. Se trata de correcciones en el proceso creador que sólo se detectan si se conserva el borrador autógrafo (Láms. XXXVI-XL). Son correcciones que se llevan a cabo sincrónicamente o en un lapso temporal breve. Todas ellas forman parte del proceso creador y, por consiguiente, deben analizarse como una unidad, aunque las correcciones puedan superponerse en varios estratos de redacción que conviene reconstruir. Es recomendable distinguir este tipo de correcciones de las llevadas a cabo por el autor cuando ya la obra ha circulado públicamente. En estos casos, el autor ha podido efectuar cambios mínimos o alteraciones profundas que pueden afectar a la propia estructura conceptual de la obra. Se darán, por consiguiente, tantas redacciones cuantas veces haya vuelto el autor a la obra.

Existen tradiciones textuales y obras en las que no es fácil distinguir las variantes de autor de las de un copista (Láminas XLV-XLVII). Conviene, pues, hilar fino antes de dar como originales unas lecciones apócrifas. Cada caso es único y no pueden darse normas generales. Corresponde al crítico aducir las pruebas suficientes, externas e internas, basadas habitualmente en el *usus scribendi* del autor, que puedan determinar la autenticidad o no de las variantes.

En aquellas tradiciones en que los datos externos no permitan fijar el orden de redacción de las versiones, la más extensa, la que presenta lecciones más exactas conceptual y estilísticamente, las que más se alejan del modelo suelen ser posteriores. Pero, repito, cada caso en cada época es singular y los factores que estimulan el cambio pueden ser muy variados y no siempre responden a la coherencia esperada por un crítico que quiere dar explicaciones racionales de complejos procesos creadores.

Cuando se conservan tres o más redacciones resulta relativamente sencillo determinar las intermedias —y en este caso sí es útil el método de Dom Quentin. Así, dadas tres redacciones, *A, B* y *C,* las extremas serán las que presenten un menor número de lecciones comunes. En teoría, las redacciones extremas no deberían presentar ninguna lección común frente al otro testimonio si las redacciones se han llevado a cabo consecutivamente:

Este es el caso más habitual, en el que el autor corrige sobre la redacción inmediatamente anterior, pues las regresiones no suelen ser frecuentes. Cuando no se conservan los originales, cada redacción puede estar sujeta a los mismos avatares que las tradiciones de una redacción única. El proceso de reconstrucción de cada una de ellas se efectúa a partir del *stemma.* Sin embargo, no es fácil que tres redacciones, por ejemplo, presenten errores comunes, porque el autor, al volver sobre el texto, subsana aquellos lugares dañados; pero puede ocurrir que, perdido O_1, el autor utilice una copia o incluso un O_1 con errores —que funcionaría como *X,* arquetipo concreto. Así podría darse la filiación:

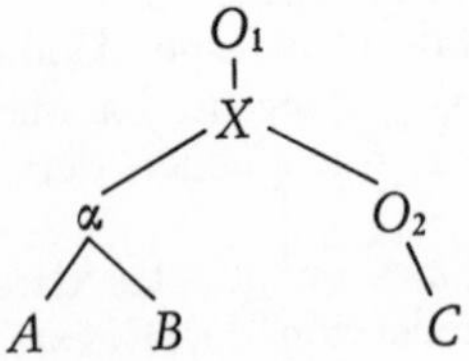

Esta situación, desde luego, no es frecuente. Por lo general, cuando dos redacciones presentan errores comunes debe sospecharse una contaminación; es decir, un copista ha superpuesto la segunda redacción sobre la primera y ha dejado pasar el error por inadvertencia:

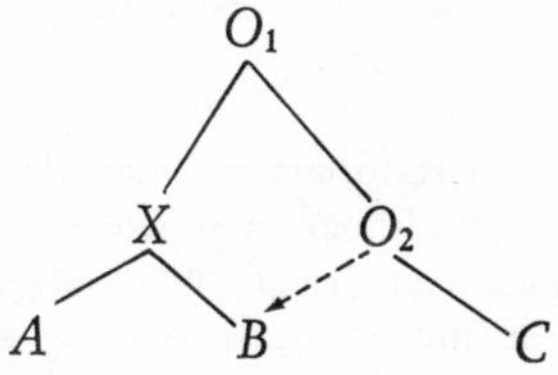

Si, como en este caso, el copista se ha limitado a superponer sólo algunas variantes de O_2, constituirá un texto intermedio que se manifiesta a los ojos del editor como una redacción intermedia entre O_1 y O_2 y sólo la presencia de errores comunes permite deducir la contaminación (Láms. XLVIII-XLIX). Si esos errores no se dan, resulta muy difícil demostrar que se trata únicamente de dos redacciones y no de tres:

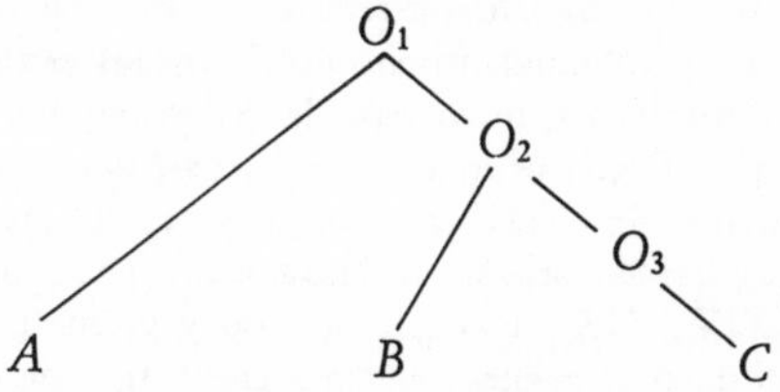

Puede ser que el autor, por diversas circunstancias, vuelva al texto de la primera redacción y no de la segunda:

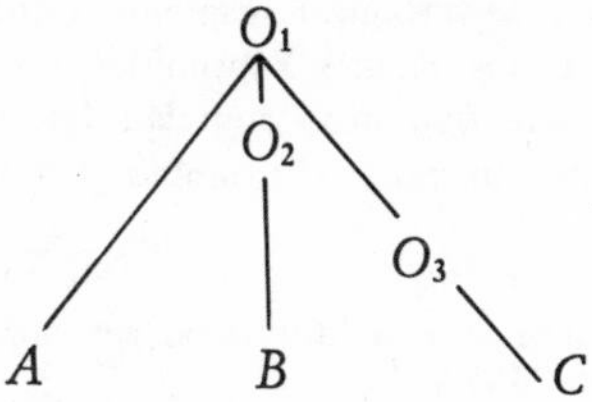

En este caso, si por datos externos o internos no es posible establecer el orden de las redacciones, se podrá caer en el error de juzgar a O_1 como la redacción intermedia, ya que participará de las lecciones comunes de cada una de las otras dos frente a las restantes, y *B* y *C* se interpretarán como redacciones extremas.

La edición crítica de un texto con variantes de autor plantea problemas parecidos a los de las tradiciones refundidas. Tampoco aquí puede generalizarse porque cada texto exige soluciones distintas. En todo caso, una edición crítica de una tradición con variantes de autor debe ser exhaustiva, esto es, entre el texto base y el aparato crítico el lector dispondrá de los textos de todas las redacciones. En ciertas tradiciones en las que los cambios son muy profundos, puede optarse por la publicación íntegra de cada una de las redacciones. Cuando el número y calidad de las variantes lo permite, puede editarse una redacción y relegar las variantes de autor al aparato crítico. En estos casos, en general se opta por tomar como base la redacción última. En determinadas circunstancias puede elegirse como texto base aquel que, por diversas razones, ha sido el más difundido y representativo del autor.[5] En los casos en que las variantes de autor han estado motivadas por causas ajenas a su voluntad, como sucede en los períodos de censura, es preferible tomar como texto base la redacción que se ha llevado a cabo sin coacción. Puede ocurrir, sin embargo, que sea el propio autor quien voluntariamente ejerza una autocensura sin presiones exteriores o sin que éstas hayan variado sustancialmente entre una y otra redacción (Láms. LXIV-LXIX). Este último caso y el anterior difieren en el tipo de variantes: en el primero afecta a cierto tipo de expresiones o de pasajes —religiosos, políticos o morales— que el autor suprime o altera sin voluntad de estilo —son en general variantes que deterioran el texto anterior— y rara vez aparecen adiciones. En el segundo caso, las alteraciones son mayores; se producen cambios estilísticos sin otra intención que la estética; los pasajes suprimidos son cambiados por otros, incluso ideológicamente opuestos; abundan las adiciones; y el sentido de la obra puede sufrir un profundo cambio (Láms. LX-LXIII). En estos

[5] Para el debate sobre si el editor debe ser *notario* o *esteta*, *vid.* Belloni, "Rassegna...", pp. 483-484.

casos lo ideal sería editar ambas redacciones y remitir al aparato crítico de cada una de ellas las variantes de la otra. Otro sistema —si la disposición de la obra no ha sufrido graves alteraciones— puede consistir en tomar como base la redacción definitiva y situar a doble columna los cambios sustanciales, remitiendo las variantes menores al aparato crítico. Por lo que se refiere a los borradores autógrafos o a las copias autógrafas con correcciones —aparte de las reproducciones facsimilares y de aquellas ediciones que transcriben exactamente la disposición del original—, se publicará como texto base el definitivo del autor y en el aparato crítico las lecciones rechazadas y los distintos estados por los que ha pasado la obra. Conviene insistir en este punto porque no es indiferente que una lección haya sido rechazada en una primera fase o en una fase posterior. Una corrección, por ejemplo, en el último verso de un poema puede desencadenar correcciones de abajo arriba y en lugares previamente corregidos y en apariencia definitivos (Láms. XCII-XCIV).[6]

Los errores de autor, si son puramente mecánicos, pueden subsanarse —siempre indicándolo, claro está, en el aparato crítico—; los errores culturales, en cambio, deben mantenerse.[7] Se dan casos ambiguos, por ejemplo, cuando un autor corrige sobre un texto deturpado y deja pasar lecciones no auténticas como tales.[8] El editor puede optar por la solución que considere más idónea, siempre que en el aparato crítico se distingan las lecciones auténticas de las accidentalmente auténticas. El criterio más correcto sería, probablemente, respetar el

[6] Es, como ejemplo entre otros muchos, el caso de García Lorca. Para las variantes de autor, *vid.* G. Contini, *Varianti e altra linguistica,* Torino, Einaudi, 1970.

[7] Hay casos dudosos en que no es fácil discernir entre error de copista o de autor. Cf. el siguiente pasaje del *Quijote* (I, 4): "El labrador bajó la cabeza y, sin responder palabra, desató a su criado, al cual preguntó don Quijote que cuánto le debía su amo. El dijo que nueve meses a siete reales cada mes. Hizo la cuenta don Quijote y halló que montaban setenta y tres reales..." No sabemos si se trata de un error de imprenta por *sesenta* y *tres* o, lo que es más probable, "una equivocación que intencionalmente Cervantes hace cometer a don Quijote, tan sabio en armas y letras, equivocación que, naturalmente, favorece al menesteroso" (Martín de Riquer).

[8] El caso, por ejemplo, del *Don Alvaro* del Duque de Rivas, cuya redacción definitiva —en realidad, leves correcciones— se llevó a cabo sobre una edición que acumulaba errores de imprenta (*vid.* Duque de Rivas, *Don Alvaro o la fuerza del sino,* prólogo y notas de J. Casalduero, ed. de A. Blecua, Barcelona, Labor, 1974, pp. 51-53).

texto último cuando el autor conscientemente aprueba las lecciones ajenas; y, en cambio, enmendar con las lecciones originales aquellas que el autor ha dejado pasar por inadvertencia —por ejemplo, lagunas. El tipo de corrección seguido por el autor permitirá al editor distinguir, en la mayoría de los casos, el carácter voluntario o involuntario de las lecciones ajenas admitidas.

VI. *EMENDATIO*

El término *emendatio* propiamente sólo podría utilizarse en aquellos casos en que se subsanan los errores de un texto sin ayuda de testimonios, porque como ya se ha indicado, la *emendatio ope codicum* nace de una concepción de la crítica textual en la que se parte del *textus receptus,* que puede ser subsanado con ayuda de otros testimonios. En el método presente, la *emendatio ope codicum* pasa a ser la *selectio* de la *constitutio textus.* De todas formas, no hay inconveniente en utilizar el término *emendatio* para aquellos casos en que la fuerza de la tradición ha mantenido un *textus receptus,* una *editio vulgata,* siempre que teóricamente no se identifiquen *emendatio* y *selectio.*

De hecho, la *emendatio* sólo puede ser *ope ingenii,* es decir, sin testimonios que traigan la *lectio* propuesta. Sin embargo, cabría distinguir, aunque a veces no es fácil trazar límite divisorio, entre una *emendatio* llevada a cabo sobre unas bases testimoniales deterioradas o correctas en apariencia —de un *codex unicus* o de *variae lectiones*—, que permiten elaborar una *emendatio* mixta —*ope codicum* y *ope ingenii*—,[1] y una *emendatio*

[1] En esta categoría de *emendatio mixta* podrían incluirse las enmiendas de variantes en *difracción en ausencia* —es decir, aquéllas que ni traen la *lectio difficilior* ni el error—; las enmiendas de variantes en *difracción en presencia* —esto es, aquéllas en que una variante conserva la *lectio difficilior* o el error— entrarían en la categoría de *emendatio mixta* si traen el error, y en la *selectio* si se conserva la *lectio difficilior.* Para el concepto de *difracción en presencia* y *en ausencia, vid.* G. Contini, "Scavi alessiani", en *Linguistica e Filologia. Omaggio a Benvenuto Terracini,* Milán, 1968, p. 62.

conjetural sin base testimonial alguna. Esta última debería ser, con propiedad, la *emendatio ope ingenii* o, mejor, *divinatio.*

Tanto la *selectio* como la *emendatio* deben practicarse con unos criterios que tengan en cuenta, según la clasificación tradicional, los siguientes aspectos: a) la *lectio difficilior;* b) el *usus scribendi* —el estilo del autor y de su época—; c) la *conformatio textus* —el contexto—; y d) la *res metrica,* cuando se trata de obras en verso (o prosa rítmica). En realidad, no son criterios deslindables entre sí, pues, de hecho, todos ellos pueden reducirse al *usus scribendi,* si entendemos el término desde la perspectiva más amplia de la retórica clásica, es decir, de la *inventio,* la *dispositio* y la *elocutio* de un autor y de su tiempo. Es evidente que una *lectio difficilior* dependerá del contexto y que éste, a su vez, sólo es descifrable de acuerdo con el pensamiento del autor,[2] y la métrica varía, claro está, en cada época y autor y pertenece, por consiguiente, al *usus scribendi.*

De acuerdo con las categorías modificativas, la *emendatio* —no la *selectio*— puede llevarse a cabo por *a*) adición; *b*) supresión; *c*) alteración del orden, y *d*) inmutación. Es decir, se corresponden las enmiendas con cada uno de los tipos de error, pero de modo contrario (a un error por adición corresponderá una enmienda por supresión, etc.). Los tipos de enmienda son, por lo tanto, tan variados como los del error. O lo que es lo mismo, toda *selectio* y, con mayor motivo, toda *emendatio* debe justificar el error de los testimonios. En este sentido, *recensio* y *constitutio textus* se hallan íntimamente ligadas, pues el proceso crítico de la *selectio* en la *recensio* es similar, sólo que en esta fase únicamente se atiende a la oposición *error/no error,* y en la *constitutio textus* a la oposición lección *no legítima* (error o innovación)/*lección legítima* o de Ω. Si en la *recensio* se ha analizado detenidamente el comportamiento de cada testimonio, en la *constitutio textus* el *stemma* servirá para corroborar ese comportamiento, pues, de hecho, hasta que no está construido el *stemma,* el editor no tiene formado un criterio seguro sobre el comportamiento de los testimonios, particularmente en los que se refiere a intervenciones conscientes de copistas, como inno-

2 *Vid.* sobre este punto O. Macrí, *Due saggi,* p. 79.

vaciones y contaminaciones. Dado el carácter circular del proceso crítico, difícilmente pueden ser deslindables sus dos fases principales.

Como ya se ha indicado en varias ocasiones, el *stemma* es una orientación y, por consiguiente, no deberá aplicarse mecánicamente en ningún caso sin pasar por el tamiz de la crítica cada *locus*. El *usus scribendi* siempre deberá corroborar la lección del *stemma*. Es decir, se llevará a cabo una *selectio* crítica. En general, si el *stemma* está bien construido —aunque ya hemos visto la dificultad teórica y práctica de llevar a cabo *stemmata* completos—, las lecciones correctas, de acuerdo con la aplicación mecánica del mismo, deberán coincidir con las lecciones seleccionadas *cum iudicio*. Los errores que presenten aquellas lecciones serán poligenéticos y fácilmente subsanables con ayuda de otros testimonios, por ejemplo, los *deteriores* de las ramas bajas, o bien por conjetura apoyada parcialmente en los testimonios —el caso de las *lectiones faciliores*—, o por el contexto —pérdida de alguna partícula, como la negación—, o por la métrica —hipometrías o hipermetrías en poetas cuyo *usus scribendi* tiende inflexiblemente a la regularidad. En el caso de lecciones equipolentes en el *stemma,* los casos serán similares, es decir, errores triviales, con la diferencia de que la innovación de una rama podrá confundirse u ocultar posibles contaminaciones, si bien los métodos de selección serán idénticos, esto es, basados especialmente en el *usus scribendi.*

La *emendatio ope ingenii* sin ayuda de testimonios, y, aun con ellos —una *emendatio mixta*—, es siempre peligrosa y se debe prodigar lo menos posible. La conjetura es un «salto en el vacío», [3] que sólo la aparición de nuevos testimonios puede servir de piedra de toque. Al parecer, el número de conjeturas atinadas —en el campo de la filología clásica— no supera el 5 por 100. [4] Porcentaje poco elevado, desde luego. La conjetura, sin embargo, es recomendable siempre que exista un *locus criticus* oscuro, porque de este modo se llama la atención sobre él y permite un diálogo —o un debate— filológico que enriquece

[3] Cf. H. Fränkel, *Testo critico...*, p .42.
[4] *Vid.* Kenney, *The Classical Text,* p. 148.

el conocimiento del texto. Pero es preferible relegar la conjetura al aparato de variantes si los argumentos no son definitivos —que rara vez llegan a serlo. Y, sobre todo, antes de llevar a cabo una conjetura deben agotarse todas las posibilidades de explicar ese *locus obscurus,* que puede no ser oscuro por error de copia, sino por deficiencias de nuestro conocimiento filológico. En la *emendatio ope ingenii,* en resumen, la prudencia máxima. Y en la *selectio* también, pues conviene recordar que numerosas lecciones de los testimonios han sido *emendationes ope ingenii* de copistas. Sin embargo, negar a la crítica el derecho a la conjetura es negarle lo que a todos los copistas en todas las épocas les ha sido permitido, con el agravante de que, mientras que los copistas no indicaban su intervención, el filólogo siempre deja constancia de la suya con signos especiales o con notas explicativas.

Toda *selectio* y con más motivo toda *emendatio ope ingenii* presupone que el *locus criticus* presenta un error, una innovación o una trivialización. En el caso de la *selectio,* la situación es más sencilla al poder contar con la orientación del *stemma* y con la lección que consideramos correcta frente a las lecciones erradas o innovadoras; en el caso de la *emendatio ope ingenii* la situación es notablemente más compleja, en especial cuando el error o la innovación pasan inadvertidos, que son los casos más frecuentes (de ahí la dificultad de hallar y de demostrar la existencia de errores comunes entre las ramas altas). En unos y otros casos el editor tiene la obligación de presentar las pruebas suficientes que justifiquen la existencia del error y la selección o la conjetura, y desde luego no ocultar los argumentos que pueden presentarse en contra. El gran peligro de un editor es el querer llevar a cabo una edición *en contra* de las anteriores y no *con* las anteriores. Por eso, las mejores conjeturas suelen ser aquellas que el filólogo encuentra accidentalmente y que aclaran un *locus obscurus* de una obra que en esos momentos no le interesaba en particular ("*coniectura nascitur, non fit*"). En cambio, cuando se ve obligado a enfrentarse con un texto concreto con múltiples lugares dudosos, con numerosas y variadas conjeturas de otros editores y críticos, la tentación de mostrar que su acumen es más sutil que el ajeno es casi irresistible, lo que le puede llevar a extremar el número y calidad de la *emendatio ex coniectura* que ya Lipsio consideraba "lubrica [...], praesertim cum in eam audaces et temerarii adolescentes inciderint, aut adolescentium similes senes" (*Satyra Menippea,* 1581 [ap. Kenney, *op. cit.*, p. 26]). La conjetura, por consiguiente, no debe prodigarse pero sí es legítima cuando existe un error evidente de copista o cuando una lección aparentemente correcta —el caso de numerosas *lectiones faciliores*— no se amolda al contexto (*conformatio textus*) como se esperaría.

A continuación presentaré varios ejemplos de *emendationes ope ingenii* —se podrán encontrar numerosos casos de *selectio* revisando el capítulo dedicado a la fenomenología de la copia. He procurado que cada ejemplo fuera distinto para que el lector no impuesto todavía en la práctica editorial observe los distintos tipos de argumentos que se aducen para defender una conjetura. He procurado también que los ejemplos fueran claros y, sobre todo, que se advirtiera en ellos cómo el cambio de una sola letra o de una palabra irradia nueva luz crítica sobre el entorno y aun sobre la obra en general: una conjetura que no añada perspectivas nuevas sirve para bien poco. El grado de verosimilitud de las conjeturas propuestas es, en mi opinión, muy alto; sin embargo, hasta las conjeturas aparentemente más sólidas pueden resquebrajarse ante la aparición de nuevos datos. Sin caer en un escepticismo general —pues toda edición, en frase de Contini, es una 'hipótesis de trabajo'—, el lector será muy cauto tanto en la aceptación de sus enmiendas como en las ajenas.

Los ejemplos, como en los capítulos anteriores, proceden del *Libro de Buen Amor.*

Ejemplo I

> 270 El águila cabdal canta sobre la faya,
> todas las otras aves de allí las atalaya *S*

La laguna por pérdida de folios de *G* y *T* deja a *S* como testimonio único (Lám. I). Los editores mantienen el texto, aparentemente correcto, y sólo existe la duda de si *faya* significa aquí 'árbol' o 'saliente de una montaña'. Pero los editores debemos ser siempre suspicaces y recelar en cuanto se advierte una anomalía lingüística o conceptual. La anomalía aquí existe: las águilas no cantan y menos cuando están observando, 'atalayando', a las otras aves, que rápidamente, reconocerían su 'canto' y escaparían. Mientras no se demuestre —bien a través de una fuente de la fábula, bien a través de una tradición de historia natural que yo desconozco— la existencia de esta anomalía científica impropia de un hombre que, como el autor, estaba familiarizado con la cetrería, me parece más verosímil suponer un error de copista y leer:

El águila cabdal *cata* sobre la faya

La enmienda se justifica porque la *vista* y no el canto es la característica tradicional del águila; el sentido resulta más coherente; corresponde al *usus scribendi* del autor la *amplificatio* por sinonimia (*cata-atalaya*); y, sobre todo, se corresponde con la moralidad de la fábula: "no catar afuera, sino catarse a sí mismo":

272 *Cató* contra sus pechos el águila ferida,
e vido que sus péndolas la avían escarnida;
dixo contra sí mesma una razón temida:
"De mí salió quien me mató e me tiró la vida."

El loco, el mesquino, que su alma *non cata,*
usando tu locura e tu mala barata,
destruye a su cuerpo e a su alma mata,
que de sí mesmo sale quien su vida desata.

Obsérvese que en este caso no hay *lectio facilior,* sino un error paleográfico por adición (cāta). El argumento para la enmienda se apoya en pruebas extraliterarias de historia natural y en pruebas estilísticas como son la *amplificatio* por sinonimia y la correspondencia entre el principio y el fin de la fábula o, mejor, el que la arquitectura de la fábula se construye sobre el verbo *catar.*

Ejemplo II

846 El amor *engañoso* quiebra caustras e puertas,
vençe a todas guardas e tiénelas por muertas,
dexa el miedo vano e sospechas non çiertas:
las fuertes çerraduras le paresçen abiertas. *G*
846 a el amor *cobdiçioso* *S*

En apariencia, ambas lecciones podrían ser legítimas y no habría motivo ni por razón del *stemma* ni por análisis interno para privilegiar una más que otra. Se trataría, pues, de un claro caso de adiaforía auténtica. Los editores, sin embargo, optan y con toda razón por la lección *engañoso* apoyándose en la fuente latina que traduce el autor. El verso 597 del *Pamphilus* lee:

Ingeniosus Amor portas et claustra relaxat

La fuente, en efecto, demuestra que *cobdiçioso* es una innovación de copista, pero no que *engañoso* sea la lección auténtica. El primer indicio de duda se halla en la innovación de *S*, porque el cambio manifiesta que el copista o no tenía *engañoso* en su modelo o consideró que la voz no se acomodaba al contexto; el segundo indicio es la propia traducción de la palabra *ingeniosus* que presenta matices muy diferentes de los de *engañoso,* que correspondería al *fallax* clásico; el tercer indicio es el contexto en que aparece el sintagma *amor engañoso,* dado que el adjetivo presenta un valor peyorativo poco apropiado a una situación en que Trotaconventos pretende persuadir a Doña Endrina a tomar la determinación final. Todas estas pequeñas incoherencias desaparecerían si el verso, como apunta Margherita Morreale, se leyera:

El amor *engeñoso* quiebra caustras e puertas

No está documentada la voz en el autor, pero *engeño* (máquina, ingenio bélico) es de uso habitual en la época, y que en alguna ocasión aparece con el mismo error aquí supuesto, *engaño* (*El Conde Lucanor,* prólogo general), y *engenio* como facultad racional, se documenta en el Arcipreste, v. 1518 b. Y no debe descartarse la posibilidad de que en otro pasaje del *Libro de Buen Amor* se haya producido un error parecido:

257 b luego quieres pecar con qual quier que tú veas,
c por conplir la loxuria *enguinando* las oteas. *S*

Se trata de un *locus obscurus* que los editores enmiendan en "loxuria *guiñando*" ('guiñando el ojo'), siguiendo la conjetura de Cejador, relativamente verosímil. Más plausible, caso de se trate de un error y no de un verbo desconocido, es la conjetura:

por conplir la loxuria *enginando* las oteas

Es decir, 'maquinando, urdiendo mentalmente tretas' (*engeñar* se documenta en la *General Estoria* [*op.* Corominas, DCELC, s. v. *genio*] y todavía en Nebrija).

Como puede observarse, la primera conjetura, *engeñoso,* supondría una *lectio facilior;* la segunda, en cambio, una grafía anómala de la sibilante no rara en los testimonios, pero no un error de lectura. La primera enmienda es plausible, la segunda supone un error —o una grafía anómala— en un lugar ininteligible con la documentación conocida, pero no sabemos si, en efecto, se trata de un error. Obsérvese también que ambas conjeturas se hallan estrechamente unidas, puesto que se apoyan mutuamente en el *usus scribendi* (la aceptación de *engeñoso* permite admitir un verbo *engeñar, enginar, engiñar,* en un contexto similar). En el primer caso, la enmienda es verosímil y enriquece el pasaje al salvar una *lectio facilior* con el apoyo de la fuente. En el segundo caso, aunque la conjetura explica mejor el pasaje que otras, debe mantenerse la lección *enguinando* porque no sabemos si, en efecto, es un error y, en caso de que lo sea, en qué zona de la palabra se halla.

Ejemplo III

> 269 *De* muchos *ha* que matas non sé uno que sanes;
> quantos en tu loxuria son grandes varraganes,
> mátanse a sí mesmos los locos alvardanes;
> contésçeles como al águila con los nesçios truhanes. *S*

Los editores enmiendan el primer verso, claramente corrupto:

> De muchos a que matas non sé uno que sanes;

Es decir: "No conozco a ninguno que cures de entre los muchos que matas", sustituyendo el aparente verbo *ha* por la preposición *a.* La corrección parece plausible, pero hay que reconocer que el verso no tiene demasiado sentido porque es evidente que el Amor, actuando por mano de la Loxuria, no puede curar a quien mata. Más verosímil es la enmienda:

> *Sé* muchos a que matas; non sé uno que sanes;

Con esta enmienda mejora el sentido —o mejor, el pasaje adquiere sentido— y también el ritmo binario y conceptualmente antitético del verso. El error se produjo muy probablemente por tratarse de palabra al principio de estrofa que debería llevar, de acuerdo con la tradición manuscrita medieval, capital coloreada. Habitualmente, el copista escribía la letra en el lugar correspondiente que había de ocupar la capital, pero en minúscula y en tamaño menor que el normal del texto (Lám. I):

> e muchos a que matas non sé uno que sanes
> quantos en tu loxuria son grandes varraganes

Quien escribió la capital posteriormente confundió el grafema ς por ð, y, de hecho, cometió un tipo particular de *lectio facilior,* pues en la obra sólo dos coplas — y además de arte menor— comienzan por *Sé* ("Sé muy bien tornear vacas", v. 1000 a; "Sé fazer el altibaxo", v. 1001 a), mientras que en veintiséis ocasiones se inician las coplas con *De,* sin que se dé ningún caso de principio con monosílabo acabado en *-e* (*Le, Te, Me*). Se trata, pues, de un tipo de error frecuente en la tradición medieval, error que en alguna ocasión puede ser significativo, como sucede en el siguiente ejemplo del *Libro de Buen Amor*:

58 a Todos los de Greçia dixo el sabio griego *S*

Todos los de Greçia dixieron al sabio griego *G*

En *S,* al margen se escribió la preposición necesaria para el sentido ("*A* todos..."), pero evidentemente procedía de un modelo falto de la capital (Lám. I). También *G* procedía de un modelo con el mismo error; sin embargo, en este caso un copista supuso que el sujeto era *Todos los de Grecia,* corrigiendo la concordancia y cometiendo un error, pues el sujeto es *el sabio griego.* Quizá se trate de un error accidental en el que coincidieron ambas ramas y no puede considerarse en la categoría de los errores comunes, pero este tipo de errores es siempre indicativo y puede ayudar a corroborar una filiación.

Ejemplo IV

390 Non te quiero, Amor, nin Cobdiçio, tu fijo;
fázesme andar de balde, dízesme: "*Digo, digo*";
tanto más me aquexas quanto yo más aguijo:
non me val tu vanagloria un vil grano de mijo. *S*

fázesme andar de balde, dízesme: "*Dixo, dixo*"; *G*

El segundo hemistiquio del v. 390 b ha suscitado diversas interpretaciones. Para Cejador el sentido sería: "Me haces siempre andar de balde, como quien no cesa de pensar *díjome esto, dijo lo otro,* ya la fulana, ya la mengana, ya el mismo Amor, que le sopla otro y otro deseo y le ofrece otra y otra conquista". Para Spitzer (*RFH,* IV [1942], p. 110), a quien sigue Chiarini editando *dixo, dixo,* la frase sería "*un cheque en blanco* que se da a la imaginación del oyente, una especie de *x* algebraica con la cual el hablante puede sustituir lo que quiere". Finalmente, para Corominas, que rechaza las interpretaciones anteriores, "se trata del hablar imperioso del dueño al criado: *eh, fulano, digo, digo...*; a quien hace ir incesantemente de aquí para allá".

Como puede observarse, los editores practican una *selectio*: mientras unos siguen la lección de *G* —*dixo, dixo*—, otros, como es el caso de Corominas, siguen la lección de *S* —*digo, digo*—, admitiendo una asonancia en la rima al tomar el verbo en presente y no en pretérito. Obsérvese igualmente que, en el fondo, los editores consideran el pasaje como una frase hecha de libre interpretación (la '*x* algebraica' de Spitzer). En el modelo cercano o remoto —llamémosle arquetipo— de *S* y *G* la lección planteaba problemas en la sibilante, que de acuerdo con el normal *usus scribendi* del autor debería ser una sonora ž para mantener la rima en *-ijo*. En *S*, la grafía *g* podría representar este fonema o bien tratarse de una corrección de copista que conjeturó que el verbo debería ir en primera persona. El sintagma (*dixo, dixo*, o *digo, digo*, o *dijo, dijo*) parece ser una frase hecha hoy desconocida para nosotros y, como se advierte, también, al parecer, para los copistas. El editor, en estos casos, debe observar si la palabra o palabras permiten unos cortes sintácticos distintos de los que traen los testimonios, que pueden aglutinar voluntariamente palabras de poca entidad gráfica o bien cometer *lectiones faciliores*. Como evidentemente se trata de una palabra o frase repetida, el único corte posible es descomponer cada una de ellas en dos monosílabos: *di xo, di xo* o *di go, di go* o *di jo, di jo*. Para un lector contemporáneo el resultado de los cortes sintácticos no pasa de ser un galimatías sin sentido. En cambio, si transcribiéramos "Di ¡só!, di ¡só!", la frase sería perfectamente inteligible: "Párate, párate". Y, en efecto, la orden de parar que se da a las caballerías se transcribe habitualmente en el Siglo de Oro como *xo*, y así consta en Covarrubias y en numerosos textos de la época (cf.:"'Borrico, borrico, borrico, jo, jo, jo'. '¿Jo, jo a mí, Jostina? ¿Soy yo jodío?'" [*Pícara Justina*, ed. A. Rey Hazas, Madrid, Editora Nacional, 1977, I, p. 263]). Como se trata de un grito en el que la consonante inicial puede sonorizarse o ensordecerse a gusto de quien lo da, la representación gráfica, que en el siglo XVI se regularizó a través de la imprenta en *xo* y en la época moderna en *só*, en la Edad Media debió alternar la forma *jo* con la forma *xo*.

Por lo que respecta al *usus scribendi* del autor, la frase encaja como de molde en el aspecto más original de su estilo: el gusto por la expresividad, tanto de la representación visual de la escena por parte del lector —la *evidentia* de la retórica tradicional— como por el uso de expresiones coloquiales y populares. En otro pasaje, el propio autor utiliza el antónimo arrieril (cuya aspiración transcribe *S* con la grafía *f-*):

517 b nin por un solo "*¡Farre!*" non anda bestia manca *S*
"*¡Harre!*" *G*

Podría alegarse en contra que el verso acabaría en rima aguda, al recaer el acento rítmico en la *-ó*. Pero la dislocación acentual no es ajena al *usus scribendi* del autor y, precisamente, al servirse también de una frase hecha:

104 Fiz luego estas cantigas de verdadera salva;
mandé que gelas diesen de noche o al alva;
non las quiso tomar. Dixe yo: "*Muy mal va*;
al tiempo se encoje mejor la yerva malva."

En definitiva, editando el verso

fázesme andar de balde, dízesme: "Di ¡jo!, di ¡jo!"

se mantiene igualmente una frase hecha que aventaja a la habitualmente editada en que es conocida; en que es sintácticamente *diffilior*; en que es más expresiva y acorde con el *usus scribendi* del autor; y, en fin, en que con ella el sentido de la copla queda aclarado por completo: "Me haces andar inútilmente huyendo de ti que de continuo me tientas pidiéndome que me detenga; pero cuanto tú más insistes, tanto yo mayor prisa me doy aguijando mi cabalgadura."

EJEMPLO V

E ruego e consejo a quien *lo oyere e lo oyere* *S*

En este pasaje del prólogo en prosa, *S* presenta un error accidental por duplografía. Los editores enmiendan: "a quien *lo viere e oyere*" (Cejador); "a quien *lo oyere e lo viere*" (Chiarini, Corominas, Joset). La corrección es plausible, pero en este caso es preferible la enmienda

a quien *lo leyere e lo oyere*

que se apoya en el *usus scribendi* del autor desde el prólogo

"e conpuse este nuevo libro en que son escriptas algunas maneras e maestrías e sotilezas engañosas del loco amor del mundo, que usan algunos para pecar. Las quales, *leyéndolas e oyéndolas* onme o muger de buen entendimiento que se quiera salvar..."

al desenlace de la obra:

> 1627 Buena propiedat ha doquiera que *se lea,*
> que *si le oye* alguno que tenga mujer fea,
> o si muger *lo oye* que su omne vil sea,
> fazer a Dios serviçio en punto lo desea.

Si se admite la corrección *viere,* se pierde uno de los estímulos principales que llevaron al autor a componer el libro: su difusión por medio de la lectura pública. Por eso, "para dar solaz a todos, fablévos en juglaría" (1633).
En la obra —y en el mundo medieval en general— *leer* y *oír* no son acciones desligables, sino un mismo acto que se articula, como el signo lingüístico, en dos planos indisolubles e interdependientes. El libro es un objeto que *se lee-oye.* Por eso el autor no utilizó la disyuntiva ("*leyéndolas* o *oyéndolas*"), sino la copulativa ("*leyéndolas* e *oyéndolas*"). El *usus scribendi* —en el sentido más amplio, el que incluye la *inventio*— no es en este caso peculiar de un autor ni de una lengua ni de una cultura 'nacional'; es el *usus scribendi* de un sistema más amplio: el de la cultura medieval.

Ejemplos VI y VII

[...]E desque el alma, con el buen entendimiento e buena voluntad, con buena remenbrança escoge e ama el buen amor, que es el de Dios, e pónelo en la çela de la memoria porque se acuerde dello e trae al cuerpo a fazer buenas obras, por las cuales se salva el omne [...] E por ende devemos tener sin dubda *que obras* sienpre están en la buena memoria, que con buen entendimiento e buena voluntad escoge e ama el amor de Dios por se salvar por ellas. Ca Dios, por las buenas obras que faze omne en la carrera de salvaçión en que anda, firma sus ojos sobre él [...] Comoquier que a las vegadas se acuerde pecado e lo quiera e lo obre, este desacuerdo non viene del buen entendimiento, nin tal querer non viene de la buena voluntad, *nin de la buena obra non viene tal obra;* ante viene de la flaqueza de la natura humana que es en el omne, que se non puede escapar de pecado. [...]. *S*

Todos los editores mantienen la lección "*sin dubda que* obras *sienpre están en la buena memoria*" y "*nin de la buena* obra *non viene tal obra*". Ambas lecciones están íntimamente relacionadas, hasta el punto que la enmienda de una de ellas exige por motivos teológicos la enmienda de la otra. Si en el ejemplo en que se trataba de *engeño-enginando* las conjeturas se apoyan, pero no se presuponen, en éste se da el caso no infrecuente de enmiendas encadenadas. Comenzaré por la segunda lección, donde se ha producido un error por sustitución, en mi opinión, evidente.

Es bien sabido que el Prólogo está construido de acuerdo con las reglas de las nuevas *artes praedicandi* que cuidan al extremo las divisiones trimembres. La primera parte está estructurada sobre las tres potencias que, como tales, son libres para obrar el bien o el mal, o lo que es lo mismo las obras pueden ser buenas o malas, según el uso que de estas potencias haga el hombre: "En el qual verso entiendo yo tres cosas, las quales dizen algunos doctores philósophos que son en el alma e propiamente suyas; son éstas: entendimiento, voluntad e memoria. Las quales, digo, si buenas son, que traen al alma consolaçion [...]." A lo largo de esta primera parte, el autor se preocupa sólo de las *buenas* potencias estableciendo la gradación causal *buen entendimiento-buena voluntad-buena memoria*. Es evidente, pues, que la lección

nin de la *buena obra* non viene tal obra

no sólo destruye esta gradación exigida por la *compositio* del sermón, sino que es, sencillamente, un contrasentido teológico porque a ningún teólogo que se precie —y más en la edad de los terministas tan sutiles en la precisión de las voces— se le ocurriría plantear una *quaestio* en la que un efecto (la *obra*) tuviera como motor, como causa, el mismo efecto (las *obras*), y el absurdo de que un efecto bueno (*las buenas obras*) sea el origen del mismo efecto malo (*obre pecado*). Es evidente que lo que el autor escribió —o quiso escribir, si cometió un lapso— fue:

nin de la *buena memoria* non viene tal obra

De esta manera se mantiene la correlación necesaria estructuralmente: "se acuerde^{A_1} pecado e lo quiera^{B_1} e lo obre^{C_1}, este desacuerdo^{A_2} non viene del buen entendimiento^{A_3}, nin tal querer^{B_2} non viene de la buena voluntad^{B_3}, nin de la buena memoria^{C_3} non viene tal obra^{C_2}." La correlación se mantiene de forma perfecta, salvo en el último miembro, donde se invierte para favorecer el *cursus* (y probablemente, dada la correlación y la función del 'entendimiento', haya que suponer un error en *se acuerde* por *desacuerde,* aunque es posible un sutil juego conceptual entre *acordar-desacordar*).

Teológicamente, el pasaje cobra sentido porque no son las potencias en su manifestación divina —esto es, las *buenas* potencias— las que cometen el pecado, sino las potencias humanas, terrenales («porque es umanal cosa el pecar"), aquellas de que tratan "algunos doctores philósophos", como Aristóteles, por ejemplo.

Las malas obras proceden, pues, de las potencias humanas; las buenas, de las potencias divinas, dado que Dios no puede hacer obrar pecado. Por consiguiente, si se mantiene la frase

> E por ende devemos tener sin dubda que obras sienpre están en la buena memoria [...]

se destruye todo el razonamiento teológico del autor, que está defendiendo la tesis ("digo", "e aun digo", "onde yo") de que en la *buena memoria* sólo están las *buenas obras,* pero de ninguna manera las *obras malas* —y, presumiblemente, ni las indiferentes. Y, además, lo "devemos tener sin dubda". Para no hacer decir al autor un concepto teológico herético —¿qué pensaría un teólogo medieval que tuviera en sus manos un manuscrito de la obra con tales errores conceptuales?—, sería muy conveniente editar:

> E por ende devemos tener sin dubda que [las buenas] obras sienpre están en la buena memoria, que con buen entendimiento e buena voluntad escoge e ama el amor de Dios por se salvar con ellas.

VII. *DISPOSITIO TEXTUS*

En esta fase el editor debe atender a presentar el texto de tal manera que, manteniendo aquellos rasgos significativos, evite las ambigüedades motivadas por una deficiente pronunciación (*pronuntiatio*) y puntuación (*distinctio*). En otras palabras: tendrá que resolver los problemas ortográficos y prosódicos para disponerlo de la manera más eficaz.

A) Problemas de grafías, división de palabras, acentuación y puntuación

Si una edición paleográfica o semipaleográfica intenta reproducir la materialidad del texto como documento (Láms. LXXXII-LXXXIII), la edición crítica se preocupa de los aspectos sustanciales y elimina todos aquellos que considera irrelevantes. Evidentemente, el carácter irrelevante de un signo depende de cada caso concreto, dado que en numerosas ocasiones un texto puede presentarse a la vez como monumento y como documento, situación muy frecuente en el caso de las obras medievales, en las del Siglo de Oro y, en general, en los autógrafos. Esta distinta concepción del texto ha sido, precisamente, la causante de los habituales enfrentamientos entre filólogos clásicos y romanistas.

Los tres grandes grupos en que se puede dividir la crítica (el que tiende a reproducir un códice concreto, el *codex optimus;* el que intenta reconstruir *X,* el arquetipo concreto; y, finalmente el que procura dar el texto más cercano a Ω) han seguido distintos métodos de transcripción y edición de acuerdo con sus intereses y las peculiaridades de cada caso. Estos tres grupos no son, por lo demás, irreductibles entre sí, puesto que un crítico puede actuar de modo muy distinto según el tipo de texto a que se enfrente (Láms. LXXVIII-XCIV).

a) *Edición de textos medievales*

a) Grafías

Cuando sólo existe un *codex unicus* o cuando se toma como base el *codex optimus* —por los motivos expuestos anteriormente—, los editores suelen estar de acuerdo en mantener los fonemas sin atender a sus distintas realizaciones gráficas. [1]. Así, transcriben:

a) *i, j* con valor vocálico, como *i*.
b) *u, v* con valor vocálico, como *u*.
c) *v, u* con valor consonántico, como *v*.
d) ff-; ss-; rr-, *R-*, *Rr-*, como *f-*; *s-*; y *r-*.

En el caso de *y* con valor vocálico —el adverbio de lugar o el imperfecto en la perífrasis de futuro *ýa* [hía]— los editores vacilan (*ý, y, ýa, ía, traýdo, traído*), aunque, de hecho, no se trata de un fonema distinto de la vocal *i*.

En los casos de *qua-, quo-, qüe-* (*quatro, quomo, qüestión*) la tendencia más general es a mantener el cultismo gráfico, al igual que en el resto de los cultismos (*trasumpto, sancto, digno*), aunque vacilan en el caso de las grafías hipercultas del tipo *bedat, bedificio* o en el caso de las *h-* etimológicas mudas (*haver, he*).

Rara vez los editores indican la resolución de abreviaturas con cursiva o paréntesis —q*ua*tro, om(n)e— y habitualmente las

[1] Nos referimos a ediciones críticas de textos literarios. En las ediciones de divulgación, el editor seguirá el sistema que le parezca más conveniente, de acuerdo con el público a quien va dirigido el texto —tarea no fácil—; los documentos lingüísticos e históricos pueden requerir otros sistemas de transcripción (*vid.* las *Normas de transcripción y edición de textos y documentos,* Madrid, CSIC, Escuela de Estudios Medievales, 1944).

desarrollan sin indicación alguna. En el caso de la nasal ante bilabial vacilan entre resolverla como *m* (*cōprar* > *comprar*) o seguir el uso del copista en los casos en que aparece la nasal agrupada sin abreviar (*ābos* > *anbos, ambos*). Igualmente desarrollan el signo tironiano τ como *e* o como *et* de acuerdo con el uso del copista.

Cuando un copista presenta dialectalismos —palatalizaciones, lambdacismos, seseos, etc.— la tendencia es a reconstruir el color lingüístico que se supone en el autor.

b) División de palabras

Es sabido que los copistas medievales y los de los siglos XVI y XVII tienden a unir palabras —de forma, por lo general, consecuente— y a utilizar elisiones inexistentes en las normas ortográficas actuales. Los casos más frecuentes son aquellos en que aparecen preposiciones aglutinadas con artículos y pronombres: *ala, dela, enel, conel, daquel, deste,* etc. En los casos sin elisión los editores vacilan entre la separación actual (*a la, de la, en el*) y el mantenimiento de la aglutinación, sin indicaciones diacríticas o con ellas (*a·la, de·la, en·el*). Y lo mismo sucede con las formas pronominales átonas pospuestas actualmente enclíticas (*fazer le, fazer·le, fazerle; fazer vos, fazer·vos, fazervos*). En las contracciones desusadas actualmente, del tipo *daqueste, della, ques* la vacilación es similar (*d'aqueste, daqueste; d'ella, della; qu'es, ques*). La apócope se mantiene sin indicación alguna (*díxol*), o con apóstrofo (*díxol'*) o con otro sistema de separación (*dixo·l; que·s*).

c) Acentuación

En las lenguas medievales, como se sabe, no se utiliza por lo general la tilde con el valor prosódico y diacrítico actual. Al igual que sucede con respecto a las grafías, tampoco en el caso de la acentuación presentan los editores criterios uniformes.[2]

[2] *Vid.* Yakov Malkiel, *Romance Philology,* XVI (1962), p. 137 y XVII (1963), p. 667; y Margherita Morreale, "Acentuación de los textos medievales", *Yelmo* (abril-mayo-junio, 1977), pp. 17-18.

O no acentúan, o acentúan sólo los vocablos ambiguos, o bien con mayor frecuencia acentúan de acuerdo con el uso actual, pero teniendo en cuenta la peculiar prosodia medieval y su especial cuadro de fonemas (*viniés; húmil; fuí* 'huí', *avié, avia, avía, aviá* 'había'), y para evitar ambigüedades (*nós, vós* tónicos frente a *nos, vos* átonos; *só* 'soy' frente a *so* 'su' y 'debajo'; dó 'doy' y 'en dónde' frente a *do* 'donde'; *é* 'he', la forma verbal, frente a *e* conjunción; *á* 'ha', forma verbal, frente a *a* preposición, etc.).

d) Puntuación

Aunque no de un modo siempre regular, los textos medievales presentan sistemas de signos de puntuación coherentes que intentan reflejar los tonemas de la entonación.[3] Como estos signos varían en cada época y zona y no se corresponden con los actualese, los editores tienden, con gran uniformidad en este caso, a puntuar con el actual sistema de signos y normas, acomodándolos al peculiar ritmo de la frase medieval.

b) *Edición de textos de los siglo XVI y XVII*

a) Grafías

La imprenta generalizó un sistema de grafías que al comenzar el siglo XVI y debido, sobre todo, al reajuste del cuadro de las sibilantes castellanas, adquirió un marcado carácter arcaizante.[4] Los grafemas, que en la Edad Media solían ser la representación gráfica de los fonemas, perdieron su función fonológica y se convirtieron en variantes gráficas de fonemas idénticos. La ortografía de los escritores y copistas de los siglos XVI y XVII,

[3] *Vid.* Margherita Morreale, "Problemas que plantea la interpunción de textos medievales, ejemplificados en un romanceamiento bíblico del siglo XIII (Esc. 1-1-6)", *Homenaje a don Agapito Rey,* Bloomington, University of Indiana, 1980, pp. 149-175.

[4] Para los problemas de las grafías, en general, *vid.* Emma Scoles, "Criteri ortografici...», art. cit.

que a veces puede ser caótica, siguió en líneas generales los hábitos ortográficos de los impresores.[5]

El fuerte incremento del cultismo, en la grafía y en la pronunciación (restitución de los grupos cultos), alternando con nuevos rasgos dialectales y con vulgarismos; la mayor abundancia de testimonios, impresos y manuscritos, cercanos a los hábitos lingüísticos del autor; y, en numerosos casos, la voluntad de una especial ortografía como signo distintivo cultural por parte de algunos escritores, de quienes se conservan autógrafos, son los motivos principales de las discrepancias entre los editores en relación con las grafías de los textos de una época de notables reajustes del sistema fonológico.

Si en las ediciones medievales la tendencia es a seguir con la mayor fidelidad posible el *codex optimus,* en el caso de los textos de los siglos XVI y XVII, los editores vacilan entre reproducir con ligeras modificaciones la *editio princeps* —haya sido cuidada o no por el autor— y el *codex optimus,* o bien modernizar las grafías de acuerdo con el sistema actual.

La conservación de las grafías plantea más problemas que en los textos medievales, dado que no es muy coherente mantener la distinción entre *z* y *ç,* variantes gráficas de un solo fonema, y, en cambio, igualar *u, v* (con valor vocálico *u*; con valor consonántico *v*) e *i, y* (con valor vocálico), que es lo que acostumbran a practicar los editores conservadores a la zaga de la tradición editorial medieval.

En cuanto a la modernización, los editores dudan en los casos de contracción entre el mantenimiento (*deste, daquellos, ques; d'este, d'aquellos, qu'es*) o la resolución (*de este, de aquellos, que es*). Igualmente existe vacilación entre el mantenimiento de las grafías cultas (*presumpción, sancto, philósopho*) o su modernización, salvo en el caso de la recuperación de grupos cultos (*secta, digno, extremo*) en el que se suele mantener la grafía —alternante, por lo general— del texto base o de la mayoría de los testimonios, o la que corresponde a los hábitos ortográ-

[5] No he podido consultar el estudio inédito de R. T. Douglas, *The Evolution of Spanish Ortography from 1475 to 1726,* University of Pensylvania, 1964 (ap. E. Scoles, art. cit., p. 16, n. 45).

ficos de autor cuando se conservan autógrafos de otras obras y es regular. El mismo problema plantean las alternancias entre formas vulgares y cultas (o hipercultas) del tipo *-ll-* / *-rl-* (*comprallo, comprarlo*); *-ld-* / *-dl-* (*dezilde, dezidle*); *i-* / *in-* (*ivierno, invierno*), etc.

Ambos criterios, como puede observarse, se justifican según las distintas tradiciones textuales. En tradiciones con impresos o manuscritos con grafías coherentes y cercanas al autor o presumiblemente admitidas por él, o en aquellos casos en que los testimonios mantienen las grafías de un autor con un especial concepto de la ortografía —como es el caso de Juan de Valdés o de Herrera (Láms. VI, VII, XLIV)— parece preferible conservar las grafías de la época, pero en su totalidad y no establecer un sistema mixto. En aquellos casos en los que las tradiciones textuales se alejan de los hábitos ortográficos de los autores y son incoherentes por la diversidad de testimonios asistemáticos, parece preferible la modernización de las grafías.

b) Acentuación

La imprenta divulgó, asimismo, un sistema poco regular de acentuación, que tenía como fin evitar las ambigüedades de lectura (particularmente en formas verbales, pronombres, conjunciones y nombres propios de origen bíblico o clásico). Algunos de sus usos todavía se mantienen en la actualidad —las palabras agudas terminadas en vocal, por ejemplo—, pero el carácter poco regular e incoherente a veces de los distintos sistemas de acentuación impiden mantenerlo, aun cuando debe servir de orientación para los casos ambiguos y para voces de dudosa acentuación.

c) Puntuación

Como en el caso de la acentuación, también la imprenta difundió varios sistemas de puntuación, que, en líneas generales, son más regulares y coherentes, pero se alejan de las normas actuales.[6] Habitualmente los editores suelen seguir el uso moderno, auxiliándose para casos ambiguos de la puntuación antigua.

c) *Edición de textos de los siglos XVIII, XIX y XX*

La tendencia general es a la modernización de las grafías y a la regularización de los signos de puntuación y acentuación de acuerdo con las vigentes normas académicas. En los casos en que el autor pretende un efecto especial contra la norma, actitud muy frecuente en la literatura del siglo XX, o en los casos en que es particularmente exigente con los signos de puntuación, debe mantenerse su peculiar sentido de la ortografía y de la prosodia.

B) División del texto y signos críticos especiales

Los textos presentan habitualmente unas divisiones naturales según el género al que pertenezcan (partes, capítulos, párrafos, actos, escenas, cantos, estrofas, etc.) que no siempre han sido transmitidas por los testimonios en la misma concepción del autor. En general, la mayoría de los epígrafes de obras medievales no suele ser original, como sucede, por ejemplo, con los epígrafes del *Libro de Buen Amor.* En un texto todo es significativo y, por consiguiente, también lo son los epígrafes, pero quizá reviste mayor gravedad mantener unas divisiones que el autor no quiso establecer, como podría ser el citado caso o el del *Lazarillo,* probablemente compuesto como una carta sin solución de continuidad. Sin embargo, en los ejemplos anteriores y en otros similares en los que el *textus receptus* ha fijado unas divisiones tradicionalmente admitidas no parece oportuno alterarlas. No conviene tampoco introducir divisiones ajenas a los usos del autor y de su época, como sucede habitualmente en la tradición editorial del teatro del Siglo de Oro, que siguiendo el

[6] Sobre la puntuación en el Siglo de Oro está en prensa un artículo de J. M. Blecua en el *Homenaje a Julián Marías.*

uso romántico establece una división en escenas desconocida por los autores y por los editores del siglo XVII.

De hecho, la división del texto debe llevarse a cabo antes de la *collatio,* puesto que, como ya se ha indicado, el cotejo de las variantes se debe hacer sobre un texto numerado por párrafos o más frecuentemente por líneas, numeración que conviene mantener en el texto impreso para no provocar más trabajo al editor y nuevos errores al cambiar el orden de las variantes. Tanto en prosa como en verso, se acostumbra a numerar de cinco en cinco, aunque en textos en verso de considerable extensión —poemas narrativos— es recomendable numerar también las estrofas. No conviene alterar la numeración de un *textus receptus* en verso, aunque el editor añada, suprima o cambie el orden de algún verso o estrofa.[7]

Las intervenciones del editor en el texto (*delere, supplere, transponere, mutare*) se indican con determinados signos diacríticos cuyo uso difiere según la escuela a la que pertenece el editor. La diferencia mayor se da, sobre todo, entre filólogos clásicos y romanistas.[8]

La supresión de letras, sílabas, palabras o pasajes habitualmente sólo se indica en el aparato crítico. Para las adiciones por conjetura de letras, sílabas y palabras los editores clásicos utilizan el paréntesis angular < >, aunque algunos prefieren especializar el signo sólo para la adición de palabras y editar en cursiva la adición de letras y sílabas. En los casos de adición los romanistas utilizan el paréntesis cuadrado [ ], signo que algunos filólogos clásicos emplean para indicar la reconstrucción de letras, sílabas o palabras borradas o ilegibles, y que otros, en cambio, usan para la indicación de palabras o pasajes considerados

7 Si el editor añade uno o más versos puede utilizar la misma numeración añadiendo una letra del alfabeto (426a, 426b, 426c) o *bis, ter,* etc.; si se suprime un verso, conviene numerar los cuatro restantes de la primitiva serie de cinco (425, 426, 428, 429); en las alteraciones del orden se mantiene la numeración primitiva (426, 424, 425, 427). En la nota correspondiente se justificará, además, el cambio.

8 Tampoco existe unanimidad en unas y otras filologías. Para los textos clásicos sigo básicamente las *Règles et recommandations pour les éditions critiques (série latine)* de la colección Guillaume Budé (París, Les Belles Lettres, 1972).

como interpolaciones, pero que conviene mantener en el texto. La alteración del orden —salvo en los versos de un *textus receptus*— no suele indicarse; algunos editores, sin embargo, señalan el cambio con un asterisco * al principio y al fin de la palabra o frase antepuesta o pospuesta. Los cambios de una o varias letras en una palabra o se señalan con cursiva o sólo se indican en el aparato crítico, que es lo que habitualmente practican los romanistas.

Las lagunas no subsanables por conjetura —esto es, las más— suelen indicarse con tres puntos suspensivos entre paréntesis angulares <...> o cuadrados [...], según la función que desempeñen uno y otro signo en el sistema seguido por el editor. Entre romanistas es más frecuente el segundo. Cuando el número de letras o sílabas de la laguna es conocido, puede indicarse con un punto por cada letra o sílaba omitidas también entre paréntesis angulares o cuadrados. La pérdida de uno o más versos suele indicarse con una línea de puntos o varias si el número no es extenso.

Aquellos *loci critici* que no han podido ser subsanados por conjetura se señalan entre dos cruces †† (*cruces desperationis*) o entre asteriscos * *, cuando este signo no se utiliza para indicar transposiciones.

Cuando una letra resulta ilegible y no puede subsanarse por conjetura, se indica con un punto.

Ante esta variedad de signos con funciones críticas distintas, el editor optará por seguir aquel que le parezca más oportuno de acuerdo con el tipo de texto que edite, siempre que el sistema utilizado sea coherente con la tradición crítica, con el texto y con el aparato crítico.

VIII. *APPARATUS CRITICUS*

Un aparato crítico está compuesto por el aparato de variantes y por las notas que el editor considere necesario incluir para justificar la selección de una variante o la conjetura.

Todo aparato de variantes presenta, o debería presentar, una relación dialéctica con el texto y, por consiguiente, un correcto aparato será aquel que permita al lector seguir esa relación sin mayores esfuerzos que los propios de este tipo de lectura, de por sí penosísima. Aunque se supone que un lector capaz de acudir a los aparatos de variantes ha alcanzado un grado alto de paciencia, cortesía es del editor impedir que alcance el grado sublime.

El aparato deberá ser claro, coherente con las conclusiones de la *recensio* y con el sistema de signos utilizado en el texto y exhaustivo. Hay que reconocer, sin embargo, que no siempre es posible llevar a la práctica esas exigencias de inteligibilidad, coherencia y exhaustividad.

A) Inteligibilidad del aparato

Tanto más claro e inteligible será un aparato cuanto con mayor facilidad pueda el lector controlar las variantes y conocer el carácter y valor de las mismas. Es, por consiguiente, importante seguir el sistema más inteligible de aparato de variantes.

Se practican dos tipos básicos de aparatos: el *aparato positivo* y el *aparato negativo*.

El *aparato positivo* es aquel que presenta a la vez la lección seleccionada en el texto con los testimonios que la traen y la variante o variantes de los restantes testimonios:

21 lugar *ACE* : lugares *BD*

El *aparato negativo* presenta la lección del texto sin indicar los testimonios y la variante; o bien sólo presenta la variante:

21 lugar] lugares *BD*
21 lugares *BD*

Los sistemas de presentación de las variantes son poco uniformes, aunque deberían seguirse varias normas, como son:

a) Situar las siglas de los testimonios, en cursiva, después de la variante sin que entre ambos exista otro signo de puntuación que el posible de la variante:

21 lugar; *ACE* : lugar. *BD*

(En este caso, la variante indicaría que la puntuación difiere.)

b) Particularmente en el caso de los aparatos negativos la variante debe ser presentada en tal manera que no pueda existir confusión con otro lugar de la misma línea. Por ejemplo, si el texto lee en la línea 21

dijo que viniese o no viniese

la variante puede indicarse:

21 dijo que viniera *ABE*

o

21 que viniese] que viniera *ABE*

pero no de la forma siguiente, porque se prestaría a confusión:

21 viniera *ABE*

c) Indicar de alguna manera —con blanco, barra, doble barra, etc.— las diferentes variantes de cada línea o verso:

21 lugar *ACE* : lugares *BD*   tiene *ACE* : tenga BD

o

21 lugar *ACE* : lugares *BD* || tiene *ACE* : tenga BD

o

21 lugar *ACE* : lugares *BD* ; tiene *ACE* : tenga BD

d) Las intervenciones del editor deben presentarse con tipo de letra distinto del de la variante, en cursiva preferiblemente y a ser posible utilizando la terminología tradicional de la filología clásica:

21 lugares *ACE* : *om.* BD

Las abreviaturas más frecuentes son: [1]

a. c.	ante correctionen
add.	addidit
adn.	adnotationem
alt.	alterum
cett.	ceteri
cod., codd.	codex, codices
coll.	collato, collata
coni.	coniecit
corr.	corrector
def.	deficit
del.	deleuit
des.	desinit
dett.	deteriores
dist.	distinxit
dubit.	dubitanter
ed., edd.	Editio, editor, editiones, editores
ed. pr.	editio princeps
excl.	exclusit
fort.	fortasse
inc.	incipit
ind.	indicauit
interp.	interpunxit
iter.	iterauit
lac.	lacuna
litt.	litterae
mg.	(in) margine
om.	omisit
p. c.	post correctionem
pr.	prius
prop.	proposuit
ras.	(in) rasura
recc.	recentiores
rell.	reliqui
secl.	seclusit
s. l.	supra lineam
suppl.	suppleuit
susp.	suspicatus est
tert.	tertium
test.	testimonia, testes
transp.	transposuit
transt.	transtulit
uett.	ueteres (editores, editiones)
uid.	uidetur

[1] Ap. *Règles et recommandations...*, p. 31.

e) No incluir en el aparato ninguno de los signos diacríticos utilizados en el texto, como paréntesis angulares o cuadrados, asteriscos, cruces, etc. Tan sólo se indica quién ha llevado a cabo la corrección:

21 manera *add. ego*
21 *lacunam indicauit Cejador*

Un aparato correcto e inteligible debería presentar unas divisiones por categorías de variantes. Así, un primer apartado de variantes constituido por las adiáforas, las variantes de autor y las conjeturas del editor;[2] un segundo apartado de variantes con los errores e innovaciones de familias y testimonios; en un tercer apartado, los errores accidentales de copista, las variantes gráficas y, si es necesario, las variantes de puntuación. A continuación del aparato de variantes, en dos apartados distintos irán las notas justificativas de la selección de variantes y de las enmiendas, y las notas de tipo léxico y cultural en general.

Las dificultades materiales que algunos textos presentan para poder seguir esta disposición ideal del aparato son, en numerosos casos, tales y tantas, que obligan a disponerlo de otra forma, como es la de relegar al final de la obra algunos de los apartados del aparato de variantes y las notas.

B) Coherencia del aparato

El aparato de variantes debe ser coherente con las conclusiones de la *recensio,* cuyo proceso es necesario exponer en la introducción crítica de la edición. No puede haber, por consiguiente, contradicciones entre las conclusiones de la *recensio*

[2] En realidad, este primer apartado debería subdividirse en tres: en el primero irían las variantes de autor; en el segundo, las enmiendas evidentes de los editores y las variantes adiáforas puras (las del 50 por 100 de probabilidades filológicas); en el tercero, las conjeturas verosímiles de los editores y las variantes adiáforas de menor probabilidad filológica.

y la *constitutio textus.* Por ejemplo, si se ha llegado a establecer la filiación

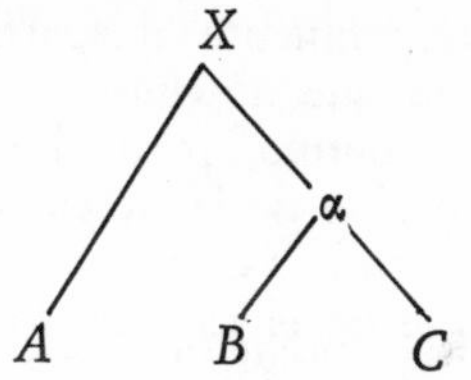

difícilmente podrán aparecer en el apartado de las variantes adiáforas lecciones de *AB* o *AC,* esto es, de *X,* y editar en el texto *C* o *B.* Sí podrán darse, en cambio, en el apartado de errores (poligenéticos, naturalmente). Con el anterior *stemma* —sin contaminaciones— en el apartado primero del aparato aparecerán *A* y α, o *A, B* y *C,* cuando estos dos últimos presenten lecciones adiáforas o haya lagunas en alguno de los dos y no sea posible reconstruir α, o bien cuando *A* cometa un *error singular* y *B* y *C* lean en adiaforía.

Si se ha establecido un *stemma* o, al menos, se han podido filiar algunos de los testimonios, será preferible utilizar en el aparato las siglas de los subarquetipos a las de los testimonios. Por ejemplo, dado el *stemma*

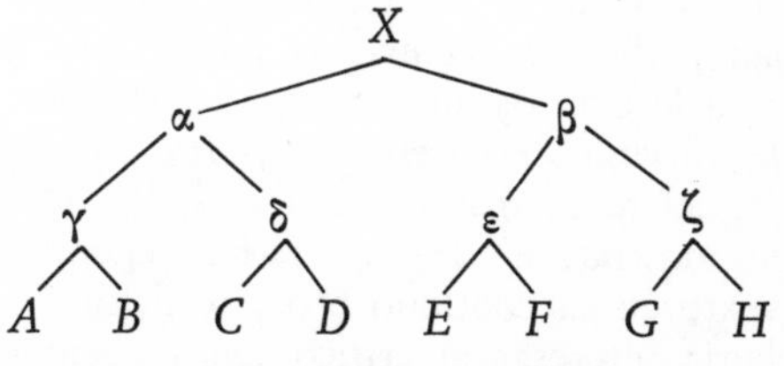

En el primer apartado de variantes, las adiáforas, si en el texto se ha seguido la lección de β y se considera adiáfora la de α, se utilizará este signo en lugar de *ABCD,* o *ABC,* o *BC,* o *AD,* o incluso *A, B, C* o *D,* cuando los otros testimonios presenten errores o innovaciones perceptibles. En estos casos en que el subarquetipo no esté representado por la totalidad de los testimonios, las lecciones singulares de los testimonios que discrepen —que serán errores accidentales o innovaciones— pasarán con su sigla correspondiente al apartado segundo.[3] Puede darse el caso extremo de que ninguno de los testimonios dé la lección exacta del subarquetipo, pero el editor puede llegar a reconstruirla por combinación de las lecciones de los testimonios.

En el apartado de errores e innovaciones se podrá seguir el mismo sistema, aunque en el caso de los posibles errores poligenéticos será preferible utilizar las siglas de los testimonios que lean en común, puesto que no es seguro que se remonten a los subarquetipos.

C) Exhaustividad del aparato

El aparato debería ser exhaustivo, aunque en tradiciones muy complejas, con numerosos *codices descripti,* los editores se ven obligados a seleccionar. Sin embargo, conviene tener en cuenta que aun cuando los *codices descripti* o *editiones descriptae* no posean ningún valor para la reconstrucción de Ω, sus variantes pueden ser fundamentales para el estudio de la influencia de la obra, como, por ejemplo, en las traducciones, dado que los traductores no siempre acuden a modelos fidedignos y alguna de sus lecturas sólo puede explicarse a través de lecciones de *codices descripti.* En otros casos, las lecciones singulares de un *codex descriptus* han podido imprimir una huella más indeleble en la tradición que la lección de su ascendiente. Porque, en definitiva, el aparato de variantes no tiene como fin único colaborar a la reconstrucción del texto más cercano a Ω de todos los posibles; debe también mostrar, en los apartados segundo y tercero, la vida de ese texto en su continuo proceso histórico, cuyo carácter dinámico debería interesar al crítico tanto como el estático del texto 'fijado'.

[3] O bien pueden incluirse entre paréntesis. Por ejemplo, si *A* y *B* se remontan a α y *CDE* a β, la variante puede disponerse del siguiente modo:

426 tabla α : mesa β (masa *C*).

IX. CORRECCIÓN DE PRUEBAS

La fase final de la edición crítica es la corrección de pruebas. En realidad, se trata de una nueva *collatio,* tan delicada y ardua como la inicial y aunque en teoría la puede llevar a cabo un corrector profesional, en la práctica debe realizarla el propio editor, porque será difícil que en el original no se hayan deslizado errores que un corrector, por más avezado que sea, pueda subsanar (y, por supuesto, en las pruebas los errores serán numerosos dada la especial disposición de una edición crítica complicada).

Un editor tiene derecho a equivocarse en la *selectio* y en la *emendatio,* pero una deficiente *collatio,* un texto con errores y un aparato crítico defectuoso hacen inservible una labor penosa, larga y, en general, con no demasiadas satisfacciones. Y aunque no es probable que haya un círculo infernal especialmente dedicado a los malos filólogos ni nos conmuevan demasiado los conjuros de Orientius, parece evidente que una edición crítica descuidada sólo sirve para hacer perder el tiempo a quien la hace y a quien la padece.

SEGUNDA PARTE

LA TRANSMISION EN LA HISTORIA

LIBRO PRIMERO

La transmisión de textos medievales

LA TRANSMISIÓN DE TEXTOS MEDIEVALES

AUN CUANDO en la Edad Media no exista la imprenta, se desarrolló en los *scriptoria* conventuales, universitarios y regios auténticos talleres de fabricación del libro que sirvieron para difundir por toda Europa la cultura antigua y moderna.[1]

El libro medieval, en pergamino o papel, está constituido habitualmente —como el libro impreso— por cuadernos de varias hojas en la siguiente disposición:

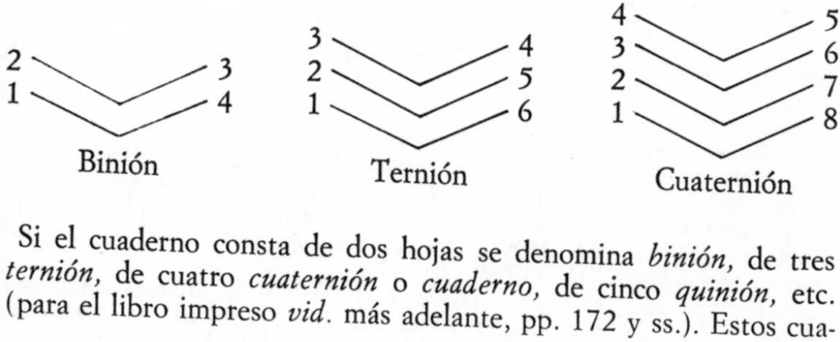

Binión Ternión Cuaternión

Si el cuaderno consta de dos hojas se denomina *binión,* de tres *ternión,* de cuatro *cuaternión* o *cuaderno,* de cinco *quinión,* etc. (para el libro impreso *vid.* más adelante, pp. 172 y ss.). Estos cua-

[1] El lector encontrará amplia información en las siguientes obras colectivas: Christopher Kleinhenz, ed., *Medieval Manuscripts and Textual Criticism,* Chapel Hill, University of North Carolina Press, 1976; N. B. Parker and Andrew G. Watson, eds., *Medieval Scribes, Manuscripts and Libreries,* London, Scolar, 1978; y M. Bodmer, ed., *Geschichte der Textüberlieferung der antiken und mittelalterfichen Literatur,* Zurich, Atlantis, II, 1964 (para España, las páginas 539-597 de Arnold Steiger dedicadas a la transmisión medieval).

dernos se entregaban, en blanco y ya cosidas sus hojas —hay ejemplos, no obstante, de pliegos copiados antes de doblar, como en los impresos—, a los copistas, quienes inicialmente preparaban la *inquadratura* o encuadre de cada página, por lo general, a una o dos columnas, con rayas verticales y horizontales —el pautado—, de forma similar a lo que será más tarde la caja en el libro impreso (Lám. LXXVII). El encuadre o caja podía ser idéntico al de su modelo —lo que facilitaba la tarea de la copia— o de tamaño distinto. Habitualmente los cuadernos no van foliados; en cambio, en el margen inferior derecho o en otro lugar del último folio vuelto de cada cuaderno suele haber un *reclamo,* esto es la primera o primeras palabras del folio que abre el cuaderno siguiente (Lám. XIV). Se trata de un aviso para el encuadernador.[2] Por lo general un copista copia el texto y otro, o el mismo, posteriormente añade las *rúbricas* —con frecuencia en tinta roja, *rubea*—, las capitales y, en algún caso, las miniaturas. Al finalizar su copia, suele añadir un *explicit* con el título, fecha de la copia e incluso su propio nombre.[3]

En los *scriptoria* dedicados a la publicación de libros escolares, el proceso de la copia está más mecanizado. A partir del siglo XIII, el *scriptorium* posee un *ejemplar* del que se extraen unas copias en cuadernos o *peciae*[4] que se conocen por llevar al

[2] Dos excelentes ejemplos prácticos de análisis codicológicos en Alberto Vàrvaro, "Lo stato originale del ms. *G.* del *Libro de Buen Amor* di Juan Ruiz", *Romance Philology,* 23 (1970), pp. 549-556, y Ana Ferrari, "Formazione e struttura del Canzionere Portughese della Biblioteca Nazionale di Lisboa (cod. 10991): Colocci-Brancuti", *Arquivos do Centro Cultural Português,* XIV (1979), pp. 27-142.

[3] En algún caso, el *explicit* puede ir al finalizar el prólogo, como sucede en el *Cancionero de Baena,* en el que al folio IV concluye la tarea del compilador y a la vez copista ("Juan Alfonso de Baena lo compuso con gran pena"). Para un repertorio exhaustivo *vid.* la colección, en curso de publicación, de los Benedictinos de Bouveret, *Colophons de manuscrits occidentaux des origines au XVIe siècle,* Fribourg, 1964 (4 vols.).

[4] Sobre el sistema de la *pecia,* además del estudio clásico de Jean Destrez (*La "pecia" dans les manuscrits universitaires du XIIIe et XIVe siècle,* París, 1935), *vid.* ahora Graham Pollard, "The *pecia* system in the medieval universities", en N. B. Parker and Andrew G. Watson, eds., *Medieval Scribes, Manuscripts and Libreries,* London, Scolar, 1978, pp. 145-161.

margen por lo general un guarismo que indica el número de la *pecia* copiada. Las *peciae,* tras ser cotejadas con el *ejemplar,* eran alquiladas a libreros y estudiantes para que de ellas extrajeran sus copias. Con el uso, estas *peciae* se iban desgastando y eran sustituidas por otras nuevas o bien se corregían en aquellos lugares ilegibles.

La transmisión de los textos vulgares, literarios o paraliterarios, plantea problemas distintos a los de los textos escolares, pues en éstos un cambio mínimo —la pérdida de una negación, por ejemplo— podía sacudir los muros del saber. En el extremo opuesto, sabido es que los cantares de gesta tienen una transmisión oral que sólo ocasionalmente se fija en forma de texto —el *Cantar del Cid,* el fragmento de *Roncesvalles*—, o se refunde en métrica culta —el *Fernán González*—, o se fragmenta en forma de romances, o se prosifica en las crónicas (Lam. LXXX). En el caso de los cantares de gesta no se puede hablar de un texto canónico sino de versiones todas ellas válidas, que, como sucede con las *chansons de geste* francesas, pueden cambiar notablemente incluso de color lingüístico.[5]

El método de elaboración en el taller historiográfico alfonsí nos es bien conocido.[6] Los traductores trabajan probablemente al dictado y los copistas utilizaban hojas sueltas de pergamino o papel en vez de los cuadernos. Posteriormente un "ayuntador" disponía el texto y, más tarde, el rey daba la labor de lima a los borradores hasta dejar el texto preparado para ser copiado y servir como *original* o como *ejemplar.* Resulta normal, por consiguiente, encontrar manuscritos de obras alfonsíes con textos divergentes, ya que unos procedían de los borradores "ayuntados" o cuadernos de trabajo y los otros del *ejemplar* canónico. En la tradición de la *Primera Crónica General* pueden hallarse manuscritos en los que un determinado acontecimiento se relata en

[5] Para el estado de la cuestión *vid.* Charles Faulhaber, "Neo-traditionalism, Formulism, Individualism, and Recent Studies on the Spanish Epic", *Romance Philology,* 30 (1976), pp. 83-101.

[6] *Vid.* Gonzalo Menéndez Pidal, "Cómo trabajaron las escuelas alfonsíes", *Nueva Revista de Filología Hispánica,* V (1951), pp. 363-380, y Diego Catalán, "El taller historiográfico alfonsí: métodos y problemas en el trabajo compilatorio", *Romania,* 84 (1963), pp. 354-375.

dos versiones distintas yuxtapuestas. Otro tanto sucede en la *Gran conquista de Ultramar,* del taller de Sancho IV[7] (Láminas XXIV-XXV).

Don Juan Manuel sentía particular preocupación por el porvenir de su obra. Como sabía que los errores en las copias eran frecuentes porque "las letras semejan unas a otras" o "por el desentendimiento de los escribanos" *(Prólogo General),* mandó copiar un *ejemplar* cotejado y corregido por él mismo —siguiendo el ejemplo de su tío Alfonso X— para que sirviera como testigo fidedigno. Probablemente éste u otro *ejemplar* pasó al monasterio de Peñafiel, cuyo *scriptorium* se encargaría de difundir su obra. Sabemos, sin embargo, por el propio don Juan Manuel que, antes de constituir un volumen con su obra completa, "publicó" cada una de ellas.[8] De las obras de don Juan Manuel por lo tanto circularon copias procedentes de las obras sueltas y copias hechas sobre el *ejemplar* o los ejemplares de las obras completas.

[7] El ms. 1920 de la Biblioteca Nacional de Madrid, habitualmente no utilizado, deriva con gran probabilidad de un borrador de la obra. Como todavía se sigue discutiendo en qué reinado se compuso el libro tan importante, y sus fuentes —obsérvese la traducción de Graindior de Douai—, indicaré que en el folio 204 v. el compilador, cuyo nombre queda en blanco, tuvo buen cuidado de dejar constancia de ambos: "Ca esto non es del libro de la *Estoria mayor de Ultramar* nin del libro de Gregorio de las Torres nin del limonsý nin del libro del grano dorado de az. Mas es del libro que fizo fazer el príncipe Remonte de Antiocha que era omne bueno. E este libro fizo fazer Recharte el Peligrino por su mandado. E deste prínçipe Remonte contar vos hemos su vida en el libro de la *Estoria mayor de Ultramar.* Ca yo, [...], que saqué esta estoria de françés en castellano por mandado del rey don Sancho, rey de Castiella e de León, e ove[de] buscar por su mandado todos [los li]bros que pud' fallar que fab[lasen] de las conquistas de Ultramar [e de]acordarlas en uno desde la pre[sa] de Antiocha..."

[8] Don Juan Manuel envió a don Juan de Aragón el *Libro del caballero e del escudero* en una copia "modesta en mal pergamino ("et non la envío scripta de muy buena letra nin muy buen pergamino") e igualmente le mandó para su revisión el *Libro de los Estados* ("por ende non me atreví yo a publicar este libro fasta que vos lo viésedes"). Sobre los problemas de don Juan Manuel en la transmisión de sus obras *vid.* A. Blecua, *La transmisión textual de "El Conde Lucanor",* Barcelona, Universidad Autónoma, 1980.

Desconocemos cómo se difundieron inicialmente el *Libro de Alexandre,* el *Apolonio* y el *Buen Amor*. Probablemente a través de libreros. En el caso de Berceo parece claro que el propio convento sería el foco difusor de su obra.[9]

La poesía lírica, en general, se difundió en los llamados *rotuli* o cuadernillos con varias composiciones de un poeta o poetas. Con estos *rotuli* se debió componer el *Cancionero de Baena* y los cancioneros galaicoportugueses. El Marqués de Santillana, Gómez Manrique o Pérez de Guzmán —todos ellos de la alta aristocracia —difundieron su obra en extensos cancioneros individuales. En el caso del *Cancionero General* (Valencia, 1511), sabemos que Hernando del Castillo durante varios años fue copiando todos los poemas que encontraba a su paso, procedentes de *rotuli,* de cancioneros individuales y de cancioneros misceláneos.

En general, los copistas medievales no sintieron demasiado escrúpulo ante los textos en lengua vulgar. Alteran cuanto les parece oportuno según el espacio y tiempo en que viven. No se conforman con la corrección de algún pasaje dañado de su modelo y suprimen, añaden y modifican de acuerdo con sus ideas lingüísticas, religiosas, morales, políticas o literarias. En numerosos casos —en las crónicas o en los libros de caballerías, por ejemplo— refunden el texto. Sienten la obra como un bien mostrenco a cuya difusión actualizada pueden ayudar. En este aspecto, fueron útiles colaboradores del autor, que mantuvieron viva su obra poniéndola al día. Los ejemplos son numerosísimos. Así, la *Crónica de 1344* nos ha llegado en una versión cercana al texto primitivo —traducción a su vez del portugués— y en otra que lo rehace de acuerdo con los gustos de un refundidor

[9] Esto se deduciría de la génesis verosímil de ciertas obras (*vid.* la introducción de Brian Dutton a su edición de la *Vida de San Millán de la Cogolla,* en *Obras completas,* I, Londres, Támesis, 1967) y de los manuscritos de las obras de Berceo conservados en su monasterio. Para la difusión del libro en los siglos IX a XI en la Rioja, *vid.* Manuel C. Díaz y Díaz, *Libros y Librerías en la Rioja altomedieval,* Logroño, Instituto de Estudios Riojanos, 1979.

que no se limitó a una simple copia (Lám. LXXXI).[10] *El Conde Lucanor* se conserva en cinco manuscritos y en un impreso del siglo XVI; casi todos los testimonios presentan numerosas variantes debidas a copistas-refundidores que incluso pueden inventarse el desenlace de un cuento al encontrar un modelo con pérdida de folios. Es sabido que el *Amadís* circuló inicialmente constituido sólo por dos libros; más tarde vino a añadírsele un tercero; y finalmente Rodríguez de Montalvo refundió la obra adaptándola a su contexto cultural, abreviando determinados pasajes y amplificando otros.[11] Y como ejemplo ilustre final sirva el de *La Celestina,* cuya génesis sólo se justifica dentro de las especiales circunstancias de la transmisión literaria medieval.

Aunque *recentiores non deteriores,* en la tradición medieval vulgar cuanto la copia se aleja más en el tiempo del original tanto más difiere de él, debido a la tendencia general a la modernización, como puede observarse en los textos medievales editados en los primeros años de la imprenta (Lám. XXV). No es infrecuente encontrar manuscritos del siglo XIV con modernizaciones debidas a otra mano —el caso del *Sendebar,* por ejemplo (ms. 15 de la Real Academia Española, *vid.* Lám. XI). En otras ocasiones, los textos toman el color lingüístico del copista, como ocurre con la versión leonesa y la castellana del *Alexandre* (Láminas LXXXII-LXXXIII), los riojanismos de Berceo pueden ser atenuados en las copias tardías; los aragonesismos de las *Vitae patrum* de Gonzalo García de Santa María van desapareciendo en las sucesivas ediciones;[12] la poesía de Ausias March se ha transmitido en dos estados lingüísticos distintos. Y aunque no debió de ser fenómeno frecuente, en alguna ocasión la copia se pudo hacer de memoria como parece ser el caso de un manuscrito de

10 *Vid.* la introducción de L. F. Lindley Cintra a la edición crítica de la *Crónica Geral d'Espanha,* Lisboa, 1951, y la de Diego Catalán y María Soledad de Andrés a su edición de la versión castellana (*Crónica de 1344,* Madrid, Gredos, 1971).

11 *Vid.* los artículos de Antonio Rodríguez-Moñino, Agustín Millares Carlo y Rafael Lapesa (*Boletín de la Real Academia,* 36 [1956], pp. 199-225), a raíz del descubrimiento del fragmento manuscrito de la obra.

12 *Vid.* E. Asensio, "La lengua compañera del imperio", en *Estudios portugueses,* París, Gulbenkian, 1974, p. 6.

Sem Tob.[13] En cambio, el recuerdo de otras obras puede generar en algún caso variantes extrañas, particularmente en la copia de pasajes de amplia difusión folklórica. Tal ocurre por ejemplo con unos cambios que sufren dos cuentos de don Juan Manuel: un copista recordó las versiones incluidas en el *Libro de Buen Amor* e insertó varios de sus motivos en su copia.

Conviene insistir en esta actitud de libertad que manifiestan algunos copistas medievales ante los textos en lengua vulgar para no caer en el error de considerar como variantes de autor lecciones ajenas.[14] Parece evidente, por ejemplo, que del *Libro de Buen Amor* sólo se conserva una única redacción del autor —el tal Juan Ruiz— y no dos, como a veces se ha sugerido.[15] De entre los treinta millares de variantes que traen los testimonios que nos han transmitido *El Conde Lucanor* ninguna de ellas puede explicarse necesariamente como variante de autor y sí, en cambio, como intervenciones conscientes o inconscientes de copistas. El caso de *El Conde Lucanor,* del que se conserva un testimonio muy cercano al arquetipo y otros cinco de épocas distintas, nos permite observar las libertades de los copistas. Es un caso anómalo de tradición rica conservada en relación a la mayoría de las obras literarias vulgares hispánicas, de las que habitualmente no se conservan más de dos o tres testimonios pero con numerosas variantes adiáforas, prueba de una notable difusión —el caso de textos paraliterarios, como los históricos y legales, es distinto. Ante esta situación, sólo cuando exista

[13] *Vid.* Luisa López Grigera, "Un nuevo códice de los *Proverbios morales* de Sem Tob", *Boletín de la Real Academia Española,* 56 (1976), pp. 221 y ss.

[14] Es decir, sólo acudir a las variantes de autor como *extrema ratio* (al igual que sostiene Timpanaro para la tradición clásica [*La genesi*..., p. 88]). El caso de la tradición del *Decamerón* es ejemplar (*vid.* la edición de Vittore Branca, en Boccaccio, *Tutte le opere,* IV, Milano, Mondadori, 1976).

[15] *Vid.,* especialmente, A. Vàrvaro, "Nuovi studi sul *Libro de Buen Amor*", *Romance Philology,* 22 (1968), pp. 133-157, y G. Macchi, «La tradizione manoscritta del *Libro de Buen Amor*", Cultura Neolatina, 28 (1968), pp. 264-298, que sostienen, como Chiarini en su excelente edición crítica (Milano-Mapoli, Ricciardi, 1964), la tesis de la única redacción.

absoluta seguridad pueden considerarse esas variantes como de autor. Lo normal es que se trate de variantes de copista.

El editor de textos medievales debe prestar especial atención a la constitución de los códices. Con frecuencia los testimonios conservados se remontan a ejemplares desencuadernados, faltos de folios o trastrocado el orden de los mismos. El ms. *P* de *El Conde Lucanor,* por ejemplo, procede de una rama con pérdida de folios, como el propio copista se encarga de señalar ("aquí se perdió una foja, lo que se sigue bien puesto", fol. 57); en cambio, el ms. *H* oculta la pérdida de un folio y, en vez de pasar al folio siguiente, continúa por su cuenta el desenlace del ejemplo, imitando en lo posible el estilo de don Juan Manuel. En este mismo manuscrito el orden de los cuentos está alterado por la desencuadernación de un ascendiente. En estos casos de transposiciones o lagunas conviene contar el número de espacios perdidos para intentar reconstruir la *inquadratura* del ascendiente desencuadernado o falto.

Muy notable es el caso del *Cancionero de Baena,* conservado en un solo testimonio que procede de un antecedente desencuadernado. Al reencuadernarse quedó alterado el orden de las composiciones y de los poetas. Así, pueden aparecer en los folios centrales poemas de Juan de Mena o de Rodríguez del Padrón que no habían sido incluidos por Baena, pero que se copiaron en la última hoja en blanco de un ascendiente; al desencuadernarse pasaron, con su cuaderno, a otro lugar de la obra.[16] Un poema de Villasandino, por ejemplo, que ocupaba inicialmente parte de la segunda columna de un folio vuelto y parte de la primera del folio siguiente recto, al desencuadernarse el ejemplar, se fragmentó en dos: la primera parte del poema quedó separada de la segunda por tres folios. Como había cambiado la *inquadratura,* ambas partes quedaron copiadas en medio de folio (Láms. XXII-XXIII).

[16] *Vid.* Barclay Tittmann, "A contribution to the study of the *Cancionero de Baena*", *Aquila,* I (1968), pp. 190-203, y A. Blecua, "Perdióse un quaderno...: sobre los *Cancioneros de Baena*", *Anuario de Estudios Medievales,* 9 (1974-1975), pp. 229-266.

En el ms. *S* del *Libro de Buen Amor* la estrofa 452 vuelve a aparecer más adelante como estrofa 611. Parece difícil que el autor repitiera casi idénticamente una misma estrofa, por consiguiente, debe tratarse de un error de copista. En efecto, la estrofa 452 está copiada al principio del folio 30r; la estrofa 611 al final del folio 39v. En total, diez folios exactos. Parece claro que se trata de un problema de cuadernos desordenados: el copista se equivoca de cuaderno y copia como estrofa 452 la que pertenece al cuaderno siguiente que se inicia con esa estrofa —es decir, la 611—, y aunque no corrige el error, acude al cuaderno correcto para seguir copiando. El error, que no es del copista de *S,* se remontará a un antecedente que presentaría la misma *inquadratura* y que estaría compuesto por *quiniones,* esto es, cuadernos de diez folios. La estrofa 452, que no figura además en el ms. *G,* debe eliminarse, por lo tanto, en la edición del *Libro de Buen Amor.* [17]

A la hora de trazar el *stemma* debe atenderse a las variantes que se presentan en determinados lugares de una obra, porque puede ocurrir que unos cuadernos procedan de una familia y otros de familias distintas. Igualmente debe vigilarse determinados aspectos lingüísticos que pueden variar de un cuaderno a otro —o en un mismo cuaderno— al cambiar el copista de un ascendiente. Por ejemplo, en la Tabla de *El Conde Lucanor* en los veintiocho primeros epígrafes aparece invariablemente la forma *contesçio,* mientras que en los restantes aparece la forma *conteçio,* lo que es indicio de un cambio de mano en el antecedente y más probablemente de la pérdida de un folio inicial de cuaderno que dejó la Tabla incompleta y fue sustituida por otra de procedencia distinta (Láms. IV-V). El segundo tomo del ms. escurialense de la *Primera Crónica General* está copiado por seis manos distintas y se producen cambios lingüísticos de importancia. [18]

[17] Para otras explicaciones del desorden más ingeniosas pero, en mi opinión, menos convincentes —inversión de un folio—, *vid.* la nota de Joan Corominas en su edición (Madrid, Gredos, 1967, pp. 186-187).

[18] *Vid.* ahora María Teresa Echenique Elizondo, "Apócope y leísmo en la *Primera Crónica General.* Notas para una cronología", *Studi Ispanici,* III (1979), pp. 43-58.

Dado que los epígrafes no se copian al mismo tiempo, puede ocurrir que procedan de modelos distintos y, en general, no suelen corresponder al original o al arquetipo pues es normal que alguno de los ascendientes haya dejado blancos que nunca se llegaron a llenar, y un descendiente los volvió a incluir bien por conjetura, bien tomándolos de otra familia. Esto es particularmente peligroso en la lírica, pues ocasiona frecuentes errores de atribución. El anonimato medieval es debido en gran medida a la pérdida de las rúbricas iniciales. Recordemos, en fin, que la copia de las letras capitales puede provocar confusiones al equivocar el rubricador la indicación del copista o bien al quedar en blanco en el modelo; que, para los errores por salto de igual a igual, la existencia de signos, como el calderón, para separar párrafos o comenzar versos es de gran importancia, porque a la hora de buscar errores comunes, un salto por *homoioteleuton* de este tipo puede interpretarse como una laguna en un antecedente común.

LIBRO SEGUNDO

La transmisión de los textos en los siglos XVI y XVII

I. LA TRANSMISIÓN IMPRESA (I)

DURANTE los siglos XVI y XVII la literatura impregnó buena parte de la vida española. El *Quijote* puede servir de testigo, y no mudo, de este hecho insólito en otras épocas. Podría pensarse que la imprenta desterró de inmediato al manuscrito, dado que éste era un vehículo de difusión más lento, más caro y más peligroso en materia de fidelidad textual. Y sin embargo, como hemos de ver, durante el Siglo de Oro, el manuscrito siguió siendo para ciertos géneros literarios, como la lírica, por ejemplo, su principal medio transmisor.

Tres son en esta época los canales de difusión de la obra literaria o paraliteraria: la imprenta, el manuscrito y la tradición oral. De ésta última sólo nos ocuparemos incidentalmente.

LA TRANSMISIÓN IMPRESA

La imprenta difundió la obra literaria a través del libro y del pliego suelto.

A) *El libro*

En 1599 Iñiguez de Lequerica decide imprimir los sermones predicados en las honras fúnebres de Felipe II. Escribe en el prólogo: "Por ser tan dificultoso y tan costoso hacer copias de mano y tan fácil hacer muchas de una vez en emprenta me han persuadido muchos religiosos y legos a que imprima los Sermones que he recogido, de los que se predicaron en las honras..."[1] La imprenta, en efecto, abarató el coste de los libros y acrecentó de forma extraordinaria su difusión y, como consecuencia, los factores económicos y sociales adquirieron una relevancia notablemente mayor que en el proceso de composición del libro manuscrito.[2] Todo ello afectará sustancialmente a los problemas de transmisión e incluso de creación de la obra literaria.

Frente al libro manuscrito, al que inicialmente imita, el libro impreso está compuesto con tipos móviles y por pliegos con los que se forman los cuadernos (Láms. XXXII-XXXIII). Ambas peculiaridades favorecen otros tipos de errores.[3]

El original pasa a los componedores o cajistas que son los personajes más importantes en el proceso de composición del libro. De acuerdo con el tipo de plegado —en folio, en cuarto, en octavo, en doceavo, en dieciseisavo, etc.—, el componedor prepara las dos formas de cada pliego. La imprenta de tipos móviles obliga a que una vez compuesto el pliego se imprima el número de ejemplares acordados —en general, las tiradas de 1.000 a 2.000 ejemplares son las habituales. A continuación, estos mismos tipos se utilizan para la composición del pliego siguiente y así en lo sucesivo. El propio componedor tenía la obligación moral de corregir los errores, en particular, claro está, en aquellos libros de materia religiosa, moral o jurídica.[4]

La corrección tenía lugar sobre una prueba del pliego. Ocurría con frecuencia que, una vez impresos varios ejemplares de un mismo pliego, se advertía un error y se subsanaba en el

[1] Ap. B. J. Gallardo, *Ensayo de una Biblioteca Española de libros raros y curiosos,* Madrid, 1888, III, col. 258.

[2] Una excelente visión de conjunto en Lucien Febvre y Henri-Jean Martin, *L'apparition du livre,* París, Albin Michel, 1971².

[3] Para España consúltese Pedro Bohigas, *El libro español (Estudio histórico),* Barcelona, 1962; José Simón Díaz, *La Bibliografía. Conceptos fundamentales,* Barcelona, Planeta, 1971, pp. 119-227, y Jaime Moll, "Problemas bibliográficos del libro del Siglo de Oro", *Boletín de la Real Academia Española,* 59 (1979), pp. 49-107.

[4] "Los componedores no corrigen las formas, de donde se siguen muchos errores", comenta escandalizado Diego de Cabranes en su *Abito y armadura espiritual* [1525] (ap. Gallardo, *Ensayo...,* II, col. 163).

molde, pero los pliegos ya impresos, dado el valor del papel, no se destruían. Esta costumbre origina complicados problemas a la hora de trabajar sobre impresos de tipos móviles. A veces no era el componedor sino el propio autor quien corregía los pliegos, de forma similar a las correcciones de pruebas modernas. El P. Pedro de la Vega dejó un precioso testimonio al respecto:

"Digolo porque supe que quando se imprimia la Primera parte de Alcala, no parauan los Impressores mientras yo emendaua el pliego, y assi los que se estampauan en aquel poco tiempo, que yo me detenia en la enmienda, podrian yr errados, y no venir con lo que cita esta nuestra Tabla". [5]

Así, pues, es frecuente hallar ejemplares de una misma edición con diferencias incluso muy notables. Boscán, por ejemplo, se comprometió a corregir las pruebas de sus obras y, en efecto, los ejemplares de la primera edición presentan algunas variantes. [6] Juan Rufo cambió dos folios cuando ya se habían tirado varios ejemplares del pliego, que no se destruyeron y de esta manera se encuentran ejemplares con el pliego antiguo, otros con el nuevo, y otros con los dos. [7] Lo mismo ocurrió con las *Flores de poetas ilustres* (Valladolid, 1605) compiladas por Pedro Espinosa, en las que un soneto de Quevedo y otro de Góngora fueron cambiados por otros —por motivos religiosos— durante la impresión del pliego. [8] De la edición de las poesías de Góngora (Madrid, 1628) se tuvieron que eliminar a última hora unos poemas a causa de una denuncia. [9] De la

[5] *Tercera Parte de la Declaración de los Siete Psalmos,* Madrid, Miguel Serrano de Vargas, 1604, Tabla, A_2r.

[6] Para el contrato de Boscán *vid.* Martín de Riquer, *Juan Boscán y su cancionero barcelonés,* Barcelona, 1945, Apéndice II, p. 231. Para las variantes *vid.* E. L. Rivers (Garcilaso de la Vega, *Obras completas,* Madrid, Castalia, 1964, p. XIII).

[7] *Las seiscientas apotegmas y otras obras en verso,* Clásicos Castellanos, 170, Madrid, Espasa-Calpe, 1972, p. XXXIX.

[8] *Flores de poetas ilustres,* ed. Juan Quirós de los Ríos y Francisco Rodríguez Marín, Sevilla, 1896, pp. 188-189 y p. 402. Se trata de los folios 126 y 127.

[9] *Vid.* E. Wilson, "Inquisición y censura en la España del siglo XVII", en *Entre las jarchas y Cernuda,* Barcelona, Ariel, 1977, páginas 247-272.

Docena Parte de las comedias de Lope de Vega, de la que existen dos ediciones, se conservan ejemplares con variantes en varios pliegos de la primera edición.[10] También en la *Primera Parte* de las comedias de Calderón existen ejemplares con variantes.[11] Fernando de Herrera, muy cuidadoso (Lám. VI), mandó imprimir la palabra suelta en forma correcta y la pegó encima de la errada, o bien él mismo enmendó a mano las erratas.[12] El sistema de pegar la palabra correcta —la "banderilla"—[13] puede verse también en la edición de las obras de Santa Teresa preparada por Fray Luis de León (Salamanca, Foquel, 1588), aunque en este caso no se trata de una sustitución sino de una adición en tipo menor e interlineada. Los ejemplos de variantes en distintos ejemplares de una misma tirada fueron muy frecuentes en toda Europa, por lo que el editor de textos impresos debe colacionar todos los ejemplares conocidos de una misma edición.[14]

A partir de 1558, tras la publicación de la pragmática de Felipe II, el libro sufre en los Reinos de Castilla un mayor control de censura que complicará más el proceso de publicación. Véanse las normas de la pragmática y las consecuencias de las mismas en la siguiente síntesis de Jaime Moll:[15]

"*a*) Centralización de la concesión de licencias para imprimir en el Consejo de Castilla, previas las aprobaciones pertinentes.

10 Es la Parte (Madrid, 1619) en que se halla impresa *Fuente Ovejuna*. *Vid.* Jaime Moll, "Correcciones en prensa y crítica textual: a propósito de *Fuente Ovejuna*", *BRAE*, LXII (1982), pp. 159-171.

11 *Vid.* D. W. Cruickshank, "The Text of *La vida es sueño*", en E. M. Wilson y D. W. Cruickshank, *The Textual Criticism of Calderón's Comedias*, London, Támesis, 1973, pp. 79-94.

12 *Vid.* José Manuel Blecua, "Las Obras de Garcilaso...", y J. Moll, "Problemas...", pp. 66-68.

13 Sobre esta costumbre editorial *vid.* J. Moll, "Problemas...", páginas 69-70.

14 La máquina de Hinman permite colacionar mecánicamente los ejemplares de una misma edición. Hay ejemplo práctico de su uso en la edición de la *Política de Dios* de Quevedo llevada a cabo por James O. Crosby (Madrid, Castalia, 1966).

15 "Problemas...", pp. 52-53.

b) El ejemplar presentado para obtener la licencia —manuscrito o impreso— tenía que ser firmado y rubricado por un escribano de dicho Consejo, y según su texto debía imprimirse la obra.
c) El impresor debía imprimir el texto sin la portada ni otros preliminares.
d) Concluida la impresión, debía presentar el libro al Consejo, para que el corrector oficial cotejase lo impreso con el texto del ejemplar aprobado y rubricado, certificando su total adecuación al mismo, salvo las erratas advertidas.
e) El Consejo fijaba el precio de venta de cada pliego del libro, tasa certificada por un escribano del mismo.
f) Se imprimían la portada y demás preliminares, en los que, obligatoriamente, debían figurar la licencia; la tasa; el privilegio, si lo hubiere; el nombre del autor y del impresor, y el lugar donde se imprimió, a lo que se añadió en 1627 la exigencia legal de que figurase también el año de impresión."

"Las principales consecuencias externas que produjo dicha pragmática de 1558 en el libro son las siguientes:

a) Con el texto se inicia la foliación o paginación del libro y la serie alfabética de sus signaturas.
b) El colofón, si lo hubiere, se imprime antes que la portada.
c) La portada y demás hojas preliminares forman uno o varios pliegos, con signaturas marcadas por calderones, asteriscos, cruces, etc., independientes de las del texto de la obra.
d) El año de la portada no coincide, necesariamente, con el año del colofón. Si el texto del libro se terminó de imprimir a fines de año, aunque las últimas diligencias administrativas sean del mismo tiempo, es frecuente que figure en la portada la fecha del año siguiente. Si dichas diligencias son de principios del año siguiente al que figura en el colofón, aquél es el que se imprime en la portada.
e) Las fechas de las últimas diligencias administrativas en ejemplares sin colofón no siempre coinciden con la fecha que figura en la portada. Menos coincidirán, en muchos casos, la fecha de la portada con la fecha de la licencia o del privilegio, que autorizan para imprimir, pero no obligan a hacerlo inmediatamente.
f) Hay que tener en cuenta que es muy frecuente aprovechar las autorizaciones administrativas para reediciones posteriores, lo que imposibilita deducir de las mismas la fecha que figuraría en la portada, en caso de que ésta falte.

"Desde un punto de vista legal, toda reedición exigía repetir los trámites señalados anteriormente. Sin embargo, la realidad es distinta, encontrándose principalmente cuatro tipos de reediciones:

a) se mantienen los preliminares legales de la edición anterior;
b) se mantienen los preliminares legales de la edición anterior, excepto la fe de erratas y la tasa;
c) conservan las aprobaciones de la edición anterior, variando la licencia, fe de erratas y tasa;
d) todos los preliminares legales son nuevos."

Puede ocurrir que una misma edición corra a cargo de dos libreros distintos. En estos casos se solían imprimir portadas diferentes o cambiar el nombre del librero (a costa de...).[16] En otras ocasiones algún librero compra un fondo editorial de otro y, en estos casos, suele cambiar la portada y los preliminares pero deja el texto intacto, que, como ya se ha indicado, desde la pragmática de 1558 se imprime a partir del folio o página 1. Es el caso, por ejemplo, de la edición del *Lazarillo* impresa en Bérgamo en 1597 que no es otra que la de Milán de 1587, con portada cambiada.[17] Como contrapartida, hay reediciones que siguen con tanta fidelidad el modelo anterior, a plana y renglón, que pueden parecer ejemplares de una misma edición, como sucede con las obras de los Argensola (Láminas XXX-XXXI), o en la compleja y enmarañada tradición del *Relox de príncipes* de Guevara.[18] No debe confundirse, sin embargo, una segunda edición, con una *emisión*[19] distinta de una misma edición. Un pliego puede ser rehecho totalmente para am-

16 Para esta costumbre *vid.* A. González de Amezúa, "Cómo se hacía un libro en nuestro Siglo de Oro", en *Opúsculos Histórico-Literarios,* Madrid, CSIC, 1951, I, pp. 331-373.

17 *Vid.* A. Rumeau, "Notes au *Lazarillo*: Des éditions d'Anvers, 1554-1555, à celles de Milan, 1587-1615", *Bulletin Hispanique,* 66 (1964), pp. 272-293.

18 Es el caso de la citada Parte XII de Lope de Vega, de la que existen dos ediciones el mismo año, a plana y renglón, pero con ligeras diferencias.

19 Introduce acertadamente el término, de acuerdo con la tradición de la bibliografía material inglesa, Jaime Moll, "Problemas...", p. 58.

pliar, por ejemplo, el número de ejemplares una vez descompuesto el molde.

Mención aparte merecen las ediciones falsificadas y contrahechas impresas con pie de imprenta y año distinto del verdadero, fraude muy frecuente en el siglo XVII, y que plantean numerosos problemas a los editores.[20] Ocurre con el *Guzmán de Alfarache,*[21] con el *Persiles,*[22] con algunas partes de las comedias de Lope,[23] de Tirso,[24] de Calderón[25] y, en general, con todas aquellas obras de gran éxito, por motivos literarios o de otra índole, como sucede con los libros heterodoxos introducidos secretamente o con los libelos políticos.[26] En todos estos casos es necesario un conocimiento muy profundo de los impresores de la época para poder determinar la fecha y el lugar de edición.[27] No deben confundirse estas ediciones ilegales con otras, perfectamente lícitas, llevadas a cabo en otros reinos que el de Castilla, que estaban sujetos a otra normativa. Por ejemplo, las obras

[20] *Vid.* al respecto los numerosos trabajos, citados a continuación, de Wilson, Cruiskshank y Jaime Moll, entre otros.

[21] *Vid.* Francisco Rico, *La novela picaresca española,* Barcelona, Planeta, 1967, I, pp. CLXXVIII-CLXXIX.

[22] *Vid.* J. Moll, "Problemas...", pp. 104-107.

[23] *Vid.* J. Moll, "*La Tercera parte de las comedias de Lope de Vega y otros autores,* falsificación sevillana", *Revista de Archivos, Bibliotecas y Museos,* 77 (1974), pp. 619-626.

[24] *Vid.* J. Moll, "El problema bibliográfico de la *Primera Parte de comedias* de Tirso de Molina", *Homenaje a Guillermo Guastavino,* Madrid, ANABA, 1974, pp. 85-94.

[25] *Vid.* el citado volumen de E. M. Wilson y D. W. Cruickshank, *Textual Cristicism...,* con abundante material, y Jaime Moll, "Sobre la edición atribuida a Barcelona de la *Quinta Parte de Comedias* de Calderón", *Boletín de la Real Academia Española,* 53 (1973), pp. 207-213.

[26] "*El Chitón* es verdaderísimo. ¡Oxala no lo fuera! Leyómele vna tarde D. Francisco de Aguilar en un coche en el rio. Son çinco pliegos de inpresion, de letra más grande que pequeña, y en las floridas se conoze que es inpreso en Madrid, aunque dize *En Huesca de Aragon;* son las floridas las letras mayores", comenta Lope de Vega en una carta al duque de Sessa sobre la publicación de *El Chitón de las Taravillas* (*Epistolario,* ed. A. González de Amezúa, Madrid, 1943, IV, número 523 [1630], p. 142).

[27] *Vid.,* por ejemplo, la magistral obra de F. J. Norton, *Printing in Spain, 1502-1520, with a note on the early Editions of "La Celestina",* Cambridge University Press, 1966.

más importantes impresas en Madrid aparecen el mismo año o al siguiente impresas en Barcelona legalmente.[28]

Para los problemas de atribuciones, siempre delicados, es preciso tener en cuenta la costumbre de los impresores de añadir obras para completar pliego o bien para dar novedad a un texto ya famoso, presentándolo con un reclamo atractivo. Es el caso de la inclusión del *Abencerraje* en la edición de la *Diana* de Valladolid de 1561,[29] o el del cancionero de Montemayor y de otros autores que se suele imprimir a continuación de la *Diana* desde la edición de Cuenca de 1561.[30] Para cerrar pliego, Timoneda añadió al final de su edición de las *Comedias y Coloquios* de Lope de Rueda un diálogo en verso que no pertenece al sevillano. Y otro tanto hizo en la edición de los entremeses, *El Deleitoso* (1567), con el *Coloquio llamado discordia y questión de amor.*[31] Igualmente para completar pliego, al final de las *Obras* de Gracián se incluyeron los poemas conocidos como *Selvas del año,* que no pertenecen al jesuita aragonés, aunque el impresor pretendió que se produjera tal confusión de autoría.[32] Se trata, por consiguiente, de una vieja costumbre edi-

[28] Rara vez estas ediciones presentan variantes de autor. Las variantes, salvo casos excepcionales, deben considerarse apócrifas, como sucede, por ejemplo, con *La pícara Justina.* Suelen estar editadas a plana y renglón y sólo ocasionalmente suelen ser primeras ediciones; de ahí que antes de dar como *princeps* una edición de Barcelona —me refiero al siglo XVII—, conviene cerciorarse de que no está impresa sobre una primera perdida.

[29] Para los complicados problemas textuales del *Abencerraje, vid.* Francisco López Estrada, *Abencerraje y la hermosa Jarifa. Cuatro textos y un estudio,* Madrid, RABM, 1957.

[30] La mayoría del público conoció *La Diana* acompañada de ese cancionero. La *Fábula de Píramo y Tisbe* de Montemayor llegó a Marino a través de ese suplemento de *La Diana* (*vid.* Dámaso Alonso, "Marino y la *Historia de Píramo y Tisbe,* de Montemayor", en *En torno a Lope,* Madrid, Gredos, 1972, pp. 15-29).

[31] *Vid.* A. Blecua, "De algunas obras atribuidas a Lope de Rueda", *Boletín de la Real Academia Española,* 58 (1978), pp. 403-434. Muy probablemente es el mismo caso el del *Auto del Repelón* publicado en el *Cancionero* de Juan del Encina en la edición de Salamanca, 1509.

[32] *Vid.* J. M. Blecua, ed., *Cancionero de 1628,* Madrid, CSIC, 1945, pp. 19-27.

torial, de la que Martín Nucio dejó un precioso testimonio justificativo.[33]

B) *El pliego suelto*

Desde finales del siglo xv, comienzan a aparecer en España los llamados pliegos sueltos (Láms. XXXII-XXXIII). Quien mejor ha estudiado este tipo especial de impresos, Antonio Rodríguez-Moñino,[34] admite en la denominación de pliego suelto todas aquellas obras que constan de 2 a 30 folios. No es fácil, desde luego, trazar una línea divisoria, pero en el caso del pliego suelto quizá sería preferible hacer una distinción entre aquellas piezas que siguen la tradición literaria específica del pliego suelto, y aquellas otras que sólo accidentalmente, esto es, por su brevedad, pueden incluirse en un repertorio de este tipo de literatura. La prueba está en que todas las obras que Rodríguez-Moñino incluye en su catálogo y que superan los cuatro folios, presentan un carácter y una intención distintos de los de aquéllos. Una glosa a las *Coplas* de Manrique, los *Disticha Catonis,* ciertos tratados didácticos, las *Farsas* y *Eglogas* pueden considerarse más como folletos que como pliegos sueltos.

El pliego suelto en 4.°, que está constituido por dos —medio pliego— o cuatro hojas —un pliego— y que incluye inicialmente romances, villancicos, glosas y canciones, tiene orígenes desconocidos. Rodríguez-Moñino supone que los jóvenes aprendices de impresores practicaban con tipos de imprenta desgastados componiendo pliegos sueltos como ejercicio, lo que efectivamente parece claro en la pervivencia de tipos góticos en los pliegos de finales del siglo xvi, cuando ya la letra romana había des-

[33] "Porque en este pliego quedauan alguna paginas blancas y no hallamos Romances para ellas pusimos lo que sigue", e imprime a continuación un perqué y parte de un romance que había quedado falto en el texto impreso varios folios antes (*Cancionero de Romances,* Anvers, Martín Nucio, s. a., fol. 272 v.).

[34] *Diccionario de pliegos sueltos poéticos (siglo XVI),* Madrid, Castalia, 1970 (*vid.* las apostillas de G. Di Stefano, "Aggiunte e postille al D. de P.S.P. de A. R-M.", *Studi Mediolatini e vulgari,* 20 [1972], pp. 141-168).

terrado desde mediados de siglo aquella tipografía. Es muy probable que éste sea su origen, aunque quizá podría ligarse, dada la peculiar constitución de los primeros pliegos sueltos, que no suelen ocupar más que medio pliego, a otras causas que favorecerían su comercialización. Inicialmente el libro se imprimía seguido, desde el primer pliego hasta el último (sólo a partir de la pragmática de 1558, por motivos de censura, el primer o primeros pliegos, con la portada y preliminares, se imprime obligatoriamente en los Reinos de Castilla en último lugar). En numerosas ocasiones la obra terminaba sin completar pliego, con lo que quedaba inutilizado medio pliego en blanco. Sospecho que los pliegos sueltos nacieron y siguieron existiendo a lo largo de los siglos siguientes aprovechando estas hojas finales en blanco. Martín Nucio en 1546 publica al final de un libro, utilizando los dos folios finales, un auténtico pliego suelto con un romance, con la indicación explícita de que lo incluye allí tan sólo para evitar el desperdicio de esas hojas.[35] En el caso de Juan Timoneda la situación es clarísima. Incluye al final de las obras de Rueda, como ya se ha indicado, varias composiciones que no le pertenecen —sin atribución de autor, por supuesto—, tales como el *Diálogo de las calzas* y la *Cuestión de Amor,* al igual que había hecho Nucio. Y no sólo en el caso de la edición de las obras de Rueda. Casi todos los pliegos sueltos impresos por Timoneda constan sólo de dos hojas, lo que muestra, creo, que utilizaba las hojas finales en blanco del último pliego de un libro.[36]

El pliego suelto compuesto por dos o cuatro hojas recoge hasta aproximadamente 1560, sobre todo, romances, glosas de romances, canciones, villancicos, habitualmente anónimos, aun-

35 Al final de una edición de la *Cárcel de Amor* y *Questión de Amor* (1546) se imprime un pliego suelto con la siguiente advertencia: "Lo que se sigue no es de la obra mas púsose aquí porque no uviesse tanto papel en blanco" (ap. Rodríguez-Moñino, *Diccionario...,* p. 418, núm. 694). Lo mismo hizo, como ha demostrado Juan Manuel Rozas (*Significado y estructura del Arte Nuevo,* Madrid, SGEL, 1976, pp. 21-25), el impresor Padilla en 1736 con el *Arte Nuevo.*

36 *Vid.* la bibliografía de Timoneda en la introducción de A. Rodríguez-Moñino a los *Cancioneros llamados Enredo de Amor...,* Valencia, Castalia, 1951, pp. 12-45.

que es frecuente hallar en ellos el nombre de Encina, el de Garci Sánchez o el de otros autores del *Cancionero General*. Lo normal es, sin embargo, que el texto base del pliego sea un romance viejo. A partir de 1540, más o menos, comienzan a aparecer relaciones históricas en coplas reales, compuestas por cronistas aficionados —testigos, por lo general, de los hechos narrados—, y relaciones de terremotos, incendios y naufragios. Es decir, crónicas de sucesos. Entre 1560 y 1570, el pliego suelto adquiere su peculiar contextura que le ha hecho ser incluido en la categoría subliteraria. Y, efectivamente, en estas fechas se advierte un cambio notable en la temática y lengua de los pliegos, compuestos ahora por autores que carecen de relieve social. Comienzan a aparecer los romances y coplas escritas, según se afirma en el título, por ciegos, con epígrafes llamativos y extensos. En estos pliegos se relatan milagros, crímenes, martirios e historias de cautivos. Su lengua se distancia progresivamente de la literaria culta, aunque la remede toscamente. A partir de estas fechas y a lo largo del siglo XVII, el pliego suelto, salvo contadas excepciones —algunos textos del 'romancero nuevo'—, sigue manteniendo los mismos temas, el mismo tipo de autores y el mismo carácter subliterario que se inicia en la década de 1560 a 1570, aun cuando se aproveche de numerosos recursos propios de la lengua literaria barroca. Resulta, pues, patente que, a partir de 1570, el pliego suelto utiliza temas propios que se incorporan en algunas ocasiones a la literatura culta —las historias de cautivos, por ejemplo—,[37] y a su vez el pliego asimila, muy degradados, ciertos procedimientos de la retórica barroca.[38]

Estas tres fases que se advierten en el pliego suelto del Siglo de Oro (romancero viejo, glosas y canciones hasta 1540; presencia de temas nuevos con relaciones históricas y ciertos sucesos espectaculares hasta 1570; y desaparición paulatina de

[37] Sobre el tema del cautivo *vid.* ahora G. Camamis, *Estudios sobre el cautiverio en el Siglo de Oro,* Madrid, Gredos, 1977, pero sólo se detiene en algunos aspectos del romancero nuevo (pp. 46-50).

[38] *Vid.* María Cruz García de Enterría, *Sociedad y poesía de cordel en el Barroco,* Madrid, Taurus, 1973, p. 167.

los romances y especialización del pliego suelto como subliteratura desde 1570 y, definitivamente, a partir de 1600) coincide, curiosamente, con ciertos hechos histórico-literarios que no parecen ser independientes de esta alteración temática y estilística del pliego suelto. La primera fase concluye con la aparición de los *Cancioneros de romances* de Nucio, Sepúlveda, Fuentes y el resto de los poetas del grupo sevillano que componen romances artificiosos basados, por lo general, en la *Crónica* de Ocampo.[39] La segunda fase concluye cuando se inicia el 'romancero nuevo'; la tercera se especializa definitivamente en el pliego suelto de ciego a raíz de la publicación del *Romancero General*. Parece evidente, pues, que existe un claro desplazamiento de la temática y lengua del pliego suelto cuando su material se incorpora a la literatura culta. En cuanto al romance comienza a difundirse en las antologías extensas[40] e integrarse en el caudal literario admitido por la estética renacentista española —por motivos muy diversos—, el pliego suelto sigue su vida por derroteros literarios muy distintos. Hasta 1559, a excepción de algún tipo de relaciones de sucesos que preludian la tradición posterior, no existen propiamente autores que compongan obras dedicadas a la publicación en forma de pliego suelto; a partir de esas fechas, y de manera especial a partir de 1570, como ya se ha indicado, aparece el autor de pliegos sueltos que suele pertenecer a una categoría social y literaria ínfimas. La presencia de numerosos ciegos entre los autores de estos pliegos sueltos es bien significativa. ¿Por qué no los encontramos con anterioridad a esos años?[41] La razón es, hoy por hoy, desconocida, pero, desde luego, no parece estar desligada de los decretos del Concilio de Trento, en los que se prohíbe el anonimato en los impresos, aun cuando sus normas no se cumplieran a rajatabla. A partir de 1560 el número de pliegos con nombre de autor, lugar de impresión y autorización eclesiástica es, como ha se-

39 Sobre este grupo de romanceristas *vid.* Menéndez Pidal, *Romancero Hispánico,* Madrid, Espasa-Calpe, 1953, II.

40 *Vid.* A. Rodríguez-Moñino, *Manual de Cancioneros y Romanceros,* Madrid, Castalia, 1973, 2 vols.

41 Cf. François Botrel, "Les aveugles colporteurs d'imprimés en Espagne", *Melanges de la Casa Velázquez,* 9 (1973), pp. 417-476.

ñalado García de Enterría,[42] cada vez más frecuente. Los pocos datos que poseemos con anterioridad a 1600 acerca de la venta y difusión de los pliegos coinciden en presentar a los ciegos como vendedores de este tipo de literatura. ¿Serían los ciegos también los vendedores de los primeros pliegos o se limitaban a la venta de oraciones? Esto último podría estar íntimamente ligado al cambio literario que experimenta el pliego suelto tras la publicación del *Indice* de Valdés que ordena retirar las oraciones típicas de ciego.[43] Convendría investigar este punto porque de esta manera se explicarían los temas, y los autores, de los pliegos sueltos a partir del último cuarto del siglo XVI y el claro tono subliterario que adquieren hasta el presente.[44]

El pliego suelto no fue hasta esas fechas el único pero sí el principal medio de difusión de una literatura popular, el romance, que adquirió carta de naturaleza literaria conforme avanzaba el siglo —los elogios de Valdés, por ejemplo—, sirvió también para difundir la poesía castellana más típica (canciones, glosas y villancicos) y en contadas ocasiones aceptó el endecasílabo, lo que pone de manifiesto su marcado carácter tradicional y popular. El que López de Ubeda[45] se sirva de ellos para la difusión de la poesía religiosa o el que los niños comenzaran a leer en el romance del Marqués de Mantua son datos importantes que no pueden olvidarse a la hora de historiar la literatura de la época.

Los restantes pliegos sueltos que Rodríguez-Moñino incluye en su extraordinario catálogo presentan características literarias distintas de los analizados anteriormente. Se trata, en realidad, de folletos que podían encuadernarse con otros de extensión

[42] *Sociedad y poesía de cordel en el Barroco,* pp. 71 y ss.

[43] Desde luego, las causas románticas —el pueblo creador— que halla Durán para la aparición de romances de ciego no parecen ser las reales (*Romancero General,* BAE, XIII, p. XXXI).

[44] Para los siglos XVIII y XIX *vid.* J. Caro Baroja, *Ensayo sobre literatura de cordel,* Madrid, Taurus, 1973, y Joaquín Marco, *Literatura popular en España en los siglos XVIII y XIX,* Madrid, Taurus, 1977, 2 vols.

[45] *Vid.* A. Rodríguez-Moñino, *Poesía y Cancioneros (siglo XVI),* Madrid, Castalia, 1968, p. 107.

similar o con obras más extensas. El caso de la *Crónica de Abindarráez* es en este sentido ejemplar. Los *Disticha Catonis,* de los que existen tantas reediciones, las glosas a las *Coplas* de Manrique, los debates del alma y el cuerpo son obras todas ellas que nunca se escribieron con la finalidad de difundirse en pliegos sueltos. Su brevedad fue la causa de que materialmente tuvieran que publicarse en un formato similar al de los pliegos sueltos. Otro tanto ocurre con las farsas y más adelante sucederá con las comedias del siglo XVII, como ha señalado Wilson.[46] Situación similar se observa en cierto tipo de libros, muy enraizados con el cuento folklórico, que con el mismo motivo que las glosas a las *Coplas* de Manrique o a las de *Mingo Revulgo* podrían incluirse entre los pliegos sueltos: el *Oliveros de Castilla, Roberto el Diablo, Los doce sabios,* etc. Este tipo de literatura, a pesar de su extensión, vivió desde el siglo XVII hasta fechas relativamente próximas, más cercana al mundo del pliego suelto que al de la literatura culta.[47] Era literatura popular y como tal pudo sobrevivir a los cambios literarios. Sabemos, por un documento precioso que describió Paz,[48] que este tipo de libritos estaba destinado en el siglo XVI básicamente a un público infantil y por este motivo un librero de Sevilla pide en 1560 que se supriman los trámites de la censura y privilegio cuando se trate de imprimir obras de este carácter.

Falta, en definitiva, un estudio de conjunto sobre el pliego suelto y obras asimiladas del siglo XVI, estudio que debería hacerse desde múltiples aspectos y, desde luego, sin descuidar los pliegos sueltos europeos que, al parecer, presentan características muy diferentes de los españoles.[49]

46 *Vid.* E. Wilson, "Tradition and Change in some Spanish verse Chapbooks", *Hispanic Review,* 25 (1957), pp. 194-216.

47 *Vid.* Luís da Camara Cascudo, *Cinco livros do povo,* Río de Janeiro, 1953, y A. Rodríguez-Moñino, *Construcción crítica y realidad histórica en la poesía española de los siglos XVI y XVII,* Madrid, Castalia, 1965.

48 A. Paz y Melia, *Archivo Histórico Nacional. Papeles de Inquisición,* Madrid, 1947², p. 18, núm. 19.

49 Por ejemplo, los pliegos franceses (*vid.* Robert Mandrou, *De la culture populaire aux 17e et 18e siècles,* París, 1964.

Los problemas textuales que plantean los pliegos sueltos son en parte similares a los del libro y en parte diferentes. Ya se ha indicado que convendría distinguir entre el pliego de dos o cuatro hojas y los de mayor extensión, puesto que la génesis editorial y los fines de unos y otros pueden ser, verosímilmente, distintos. Cuando se trata de opúsculos breves —los *Disticha Catonis,* las *Glosas a las Coplas* de Manrique, *Farsas* y *Eglogas,* etcétera—, el impresor se comporta como con el libro, aunque las dimensiones de las obras —que no siempre se ajustan al espacio de los pliegos— pueden motivar ciertas alteraciones en la integridad textual (adiciones y supresiones).[50] En cambio, ante el pliego de dos o cuatro e incluso ocho hojas —dos pliegos—, el impresor se ve obligado a ajustar obra y pliego. De ahí que o bien acuda a géneros por naturaleza breves —romances, canciones, villancicos, glosas—, o bien, cuando el pliego suelto se especializa en sus temas propios a partir de la segunda mitad del siglo XVI, como un *modus vivendi* de ciegos, los autores componen los textos —en quintillas dobles por lo general— con un número de versos determinado por las dimensiones del papel. En el primer caso, el impresor no suele añadir interpolaciones, porque le resulta más cómodo, dadas las características del género, incluir un villancico o canción al final de la serie de romances, disparates o perqués; por el contrario, puede suprimir pasajes o cortar textos cuando éstos no se ajustan al espacio preciso.[51] En el segundo caso, cuando se compone el texto *ex professo* para el género, estos problemas de adiciones o supresiones, lógicamente, no se producen.

Los pliegos sueltos plantean, además, complejos problemas de transmisión debidos a su condición efímera y a la ausencia de lugar y año de impresión —en la primera mitad del siglo XVI, básicamente—, que sólo un conocimiento muy profundo de las imprentas de la época permite solventar. Si de libros extensos

[50] Es el caso probable del pliego suelto de la *Egloga de los tres pastores,* que añade dos coplas al principio de la obra y otras dos al final en relación con el texto impreso en el *Cancionero* de Encina de 1509.

[51] *Vid.* F. J. Norton y E. M. Wilson, *Two Spanish Chap-Books,* Cambridge U. P., 1969.

—de caballerías, por ejemplo— no ha quedado otro rastro que alguna alusión bibliográfica en tiradas de más de 1.000 ejemplares, la pérdida de los desvalidos pliegos sueltos debió de ser inmensa como se deduce de los pocos ejemplares conservados.[52] Esta pérdida, la ausencia de lugar y año de impresión y el hábito de ciertos impresores de editar pliegos sueltos mixtos —es decir, tomando de un pliego unos romances y otros de otro, por ejemplo— impiden en muchos casos rastrear las filiaciones. Los tipos y los tacos de grabados gastados permiten, en gran parte, resolver estos problemas. De todas formas, como en el caso de las comedias sueltas, conviene cotejar todos los ejemplares conservados, pues una edición tardía puede remontarse a otra perdida anterior a las conocidas. En el caso de los pliegos sueltos, por consiguiente, *recentiores non deteriores.*

52 No ha llegado, por ejemplo, ninguno de los 12.000 pliegos —ocho ediciones en un año— que se imprimieron de un poema de Juan López de Ubeda (*Cancionero General de la Doctrina Cristiana,* introducción bibliográfica por A. Rodríguez-Moñino, Madrid, SBE, 1962, I, p. 10).

II. LA TRANSMISIÓN IMPRESA (II)

A) Impresos perdidos

Ocurre con cierta frecuencia que han desaparecido ediciones íntegras sin que haya llegado hasta nosotros un solo ejemplar. Cuando esto sucede, los problemas que debe resolver un editor son de índole diversa. Si, por ejemplo, se trata de una transmisión lineal *A-B-C-D-n* y la edición desaparecida es la *B*, la pérdida no afecta a la transmisión del texto. Pero la transmisión lineal, es decir, vertical, como es lógico, no suele ser frecuente. Por lo general, los impresores que reeditan un texto acuden al que tienen más a mano o al de tipografía más cómoda. En cambio, si se han perdido ediciones textualmente importantes, como la primera u otra que haya podido realizarse con ayuda de un manuscrito o que ha sido corregida por el autor, la situación se hace más compleja y requiere un minucioso cotejo de las ediciones conservadas. Las tres ediciones del *Lazarillo* de 1554 se remontan a dos ediciones perdidas publicadas en fechas muy próximas; las restantes ediciones, en cambio, derivan del texto impreso por Nucio en Amberes en 1554 y, por consiguiente, su interés textual es nulo —aunque las correcciones de la edición expurgada llevadas a cabo por Velasco posean gran interés sociológico al igual que los añadidos de Alcalá, evidentemente apócrifos. [1]

[1] *Vid. La vida de Lazarillo de Tormes,* Madrid, Castalia, 1972, páginas 57-59.

Problemas más graves, dada la importancia de las variantes, plantean las ediciones perdidas de *La Celestina.* [2] Es el caso de la edición perdida de la que se sirvió Ordóñez para su traducción italiana de 1508. [3] O el de la edición publicada en Salamanca en 1570 que presenta lecturas de gran importancia, que hacen presumible el manejo por parte del editor de una edición antigua de la que no quedan testimonios, aunque al tratarse de una edición *recentior* de un texto considerado ya clásico no debe descartarse que el editor corrigiera por conjetura. [4]

La primera edición conservada del *Amadís* es la de Zaragoza impresa por Coci en 1508; sin embargo, no es la *editio princeps,* hoy desaparecida. Por consiguiente, una edición crítica de la obra requiere la colación de todas las ediciones y traducciones conservadas para intentar reconstruir el impreso perdido al que en última instancia se remontan todas las ediciones. [5]

El tipo de variantes, el testimonio de los autores o de los contemporáneos, las referencias de los bibliógrafos, los inventarios de bibliotecas suministran los datos que prueban la existencia de ediciones perdidas. Sin embargo, el editor debe ser muy cauto a la hora de valorar las fechas dadas por los testimonios, porque los errores de los datos numéricos son frecuentes, lo que origina la existencia de las llamadas ediciones *fantasmas* que nunca existieron. El caso más notable es el de la supuesta edición perdida del *Quijote* que estaría impresa, de acuerdo con ciertas alusiones coetáneas —entre ellas una carta de Lope de Vega—, en 1604. Esta edición, sin embargo, nunca existió, como ha puesto definitivamente en claro Flores en un

[2] *Vid.* F. J. Norton, *Printing in Spain...,* pp. 141-156, y Keith Whinnom, "The relationship of the early editions of the *Celestina*", *Zeitschrift für Romanische Philologie,* 82 (1966), pp. 22-40.

[3] *Vid.* Emma Scoles, "Note sulla prima traduzione italiana della *Celestina*", *Studi Romanzi,* 33 (1961), pp. 157-217.

[4] *Vid.* Emma Scoles, "Il testo della *Celestina* nell'edizione Salamanca 1570", *Studi Romanzi,* 36 (1975), pp. 9-124.

[5] *Vid.* Amadís de Gaula, ed. y anotaciones por Edwin B. Place, Madrid, CSIC, 1959, I, pp. XXII-XXVI (postula la existencia de *X,* edición perdida de Sevilla *ca.* 1496).

librero se decida a imprimir *motu proprio* un texto manuscrito cuya difusión considera económicamente rentable. Uno y otro caso son sumamente peligrosos para la integridad de los textos y para las atribuciones. Al ser ediciones habitualmente póstumas, el silencio del autor sobre al fidelidad de su texto es seguro. Algunos ejemplos:

a) Poesía

Pocos años después de la muerte de Garcilaso, Boscán publica las poesías del toledano en el cuarto libro de su colección personal. Boscán murió sin llegar a corregir los pliegos finales en los que se incluía el texto de Garcilaso. ¿Poseyó Boscán los originales o se trataba de una copia fidedigna? ¿Qué intervención tuvo Boscán en el texto de Garcilaso? Como apenas quedan manuscritos con textos garcilasianos, la pregunta no tiene respuesta, aunque todo parece indicar que Boscán fue bastante respetuoso con las obras de su amigo (Láms. XLV-XLVII).

Diez años después de la muerte de Gregorio Silvestre, un amigo suyo, Cáceres y Espinosa, publica las poesías de aquél. En principio, se trata de una edición de cierta confianza, porque los manuscritos siempre presentan estadios redaccionales anteriores a los que aparecen en el impreso. Parece claro que Silvestre preparaba una edición corregida de sus poesías cuando le sorprendió la muerte, aunque nunca sabremos hasta qué punto intervino Cáceres.

En los casos de Francisco de Aldana y de don Luis Carrillo y Sotomayor fueron los hermanos quienes se encargaron de la publicación de sus obras a través de los originales. Desconocemos, sin embargo, el grado de intervención de estos beneméritos hermanos, porque conviene recordar que el Humanismo difundió el método filológico hasta caracteres de plaga y quién más quién menos se consideraba capacitado para limpiar un texto de posibles errores. Esto había sucedido ya con autores considerados clásicos, como Mena, Garcilaso o don Juan Manuel; pero también se daba esta actitud con poetas más modernos, como Francisco de Figueroa, cuya edición preparó Tribaldos de Toledo, o como fray Luis de León y Francisco de la Torre, editados por Quevedo. En el caso de fray Luis de León está demostrado que Quevedo no corrigió el texto y se limitó a dar a la imprenta un manuscrito con errores —hasta el punto de repetir la oda "Inspira nuevo canto".[12] No sabemos, en cambio, cómo actuó con el texto de Francisco de la Torre; probablemente tampoco intervino demasiado, porque es obvio que lo que pretendía Quevedo con ambas ediciones no era tanto llevar a cabo una tarea filológica —que promete en la edición de Aldana, que nunca llegó a publicar—[13] como lanzar, a través de ambos poetas, una réplica al gongorismo.

La obra de Góngora, editada póstumamente con la ayuda de un manuscrito bastante fidedigno (Lám. LXXXVI), se convirtió de inmediato en un texto clásico corregido por sus comentaristas bien con el cotejo de otros manuscritos bien por conjetura.[14] La obra en verso de Quevedo, que el poeta estaba puliendo y preparando para la imprenta poco antes de su muerte, fue publicada por González de Salas, humanista y amigo de Quevedo, utilizando —aunque no siempre— sus autógrafos. Su intervención en el texto debió de ser la propia de un filólogo del siglo XVII, es decir, correcciones sólo en los casos de errores evidentes o presumibles.[15] En el caso de los Argensola, su editor, el hijo de Lupercio, se las vio y se las deseó para encontrar los textos dispersos en copias manuscritas de su padre y de su tío.[16]

[12] *Vid.* la introducción del P. A. C. Vega (Fray Luis de León, *Poesías,* Madrid, Saeta, 1955), y O. Macrí, *La poesía de Fray Luis de León,* Salamanca, Anaya, 1970, pp. 155-188.

[13] "Si alcanzo sosiego (algún día) bastante, pienso enmendar y corregir sus obras deste nuestro poeta español, tan agraviadas de la emprenta, tan ofendidas del desaliño de un su hermano, que sólo quien de cortesía le creyere a él, que lo dice, creerá que lo es" (*Anacreonte español,* en *Obra poética,* IV, ed. J. M. Blecua, Madrid, Castalia, 1981, p. 294).

[14] *Vid.,* por ejemplo, Dámaso Alonso, "Todos contra Pellicer", *Revista de Filología Española,* 24 (1937), pp. 320-342.

[15] Para los problemas textuales de la poesía de Quevedo *vid.* la introducción de J. M. Blecua a la *Obra poética,* I, Madrid, Castalia, 1969.

[16] *Vid.* la introducción de J. M. Blecua a las *Rimas* de ambos hermanos (Zaragoza, 1950-1951, 2 vols.).

Sin duda, el caso más importante entre los poetas de la época es el de Fernando de Herrera editado por Pacheco. Las variantes de esta edición afectan radicalmente al *usus scribendi* del poeta, pues aparecen en ella arcaísmos y neologismos inexistentes en los manuscritos y en los impresos cuidados por el propio Herrera. [17]

b) Teatro

Tampoco el teatro del siglo XVI conoció, salvo notables excepciones —Encina, Lucas Fernández, Torres Naharro— la difusión impresa en vida de sus autores, de ahí las lagunas historiográficas. Las farsas de Diego Sánchez de Badajoz aparecieron en edición póstuma al cuidado de su sobrino, que probablemente utilizó un autógrafo y copias manuscritas. Aunque el sobrino no interviniera en el texto, la edición, hecha en mal papel, con tipos gastados y por un impresor de poco relieve, es poco de fiar, en especial en materia de grafías tan importantes para una obra en la que se utilizan numerosos dialectalismos y jergas. [18] Lo mismo ocurre con las obras de Gil Vicente, editadas póstumamente por su hijo Luis, que sí intervino en el texto. [19] Muertos Lope de Rueda y Alonso de la Vega, algunas de sus obras fueron editadas por Timoneda. Es seguro que el librero valenciano efectuó arreglos en los textos, pues él mismo lo dice en el prólogo de las *Comedias y Coloquios* de Rueda, suprimiendo o cambiando algunos pasajes poco respetuosos en materia religiosa. En el caso de *Eufemia* parece claro que Timoneda llegó a

17 Sobre el problema de la autenticidad de las variantes *vid.* J. M. Blecua, "De nuevo sobre los textos poéticos de Herrera" [1958], en *Sobre la poesía de la Edad de Oro,* Madrid, Gredos, 1970, pp. 110-144, y O. Macrí, *Fernando de Herrera,* Madrid, Gredos, 1972².

18 *Vid.* la excelente introducción de Frida Weber de Kurlat y sus colaboradores a Diego Sánchez de Badajoz, *Recopilación en metro (Sevilla, 1554),* Universidad de Buenos Aires, 1968.

19 *Vid.* Stephen Reckert, "La problemática textual de *Don Duardos,* en *Gil Vicente: Espíritu y Letra,* Madrid, Gredos, 1977, pp. 236-469.

trasladar escenas de una parte a otra.[20]. Muy probablemente, los argumentos y la propia división escénica y quizá la incorporación de unos pasos en vez de otros fueron obra de su mano. Sospecho que Timoneda alteró el desenlace de la tragedia *Serafina* de Alonso de la Vega que debería cerrarse con la resurrección de los dos amantes.[21]

El siglo XVII, en cambio, conoció una revolución en materia de difusión de la obra teatral. Al igual que en el siglo anterior, se siguen imprimiendo comedias sueltas —el siglo XVI utiliza el pliego suelto,[22] pero desde 1600 aparecen colecciones constituidas por doce comedias en general, que podían venderse sueltas también, como ya había hecho Timoneda con las obras de Rueda y como se hacía en Italia. Se trata de las llamadas *Partes de comedias* de un autor o varios. En estas colecciones puede intervenir el autor o son los propios libreros quienes las compran a las compañías teatrales o las toman de manuscritos no siempre fidedignos. Como veremos al tratar de la transmisión manuscrita, las obras dramáticas se hallan expuestas a mayores alteraciones que otras especies literarias, dada la peculiar difusión del género. El autor compone una comedia que vende al director de la compañía, que a su vez distribuye copias entre los actores. En períodos con censura —los más—, las obras pasan, antes de ser representadas, por un censor que puede exigir ciertos cambios en el texto.[23] Tras ser explotadas económicamente por la

20 *Vid.* la introducción de F. González Ollé a *Eufemia y Armelina*, Salamanca, Anaya, 1967, mi mencionado artículo "De algunas obras...", y F. González Ollé, "Valencianismos en las comedias de Lope de Rueda: un indicio de la intervención de Timoneda", *Segismundo*, 27-32 (1978-1980), pp. 9-26.

21 A imitación de *Plácida y Vitoriano* de Encina y de acuerdo con el sueño premonitor con el que se inicia la obra (y de acuerdo, sobre todo, con el momento histórico en que está compuesta).

22 *Vid.* la colección facsímil *Autos, comedias y farsas de la Biblioteca Nacional*, Joyas Bibliográficas, XII-XIII, Madrid, 1962, 2 vols.

23 *Vid.*, por ejemplo, A. González de Amezúa, *Una colección manuscrita y desconocida de comedias de Lope de Vega*, Centro de Estudios sobre Lope de Vega, Cuaderno I, Madrid, Aldus, 1942. O el caso de *El José de las mujeres* de Calderón, ejemplo notable estudiado por E. M. Wilson, "Inquisición y censura en la España del siglo XVII", en *Entre las jarchas y Cernuda*, pp. 261-272.

compañía, el autor —a veces tras pleitear, como en el caso de Lope[24]— suele publicarlas en las *Partes* de sus comedias. Cuando el autor no interviene en la publicación, los textos pueden presentar profundas alteraciones debidas a supresiones, adiciones o cambios efectuados por los representantes.[25] A veces, sin embargo, el valor textual de estas ediciones es grande porque pueden presentar estadios primitivos de redacción, mientras que en las obras publicadas por el autor siempre existe la posibilidad —aunque no es demasiado frecuente— de retoques y hasta cambios sustanciales.[26]

El editor de comedias deberá tener en cuenta las numerosas ediciones de comedias sueltas del siglo XVIII, porque aunque por lo general derivan de las *Partes* de comedias del siglo XVII —que a partir de 1650 pueden prepararse para ser desglosadas y venderse también como sueltas—[27] pueden proceder de alguna Parte extravagante perdida o de alguna suelta del siglo XVII o, incluso, de manuscritos.[28]

c) Prosa

La narrativa plantea en general problemas distintos a los de los otros géneros.

[24] Para el pleito de Lope con Francisco de Avila, *vid.* A. González Palencia, "Pleito entre Lope de Vega y un editor de sus comedias", en *Historias y leyendas,* Madrid, CSIC, 1942, pp. 407-422.

[25] Cf. la queja de Calderón en el prólogo a la *Cuarta Parte* (Madrid, 1672): "Hazed vos lo que quisiéredes [...], pero con condición, si se imprimiere, que ha de ser la de *Lucanor* alguna della (aquí entra la citada prueba, de que aún las mías no lo son, pues hallará el que tuviere curiosidad de cotejarla con la que anda en la *Parte Quinze,* que, a pocos versos míos, prosigue los de otro, si buenos o malos, remítome al cotejo)" (ap. B. B. Ashcom, "The two versions of Calderón's *El Conde Lucanor*", *Hispanic Review,* 41 [1973], p. 151).

[26] El caso de *La vida es sueño,* por ejemplo, impresa en la *Primera Parte* (Madrid, 1636) y en el mismo año en la *Parte Treinta* de varios autores (Zaragoza, 1636).

[27] *Vid.* J. Moll, "Problemas...", p. 62.

[28] Como sucede con *Cada cual, lo que le toca* de Rojas (*vid.* D. Moir, "Notes on the Significance and Textos Rojas Zorrilla's *Cada cual lo que le toca*", *Studies... E. M. Wilson,* London, Támesis, 1973, pp. 137 y ss.).

La llamada novela, como la poesía épica, se difundió, sobre todo, de forma impresa. Las excepciones confirman la regla. Si se exceptúan las obras medievales, que se imprimen de manuscritos no siempre fidedignos, habitualmente fueron los propios autores quienes entregaron el original a la imprenta. Esto sucede con la mayoría de los libros de caballerías del siglo XVI, con las novelas pastoriles y con la llamada novela de aventuras o bizantina. La novela corta en el siglo XVI es prácticamente inexistente y, aunque —como en el caso de Cervantes— alguna de ellas llevase vida manuscrita, lo normal es que, desde la publicación de la colección cervantina, los autores impriman sus novelas en un tomo constituido por varias obras —a veces con comedias y versos— engarzadas entre sí por un marco narrativo más o menos tenue. Generalmente son los propios autores quienes las entregan a la imprenta y no suelen conservarse manuscritos de estas colecciones.

Mención aparte es el caso de ciertas obras satíricas que circularon manuscritas o fueron publicadas sin el permiso del autor. Los ejemplos con obras de Quevedo son numerosísimos. Los *Sueños,* escritos en épocas distintas, habían llevado una notable difusión manuscrita desde los alrededores de 1605. Tras un intento infructuoso de Quevedo de publicar el *Sueño del juicio final* en 1610, aparecieron impresos por primera vez en Barcelona en 1627 sin permiso del autor —aunque con prólogo falsificado— a costa de Joan Sapera, librero que poseía un manuscrito bastante completo. Con el título de *Desvelos soñolientos y verdades soñadas* aparece el mismo año en Zaragoza un texto corregido por Van der Hamen, de acuerdo con un manuscrito que había llegado a sus manos. En 1631 el propio Quevedo edita la obra en Madrid con el título de *Juguetes de la niñez,* pero no sigue un original autógrafo y se limita a corregir sobre la edición de Barcelona de 1628, que, a su vez, se había servido de las dos anteriores de Sapera y Van der Hamen.[29] Situación similar es la que plantea *El Buscón,* que vio la luz en una edi-

[29] *Vid.* el mencionado prólogo de Felipe R. Maldonado a su edición de *Los Sueños* (Madrid, Castalia, 1972).

ción de Zaragoza de 1626, sin autorización del autor y con intervenciones —aunque no numerosas— del editor en el texto. Esta edición se reimprimió con pie de imprenta en Zaragoza y en el mismo año, pero en realidad impresa fraudulentamente en Madrid. En este caso Quevedo no se hizo responsable de ninguna edición y *El Buscón* siguió reeditándose sin su aparente consentimiento. Todas las ediciones se remontan, en última instancia a la *princeps* zaragozana. Como hemos de ver, los manuscritos permiten reconstruir el texto original en sus diferentes fases de redacción (Lám. LXXXVIII).[30]

Problemas muy complejos son los que presentan aquellos libros de espiritualidad que se transmitieron en forma manuscrita y que sólo en ediciones póstumas vieron la luz pública, como sucede con las obras de San Juan de la Cruz o de Santa Teresa. Las del primero —a excepción del *Cántico espiritual*, que no fue editado hasta 1628— fueron publicadas de los originales por fray Josef de Jesús María, General de los carmelitas descalzos, "por aver visto andar en manuscritos esta doctrina, poco correta y aun viciada con el tiempo, y con aver passado por muchas manos".[31] Las de Santa Teresa fueron supervisadas por fray Luis de León (Salamanca, 1587), que actuó como filólogo: "porque no solamente he trabajado en verlos y examinarlos que es lo que el Consejo mandó, sino también en cotejarlos con los originales mismos que estuvieron en mi poder muchos días, y en reduzirlos a su propia pureza en la misma manera que los dexó escritos de su mano la Santa Madre, sin mudarlos, ni en palabras, ni en cosas de que se avían apartado mucho los traslados que andavan, o por descuydo de los escrivientes o por atrevimiento y error. Que hazer mudança en las cosas que escrivió un pecho en quien Dios vivía, y que se presume le movía a escrivirlas, fue atrevimiento grandíssimo y error muy feo que-

[30] *Vid.* la introducción de Fernando Lázaro (*La vida del Buscón*, Salamanca, CSIC, 1966).

[31] *Obras espirituales*, Alcalá, 1618, h. 5r. Para un estado de la cuestión sobre los intrincados problemas textuales de San Juan de la Cruz *vid.* la introducción de Cristóbal Cuevas al *Cántico espiritual. Poesías*, Madrid, Alhambra, 1979.

rer enmendar en las palabras, porque si entendieran bien castellano, vieran que el de la Madre es la misma elegancia. Que aunque en algunas partes de lo que escrive antes de que acabe la razón que comiença, la mezcla con otras razones, y rompe el hilo començando muchas veces con cosas que inxiere, mas inxiérelas tan diestramente, y haze con tan buena gracia la mezcla, que esse mismo vicio le acarrea hermosura, y es el lunar del refrán. Assí que yo las he restituydo a su primera pureza." [32]

Don Vicente de la Fuente [33] supuso que fray Luis había utilizado una copia del P. Medina hecha para la duquesa de Alba, pero parece difícil que fray Luis no supiera distinguir entre una copia y un original. Si él afirmó que tuvo originales en su mano, debemos creerle. Las variantes demuestran que fray Luis fue fidelísimo con el original. Sólo modificó algunos vulgarismos y arcaísmos —*afeción* > 'afición'; *entramos* > 'entrambos'; *espiriencia* > 'experiencia'; *cuantimás* > 'cuanto más'— y las citas latinas que Santa Teresa transcribía de acuerdo con su pronunciación de simple romancista; probablemente, estas correcciones no debieron, además, ser suyas, sino de la copia presentada a la censura y que debía de estar hecha sobre el original. Fray Luis se limitó a cotejar ambos textos. Los errores que comete la edición de Foquel —todos ellos accidentales— podrían ser tanto de la copia —inadvertidos por fray Luis— como del componedor. Se trata, como demuestra el cotejo con el original del Escorial, de una edición muy fiel excepto en la grafía y en las vacilaciones de fonemas. Sólo hay un cambio de importancia en un pasaje en que Santa Teresa alude a la orden de los jesuitas explícitamente; en la edición sólo se menciona "cierta orden". [34] Los motivos de este cambio se desconocen, pero no parece que sean obra de fray Luis, que por aquellos años se hallaba en excelentes relaciones con los jesuitas. Por lo que respecta a la *Relación* que se imprime a continuación de la *Vida* y que don

32 *Los libros de la Madre Teresa de Iesús,* Salamanca, Guillelmo Foquel, 1588, pp. 11-12.

33 *Escritos de Santa Teresa,* Biblioteca de Autores Españoles, LIII, p. 5.

34 Ed. cit., pp. 117-118.

Vicente de la Fuente —poco favorable a la "almibarada" prosa del agustino—[35] considera que fue trastrocada y alterada por éste,[36] resulta evidente que, conociendo el método filológico de fray Luis, debe corresponder con los originales con idéntica precisión que la *Vida,* o incluso más, porque en este caso sí fue fray Luis quien dio el texto a la imprenta tomándolo directamente de los originales autógrafos.[37]

Otro ejemplo: el *Audi filia* de Juan de Avila fue impreso por Juan de Brocar en Alcalá en 1556 a costa del librero Luis Gutiérrez. En el prólogo de la impresión póstuma (1574) que prepararon sus discípulos, Juan de Avila insiste en que Brocar la había publicado sin su consentimiento. Sin embargo, el librero Luis Gutiérrez se había servido de un manuscrito que o bien era el que Juan de Avila disponía para imprimir o bien una copia bastante fiel del mismo, pues la carta dedicatoria a don Luis Puerto Carrero, Conde de Palma, es la propia de un libro impreso y no de una dedicatoria para transmisión manuscrita.[38] El libro fue prohibido tres años más tarde por el *Indice* de Valdés y fue refundido dos veces por el maestro Avila. Cinco años después de su muerte, sus discípulos publican el texto definitivo con el prólogo citado en que Avila niega haber autorizado la edición de 1556 ni tener noticias de ella. Pero esto último no parece probable porque el libro había aparecido en el *Indice* de Valdés y el nuevo prólogo está compuesto en los últimos años

[35] Ed. cit., p. 130.

[36] Ed. cit., p. 140.

[37] "En los originales deste libro de [*La Vida*] vinieron a mis manos unos papeles escritos por las de la Santa Madre Teresa de Jesús, en que, o para memoria suya, o para dar cuentas a sus confessores, tenía puestas cosas que Dios le dezía, y mercedes que le hazía demás de las que en este libro se contienen, que me pareció ponerlas con él, por ser de mucha edificación. Y ansí las puse a la letra como la madre las escribe, que dize ansí..." *(Los libros...,* Salamanca, 1588, fol. 545*).*

[38] "Lo cual visto [los numerosos errores de copia], quise tornar a trabajarlo de nuevo e imprimirlo, para avisar a los que tenían los otros traslados llenos de mentiras de ignorantes escriptores ['copistas'], no les den crédito, mas los rompan luego, y en lugar de ellos puedan leer este de molde y verdadero" (ed. Luis Sala Balust, BAC, 302, Madrid, 1970, p. 433).

de su vida, *ca.* 1564 —y todavía retocó la segunda redacción en 1568. Se da el caso, pues, de que mientras la redacción impresa en 1556, a pesar de no ser reconocida por el autor, refleja, con toda probabilidad, fielmente el texto de Juan de Avila, la edición de 1574, publicada por sus discípulos, pudo sufrir arreglos ajenos dadas las peculiares condiciones históricas en que se llevaron a cabo las refundiciones.[39]

[39] Para el análisis de las variantes *vid.* Sala Balust, ed. cit., pp. 395-427.

III. LA TRANSMISIÓN MANUSCRITA

ALGÚN BIBLIÓFILO renacentista, a pesar de que la imprenta ya llevaba más de medio siglo funcionando, se negó a que en su biblioteca pudiera entrar otro tipo de libro que no fuera manuscrito. Y desde luego, un bibliófilo exquisito no podía ver con buenos ojos el invento nuevo cuyos productos en serie no podían competir en belleza con los manuscritos miniados en vitela, piezas únicas e irrepetibles. Estos bibliófilos refinados eran, por descontado, casos extremos, y en general la imprenta recibió todo tipo de alabanzas y Gutenberg pasó a engrosar las listas de los inventores de las cosas. Sin embargo, el manuscrito siguió desempeñando utilísimas funciones como difusor de todo tipo de escritos. Al entrar en Sierra Morena, don Quijote y Sancho hallan un 'librillo de memoria' que estaba ricamente encuadernado. Lo abre don Quijote y "lo primero que halló en él escrito, como en borrador, aunque de muy buena letra, fue un soneto..." (I, 23). Más adelante, en la venta, se leerá la novela de *El curioso impertinente* que un viajero había olvidado; se trata de un manuscrito de ocho pliegos de los que el cura está dispuesto a sacar una copia si su lectura le contenta (I, 32). El mismo olvidadizo viajero había dejado otra novelita manuscrita, hallada en el forro de la maleta, que se titulaba *Rinconete y Cortadillo* (I, 47). Hoy, un manuscrito de esta joya cervantina se custodia en la Biblioteca Nacional.

Hay géneros, como es el de la lírica, que han llegado hasta nosotros gracias a las copias manuscritas. Numerosísimas obras de teatro han podido sobrevivir a través de este medio de difusión al igual que bastantes obras comprometidas por su carácter satírico, político o religioso. No se trata, pues, de un fenómeno accidental, sino de una costumbre que convivió con la imprenta, aunque, ocioso es decirlo, la difusión de una obra manuscrita es notablemente más reducida que la de la obra impresa. Y ocurre, además, que rara es la obra de gran difusión manuscrita que no alcanzara a ver la luz pública, salvo impedimentos muy poderosos —la censura, por ejemplo. Los libreros e impresores sabían también leer y detectar qué obra podría dar buenos beneficios económicos.

A) Poesía

De entre todos los géneros, el lírico es el que se presta más, debido a su carácter unitario y breve, a la transmisión en forma manuscrita. Un soneto, una canción, una epístola, una elegía, una égloga son estructuras breves y cerradas, pero —a excepción de los pliegos sueltos— no pueden imprimirse si no constituyen un conjunto más amplio. De ahí que el molde normal de transmisión sea la antología de uno o varios poetas. Recordemos que no existe el oficio de poeta y que reunir un cancionero personal podía ser tarea de toda una vida. Dado el peculiar concepto de la poesía en la época, los poetas accidentales fueron muy numerosos; de ahí que rara vez publiquen unas composiciones que han nacido al calor de un determinado acto social. Por otro lado, los poetas consagrados no necesitaban acudir a la imprenta para que su fama se extendiera a través de los manuscritos. Su interés por la publicación de sus obras fue muy limitado, a pesar de los numerosos lamentos retóricos por la corrupción que sufrían sus textos en el dilatado trasiego de las copias a mano.

Como el manuscrito fue el principal medio de transmisión de la lírica, los problemas textuales son más complejos que los que plantean las ediciones. De estos últimos ya se ha tratado. Veamos qué sucede con la transmisión manuscrita.

En general, los aficionados a los versos iban constituyendo pacientemente antologías manuscritas con aquellas composiciones que se acomodaban a sus gustos. Estos "cartapacios" suelen llevar los títulos de *Poesías varias* o *Diferentes poesías* y gracias a ellos es posible reconstruir buena parte de la poesía de aquellos siglos.[1] Suelen variar según el talante de su compilador, pero habitualmente se observa en estas colecciones un "espíritu de época" que permite distinguir por sus contenidos las fechas de compilación. Por lo general, acostumbran a mantener una cierta distribución de las obras por grupos temáticos o métrico-temáticos, formando pequeños núcleos con piezas de un mismo autor. Puede haber en ellas un cierto color de grupo poético local, pero no es la norma: los poetas o los poemas célebres, pertenezcan a una u otra zona geográfica, figuran habitualmente en estos cartapacios.

Los cancioneros individuales tuvieron, en cambio, escasa difusión. Existen, desde luego, colecciones individuales, pero acostumbran a ser autógrafas o copias apógrafas que el autor conservaba con el ánimo de publicarlas alguna vez o, cuando no, dejar al menos testimonio de su paso poético por este mundo. Excepciones notables de difusión de cancioneros manuscritos individuales son los casos de fray Luis de León y de Góngora, y en parte los de don Diego Hurtado de Mendoza, Villamediana y Quevedo. La situación de San Juan de la Cruz o de Santa Teresa es diferente porque, en primer lugar, su creación poética es muy breve, y, en segundo lugar, tuvo una difusión limitada a los cancioneros de tipo religioso para uso conventual.[2]

a) *Autoría*

El problema más grave que plantea este tipo de difusión manuscrita en cancioneros colectivos es, sin duda, el relativo

[1] *Vid.* los estudios fundamentales de A. Rodríguez-Moñino, *Construcción crítica y realidad histórica en la poesía española de los siglos XVI y XVII,* Madrid, Castalia, 1965, y *Poesía y Cancioneros (siglo XVI),* Madrid, Castalia, 1968. Para algunos matices *vid.* A. Blecua, "Algunas notas curiosas acerca de la transmisión poética española en el siglo XVI", *Boletín de la Real Academia de Buenas Letras de Barcelona,* 32 (1967-1968), pp. 113-138, y "Fernando de Herrera y la poesía de su época", en Francisco Rico, *Historia y crítica de la Literatura española,* II, Barcelona, Crítica, pp. 426-445.

[2] La *Noche oscura,* por ejemplo, se solían cantar en los conventos durante el refectorio (*vid.* J. Camón Aznar, *Arte y pensamiento en San Juan de la Cruz,* Madrid, BAC, 1972, p. 36).

a las atribuciones. Es muy frecuente en ellos la anonimia o las divergencias de autoría. Estas divergencias suelen estar motivadas por la costumbre de poner tan sólo el nombre del autor en el poema que inicia la serie, y en los restantes escribir solamente "Otro del mismo". Si se ha perdido el folio que traía el primer poema o bien lo ha saltado el copista, automáticamente los poemas siguientes pasan a engrosar el *corpus* del poeta inmediatamente anterior. Esto ocurre, por ejemplo, con cerca de un centenar de sonetos "del mismo" atribuidos en un manuscrito a Barahona de Soto; sin embargo, ese "mismo" era, en realidad, Juan de la Cueva.[3] En otras ocasiones, los propios antologistas, guiados por la intuición, atribuyen *ope ingenii* una obra a un determinado autor. Así, la *Epístola moral a Fabio* figura a nombre de muy distintos poetas. El propio Bartolomé Leonardo de Argensola rechazó su autoría, como se sabe, a través de una apostilla al margen de un manuscrito que la daba como suya.[4] Numerosas piezas satíricas y burlescas aparecerán a nombre de Quevedo —el Memorial *Católica, sacra y real Magestad,* por ejemplo—[5] o a Villamediana, debido a su fama en el género.[6] Igualmente son atribuidas a fray Luis de León numerosas traducciones de Horacio y de los Salmos que nunca compuso. En ciertos casos no resulta difícil devolver las obras a sus autores verdaderos, pero en otros es prácticamente imposible debido a las afinidades estilísticas.

Un criterio es la solvencia de las atribuciones de un determinado manuscrito. Otro criterio, cuando existen diferencias de

[3] *Vid.* Francisco Rodríguez Marín, *Luis Barahona de Soto,* Madrid, 1904, pp. 247-250.

[4] La apostilla dice: "No es esta carta de Bartolomé Leonardo, como él mismo me confesó, diciendo que estimara mucho que lo fuera" (*vid.* A. Rodríguez-Moñino, *Construcción...,* p. 40, y Dámaso Alonso, *El Fabio de la "Epístola moral",* Madrid, Gredos, 1959, pp. 13-18).

[5] *Vid.* J. M. Blecua, "Un ejemplo de dificultades: el memorial *Católica, sacra, real Majestad*", *Nueva Revista de Filología Hispánica,* 8 (1954), pp. 156-73. Para los problemas textuales *vid.* James O. Crosby, *The Text Tradition of the Memorial "Católica, Sacra, Real Majestad",* Lawrence, University of Kansas Press, 1958.

[6] *Vid.* J. M. Rozas, *El Conde de Villamediana: Bibliografía y contribución al estudio de sus textos,* Madrid, CSIC, 1964.

atribuciones, es que suele ser más fidedigna aquella que adjudica la obra al autor menos conocido, como sucede con la *Epístola moral a Fabio* o con la *Canción real a una mudanza.*[7] Los criterios basados en motivos internos, como el estilo, son, por lo general, poco sólidos y el editor debe acudir a todos aquellos datos externos que tenga a su alcance. En materia de atribuciones la prudencia debe ser la mejor guía crítica.

Otros problemas, aparte del que origina la cuestión de la autoría, son aquellos que se suscitan por el sistema de creación, por la copia, por las contaminaciones y por las refundiciones de mano ajena.

b) *La creación*

Los borradores autógrafos conservados indican que los autores componen sus obras al igual que un poeta moderno. Pero éstos, en su inmensa mayoría, no acostumbran a difundir sus versos por vía manuscrita. O los editan en los períodicos y revistas poéticas, o los guardan hasta constituir un volumen y darlo a la imprenta. Sin embargo, la lírica de los siglos de Oro posee un marcado carácter público hoy inexistente. El romancero es el caso extremo de esa vertiente pública y social.[8] Juan Rufo tildaba a los poetas de locos porque "se confesaban a gritos",[9] y, en efecto, la vida sentimental de Lope, por ejemplo, circuló cantada en romances por España hasta fechas recientes.[10] Pero no sólo ocurrió este tipo de difusión con los romances. Numerosos poe-

[7] La *Epístola* está atribuida a once autores (*vid.* D. Alonso, *El Fabio...*, pp. 13-18) y la Canción "Ufano, alegre, altivo, enamorado" a ocho (*vid.* J. M. Blecua, "El autor de la Canción *Ufano, alegre, altivo, enamorado*", en *Sobre poesía de la Edad de Oro,* pp. 244-255, y A. Rodríguez-Moñino, *Construcción...*, pp. 43-44.

[8] Entre los múltiples estudios de Menéndez Pidal *vid. Romancero Hispánico,* Madrid, Espasa-Calpe, 1953, 2 vols.

[9] *Las seiscientas apotegmas,* ed. cit., p. 19, n. 8.

[10] *Vid.* Manuel Alvar, "Romances de Lope de Vega vivos en la tradición oral marroquí", *Romanischen Forschungen,* 63 (1951), pp. 282-305 y, en general, *El Romancero. Tradicionalidad y pervivencia,* Barcelona, Planeta, 1970.

mas se transmitieron a través del canto.[11] Además, los poetas antiguos componían sus textos para que fueran leídos o escuchados de inmediato. Unos van enderezados a sus damas —el billete amoroso en verso—; otros, a próceres; otros, para celebrar cualquier acto público; otros, para satirizar individuos y costumbres; otros, en fin, para difundir una mayor o especial religiosidad. En las academias y salones cortesanos la composición "de repente" no es un accidente esporádico. En otras ocasiones, cuando se trata de obras de mayor empaque que el de una breve pieza lírica, los poetas leen sus versos en público o envían copias a sus amigos o a los poetas consagrados para que den su aprobación. El caso de Góngora es ejemplar: las *Soledades* fueron leídas por distintos críticos en quienes confiaba el cordobés antes de difundirlas en copias manuscritas por los corrillos literarios cortesanos. Se sabe que Pedro de Valencia leyó un original con lecciones distintas de las hoy conservadas, e igualmente sabemos que Andrés de Almansa y Mendoza fue el encargado de difundir por Madrid los poemas mayores de Góngora.[12]

Así, una vez compuesto el poema, éste se difundía de inmediato en copias manuscritas que se incorporaban a los cartapacios de poesías varias compilados por los aficionados; a veces también esta transmisión podía ser cantada u oral. La obra se separaba definitivamente de su autor para convertirse en un bien mostrenco, patrimonio de una comunidad que, como en ningún otro momento histórico, acudió al verso para expresar sus anhelos, sus creencias, sus desdichas, sus amores, sus odios. Ciegos, estudiantes, soldados, frailes, organistas, secretarios, juristas, médicos, profesores, nobleza alta y baja, damas y hasta alguna ilustre fregona compusieron alguna vez versos para cum-

11 *Vid.* J. M. Blecua, "Mudarra y la poesía del Renacimiento: una lección sencilla" [1972], en *Sobre el rigor poético en España,* pp. 45-56.

12 *Vid.* Dámaso Alonso, "La primitiva versión de las *Soledades*", en *Obras Completas,* V, Madrid, Gredos, 1978, pp. 485-494. Para las polémicas en general *vid.* Emilio Orozco, *En torno a las "Soledades" de Góngora,* Universidad de Granada, 1969 (para Almansa, pp. 149-204).

plir, por vocación o por obligación, con esa exigencia social que consistía en hacer poemas.

c) *La copia*

Dada la peculiaridad de la creación poética de aquel tiempo, la copia podía efectuarse en circunstancias y con medios muy variados y, en general, llevada a cabo por copistas no profesionales. Todo ello contribuirá a que rara vez la integridad del texto pueda conservarse en su estado original. Los lamentos de los poetas por la deturpación de sus obras, cuando no por los hurtos y las falsas atribuciones, sobrepasan en algunos casos el simple tópico retórico.

Hay que tener en cuenta, en primer lugar, que, al igual que ocurre con la literatura vulgar medieval, las copias están hechas no tanto para conservar un texto como para gozar de él, usarlo, leerlo. Al no tratarse siempre de amanuenses profesionales, el copista ocasional puede prestar poca atención al modelo; o, al revés, demasiada atención, porque al ser aficionado a los versos puede corregir todos aquellos lugares que en su opinión se hallen corruptos. La memoria en la mayoría de estos casos es potencia nociva, bien porque el copista sepa de antemano el texto que copia, bien porque conoce una lengua poética con escasas variables y puede introducir cambios inconscientes en el texto. Un curioso ejemplo de enmienda consciente, de mano ajena, puede hallarse en un manuscrito de un estudiante de Salamanca, Luis Pinelo, compuesto hacia 1574. Al copiar en su cartapacio poético varias composiciones ganadoras de un concurso para celebrar la batalla de Lepanto, incluye un soneto del señor Luis de Villanueva, que ganó el segundo premio. El último terceto es el siguiente:

> y nace desta prenda otro tropheo
> al hombre en tierra y cielo victorioso
> que tiene a Dios de sí mismo *vencido.*

Pinelo escribió al margen con escrupulosidad de notario: “El malogrado Maestro D. Iuan de Almeyda enmendó en mi presencia *rendido*".[13] Parece claro que Almeida, excelente poeta y por entonces rector de la Universidad, no pudo resistir la tentación de corregir una voz en un soneto ajeno. Si Pinelo no hubiera dejado esa nota marginal, difícilmente podríamos sospechar que las lecciones *vencido-rendido* eran variantes de autor —o, mejor, de autores— y no lapsos mecánicos de un copista.

Casos extremos de copias memorísticas existen, pero, en efecto, son extremos.[14] Las repentizaciones verosímilmente debieron copiarse conforme el poeta iba improvisando.[15] Salas Barbadillo, al igual que Lope, fue también procesado por libelos (en 1609). Un documento de este proceso es un testimonio precioso para el conocimiento de la transmisión literaria de la época. Es el siguiente:[16]

> Preguntado si este confesante hace versos y cuánto tiempo ha que los hace, y si unos cuadernos de diferentes poesías que estaban en su casa y en un escritorio de su hermano y deste confesante son suyos y hechos por él, dijo que confiesa que hace versos desde que tiene uso de razón, y que en el dicho escritorio que dice la pregunta, tiene este confesante algunos cuadernos y papeles de obras suyas, unas comenzadas y otras acabadas, y este confesante hizo un libro de nuestra Señora de Atocha que se intitula *La Patrona de Madrid.*
>
> Preguntado si es verdad que entre los dichos cuadernos y papeles tenía este confesante unos versos o sátira contra Pedro Verjel, Pero de Sierra y Jerónimo Ortiz, alguaciles desta corte, en que hablaba de los susodichos y sus mujeres mal, diga y declare cuando le hizo. — Dijo que este confesante tenía entre los demás papeles el que se le

[13] Ms. D-199 de la Real Academia de la Historia, fol. 108v.

[14] Por ejemplo, el curioso caso que cita Rodríguez-Moñino de un anónimo copista que, tras transcribir los dos primeros cuartetos de un soneto de Góngora, anota: "los tercetos no me acuerdo" *(Poesía y Cancioneros,* pp. 26-28*).*

[15] Gracián publica unas coplas que don Antonio Hurtado de Mendoza le había recitado en Palacio *(Agudeza y arte de ingenio,* en *Obras Completas,* ed. Arturo del Hoyo, Madrid, Aguilar, 1960, p. 255). Hubo repentizadores profesionales como es el caso de Juan Sánchez Burguillos (me ocupo del tema en "Juan Sánchez Burguillos: ruiseñor menesteroso del siglo XVI", *Homenaje a Francisco Ynduráin,* Madrid [en prensa]).

[16] A. de Salas Barbadillo, *La peregrinación sabia* y *El sagaz Estacio, marido examinado,* ed. Francisco A. de Icaza, Clásicos Castellanos, 57, Madrid, 1924, pp. XIX-XX.

ha preguntado, en el cual decía de los dichos alguaciles la causa de su salida de esta corte y que había sido por ser pacientes, y que los había hecho para sí y no los había publicado a nadie; y luego incontinente el dicho señor alcalde mandó a mí, el presente escribano, le mostrase al dicho Alonso de Salas los versos que le fueron hallados, seis estancias de canción y la que llama contera —que están en un papel de cuartilla de dos hojas escritas por todas partes y rubricado de mí el presente escribano para que los vea y reconozca, el cual habiéndolos visto, reconoció ser la canción que hizo a los dichos alguaciles, y que estaba entre sus papeles, y que la letra es del licenciado Diego de Salas su hermano el cual la escribió yéndole este confesante dictando. Preguntado si es verdad que yendo en buena conversación con los susodichos —los testigos Guardiola, Terzo, Cotes y otros conocidos y amigos del confesante— se ofreció de hablar de diferentes cosas y luego vinieron a tratar de versos y este confesante refirió de memoria unos que había hecho en que hablaba de la honestidad y trato de doña Francisca de Vicuña y doña Isabel Camargo, y doña María Ortiz y doña Antonia Trillo, y otras mujeres casadas, y de la honestidad de sus maridos. — Dijo que lo confiesa y que los versos que dijo en la dicha ocasión son los que ha referido al dicho señor alcalde, y están escritos de mano y letra de su merced, y formados y adicionados de mano deste confesante,. y señalados con su rúbrica y de la del señor alcalde, y que no refirió en la dicha ocasión más versos, más de los que al presente tiene referidos; pero que confiesa haber dicho en la dicha conversación que había de hacer la segunda parte de los dichos versos, en que había de poner a las mujeres contenidas en la dicha pregunta y a sus maridos, por ser sujetos capaces, ellas y otros, para hacer versos dellos en la dicha materia como los primeros que había hecho y que los que lo oyeron se debieron de engañar entendiendo que les había dicho los versos primeros, y esto confiesa y lo demás niega.

d) *Variantes de autor, contaminaciones y refundiciones*

Si, por un lado, el manuscrito suplía en parte a la imprenta en la difusión del verso, por otro, tendía a transmitir errores de atribución y, de modo especial, la anonimia. El carácter circunstancial de la poesía, que exigía de los autores la creación en momentos no siempre idóneos, condicionó las recreaciones de los textos, las refundiciones y, desde luego, los hurtos de obras ajenas para salir airosamente del paso. En la poesía amorosa y panegírica no resulta infrecuente hallar una obra dedicada a dos personajes distintos. Con sólo cambiar el nombre del destinatario en los versos y efectuar algún retoque métrico o semántico, el poema quedaba listo para cumplir con su función social. Alguna amada de Lope no tendría noticia de que el ardiente soneto amoroso enderezado a ella había servido en anteriores ocasiones para encender la pasión de otra dama de carne y hueso o mera figura teatral. [17] Fernando de Herrera no debió de sentir demasiado escrúpulo al cambiar, para la impresión de sus versos, el destinatario de uno de sus sonetos. [18] Quevedo inserta en un entremés una canción juvenil que había llevado larga vida independiente antes de pasar al teatro (Lám. LXXXIX). [19] Ni qué decir tiene que las glosas a letras conocidas servían para varias ocasiones. Además, los autores —en especial, los afamados— se veían obligados por sus admiradores a entregar copias de sus composiciones. Es de suponer que no siempre se limitarían a efectuar una copia mecánica y que introducirían ligeros, o notables, cambios en los versos. Sólo esto explica la frecuencia con que hallamos retoques o recreaciones en las obras de los poetas de la época, consagrados y modestos epígonos. Y desde luego, cuando un autor decide recoger sus composiciones para formar una colección que se difundirá impresa o manuscrita —como en el caso de fray Luis—, los textos en ella incluidos suelen, por lo general, diferir de los conservados en los habituales cartapacios de *Poesías varias*. Ocurre con los textos de Herrera, de fray Luis, de Lope, de Quevedo y de casi todos aquellos poetas que publican sus obras en vida o que dejaron manuscrita una colección de poemas editada póstumamente. En ciertos casos pueden detectarse hasta tres o cuatro estadios de redacción. Cuando existen tres o más redacciones, las intermedias pueden reconocerse fácil-

17 *Vid.*, por ejemplo, J. de Entrambasaguas, *Estudios sobre Lope de Vega,* Madrid, CSIC, III, p. 395, y E. Lafuente Ferrari, "Un curioso autógrafo de Lope de Vega", *Revista de Bibliografía Nacional,* IV (1944), pp. 43-62.

18 Se trata del soneto "Húyo a priessa medroso el orror frío" (*Obra poética,* ed. J. M. Blecua, Madrid, 1975, I, p. 331).

19 Se trata de la canción "Pues quita al año Primavera el ceño" *(Obras poéticas,* ed. cit., I, p. 551).

mente por coincidir en sus lecciones con las de la primera y de la última al mismo tiempo. Primera y última si existe la posibilidad de establecer el orden cronológico de composición, tarea no siempre sencilla y en la que ciertos criterios generales basados en la probabilidad no pueden aplicarse más que como orientaciones iniciales. Estos criterios generales pueden reducirse a los siguientes: la versión más antigua, en general, suele ser a) la más breve; b) la de mayor sencillez sintáctica; c) la más fiel al modelo —en el caso de las traducciones o imitaciones—; d) la que presenta una métrica más arcaica; e) la que presenta un vocabulario más común; f) la que presenta un universo cultural menos innovador.

A veces ocurre que, aunque sólo se hayan llevado a cabo dos redacciones, algún manuscrito o impreso presenta un texto intermedio que participa de las lecciones de ambas redacciones. Esta anomalía, en la mayoría de los casos imperceptible, puede originarse por contaminación: un copista transcribe una redacción y posteriormente encuentra otra que a su juicio resulta más grata o solvente y decide incorporar las lecciones nuevas en el mismo texto copiado. Si su trabajo es perfecto, el texto primitivo desaparece debajo de las correcciones íntegramente; pero si sólo enmienda algunas lecturas, habrá constituido un texto híbrido que nunca existió. Esto es particularmente grave en aquellos casos en que se limita a añadir o suprimir estrofas o a introducir poemas íntegros en series primitivas (Lám. XLVIII).

La refundición es fenómeno igualmente frecuente en una sociedad habituada a las glosas, a los *contrafacta,* a la traducción-imitación, y que todavía siente la obra literaria como un bien común que puede modificarse al cambiar las circunstancias de tiempo y lugar. [20] En estos casos tampoco resulta a veces factible poder determinar si se trata de una recreación de autor o de una refundición de mano ajena. La refundición debió considerarse entre los medios literarios como ejercicio poético lícito, aunque Cervantes no admita más que la inserción de un verso ajeno ais-

[20] *Vid.* A. Blecua, "Algunas notas curiosas...", art. cit.

lado de su contexto.[21] Parece claro que si de algo estaba bien abastecido Quevedo era de ingenio y, sin embargo, un soneto suyo refunde, con bastante libertad, otro soneto compuesto medio siglo antes por el P. Tablares.[22] Y ejemplar es el caso del soneto "Perdido ando, señora, entre la gente", imán poético que atrajo a todo tipo de refundidores.[23]

B) Teatro

Salvo las excepciones señaladas, en el siglo XVI no es frecuente la publicación de las obras teatrales. Y, sin embargo, apenas se conservan manuscritos de lo que debió ser una producción dramática relativamente abundante. Es fenómeno bien explicable dadas las condiciones de un género dirigido a la vista y al oído del espectador y que posee un acentuado carácter efímero. Los problemas que plantea la transmisión de las obras dramáticas del siglo XVI no nacen de la abundancia de testimonios de una misma obra, sino de la escasez de ellos, ya que por lo general el editor no dispone más que de un solo testimonio, impreso o manuscrito. Casos como *La Numancia* cervantina, transmitida en dos manuscritos, son excepcionales.

Al iniciarse el siglo XVII, como ya se ha indicado, se produjo un especial interés por la lectura de la comedia nueva, mezcolanza de antología lírica, de novela, de ejercicio retórico y de anécdotas, chistes y conceptos sutiles. La difusión de la obra teatral impresa fue notable en detrimento del manuscrito.[24] Es

21 "*Item* se advierte que no ha de ser tenido por ladrón el poeta que hurtare algún verso ajeno y lo encajare entre los suyos, como no sea todo el concepto y toda la copla entera: que en tal caso tan ladrón es como Caco" (*Adjunta del Parnaso,* en *Viaje del Parnaso,* ed. Francisco Rodríguez Marín, Madrid, 1935, p. 122).

22 Se trata del soneto "¡Ay! Floralba, soñé que te... ¿Dirélo?" (*vid.* Georgina Sabat Rivers, "Quevedo, Floralba y el Padre Tablares", *Modern Lenguage Notes,* 93 [1978], pp. 320-328),

23 *Vid.* Rafael Lapesa, "Poesía de cancionero y poesía italianizante" [1962], en *De la Edad Media a nuestros días,* Madrid, Gredos, 1967, pp. 165-171.

24 "Esta holgaba notablemente de oír representar a los cautivos cristianos algunas comedias, y ellos, deseosos de su favor y amparo, las estudiaban comprándolas en Venecia a algunos mercaderes judíos para

cierto que se conservan numerosas copias a mano de comedias de la época, pero, en general, corresponden a obras de autores no impresos, poco conocidos y rara vez se hallan en más de dos testimonios. De los autores afamados —Lope, Alarcón, Vélez de Guevara, Tirso, Calderón—, cuyas obras fueron impresas en vida con o sin su autorización, los testimonios manuscritos escasean.[25] Gracias, sobre todo, a que el duque de Sesa tuvo la feliz idea de coleccionar los autógrafos o las copias apógrafas, se conservan numerosas comedias de Lope (Lám. XL). Pero pocas obras suyas han llegado en más de un manuscrito, y cuando esto ocurre, proceden habitualmente de copias de las *Partes* impresas. Los autógrafos de los autos sacramentales de Calderón no son raros porque no iban destinados a un director de compañía teatral, sino a los Ayuntamientos (Lám. XLI).

La explicación de esta ausencia de manuscritos es sencilla: los autores vendían sus obras —en su mayor parte autógrafas, como se observa en el caso de Lope— a los directores teatrales que procuraban evitar la difusión de las copias para que no fueran utilizadas por otras compañías. Las numerosas *Partes de comedias* impresas, además, saciaban los gustos de un público que no sentía especial interés por copiar una comedia inédita, que

llevárselas, de que yo vi carta de su Embajador entonces para el Conde de Lemos, encareciendo lo que este género de escritura se extiende por el mundo después que, con más cuidado, se divide en tomos" (Lope de Vega, *Novelas a Marcia Leonarda,* ed. Francisco Rico, Madrid, Alianza, 1968, p. 91). La primera colección peninsular de comedias parece ser la *Primeira Parte dos Autos e Comedias portuguesas* (Lisboa, 1587), recopilada por Alonso López, y muy probablemente, el librero Francisco López —cuyo posible parentesco con el anterior desconozco—, inspirado en ella, manda imprimir las *Seis comedias de Lope de Vega Carpio y de otros autores* (Lisboa, 1603), que inicia las colecciones castellanas.

[25] No se puede llegar a otra conclusión, a la vista de los repertorios bibliográficos de estos autores. Los manuscritos conservados suelen ser, en general, copias para actores. Véase el curioso testimonio del actor Juan de Puente, al final del Acto II de *El árbol de mejor fruto* de Tirso (ms. 15.484 de la Biblioteca Nacional de Madrid): "Esta comedia es de Domingo Valbín, autor de comedias ['director de la compañía'] por su Majestad; sacóla en papeles Alarcón, y la sacó muy mal, que no hubo quien los azertase a leer en todo un día. Vercebú lleve a quien le enseñó a escrevir y el que lo aprendió." (ap. Tirso de Molina, *Comedias,* ed. E. Cotarelo, NBAE, Madrid, 1907, II, p. IV).

rara vez presentaba alicientes distintos de las impresas y que podían conseguirse, a precio relativamente módico, sueltas, en Partes o incluso injertadas en novelas. El caso de los entremeses y bailes es ligeramente distinto y abundan más las copias manuscritas, pero ello es debido a que hasta fechas tardías —1640— no se publican en colecciones propias. Tampoco, sin embargo, puede hablarse de una transmisión rica y compleja, aunque sí más deturpada.[26]

En resumen, los principales problemas de la transmisión teatral radican en las impresiones llevadas a cabo sin permiso del autor, ediciones que pueden proceder de copias de comediantes, con adiciones, supresiones y cambios que no siempre resulta posible distinguir de las variantes de autor. El problema, por ejemplo, que suscitan los textos de *El Burlador de Sevilla* y *Tan largo me lo fiáis* no ha sido resuelto en su totalidad.[27] Como regla general, con las excepciones correspondientes, puede afirmarse que no es frecuente hallar correcciones de autor entre copias manuscritas, y sí lo es, en cambio, que estas variantes se den entre los manuscritos y el impreso preparado por el autor, puesto que, por lo general, corrige el texto, aunque sea ligeramente, para darlo a la imprenta. Cuando, como sucede con Lope y plausiblemente con Cervantes, editan en fechas tardías obras juveniles las diferencias pueden ser muy notables.[28]

26 Dada la condición literaria del entremés y su función teatral, el género sufrió en su transmisión todo tipo de cambios para adaptarse a las circunstancias. Para los manuscritos *vid.* E. Cotarelo, *Colección de entremeses...*, NBAE, 17-18, Madrid, 1911. El primer entremés publicado suelto parece ser el de *Micer Palomo* de Hurtado de Mendoza (Valencia, 1620), y la primera colección la de *Entremeses nuevos de diversos autores* (Zaragoza, 1640). Para un ejemplo concreto de problemas textuales de un género menor dramático *vid.* Francisco Rico, "Hacia *El Caballero de Olmedo*", *Nueva Revista de Filología Hispánica,* 24 (1975), pp. 329-338, y 29 (1980), pp. 271-292.

27 *Vid.* Xavier A. Fernández, "En torno al texto de *El Burlador de Sevilla y convidado de piedra*", *Segismundo,* V-VI (1969-71, pp. 7-417).

28 El caso, por ejemplo, de *La bella malmaridada* de Lope, y presumiblemente el de varias obras juveniles —*La Arcadia, Belardo el furioso*— publicadas por el propio autor en sus últimos años. Cervantes, que en 1605 había elogiado tanto *La Numancia,* ni siquiera se atreverá a incluirla en su colección de 1615.

C) Prosa

Poco se justificaba, aparecida ya la imprenta, la transmisión manuscrita de obras extensas en prosa. Como ya se ha indicado, las novelas de caballerías y las pastoriles, la novela corta (en cuanto se integra en su marco narrativo amplio) y la novela picaresca en general están compuestas con la intención de ser editadas. El que alguna de ellas no se imprimiera es un hecho accidental que depende de múltiples factores a los que no fue ajena la calidad literaria.

En la primera mitad del siglo XVI todavía se observa la pervivencia de la transmisión manuscrita entre los grupos cortesanos, como sucede con el *Marco Aurelio* de Guevara,[29] o con el extraño caso de *Menina y Moça,*[30] obras que inicialmente no van destinadas a la difusión impresa. El caso de *Lazarillo,* del que se ha supuesto una transmisión manuscrita anterior a las ediciones pero no comprobada, debe incluirse en el grupo de aquellas obras ideológicamente conflictivas, como cierto tipo de sátiras —erasmistas o no— y tratados religiosos de amplia difusión durante la Reforma.[31] La *Crónica* de don Francesillo de Zúñiga no se imprimió hasta el siglo XIX y, sin embargo, fue un texto tan difundido como los impresos.[32] Y lo mismo sucede con la mayoría de las obras de Quevedo que, por diversos motivos, chocaron con la censura. La difusión de los *Sueños* antes de su publicación fue muy amplia[33] e igualmente lo debió de ser *El Bus-*

[29] Para los problemas textuales *vid.* A. Redondo, *Antonio de Guevara (1480?-1545) et l'Espagne de son temps,* Genève, Droz, 1976, pp. 498-522.

[30] *Vid.* E. Asensio, "Bernardim Ribeiro a la luz de un manuscrito nuevo. Cultura literaria y problemas textuales", en *Estudios portugueses,* París, Gulbenkian, 1974, pp. 199-223.

[31] Me refiero al caso de *El Crótalon,* del *Viaje de Turquía* o de los *Diálogos* y tratados de los Valdés.

[32] *Vid.* ahora la ed. de Diane Pamp de Avalle-Arce (Barcelona, Crítica, 1979).

[33] *Vid.,* por ejemplo, el curioso testimonio publicado por George Haley, "The earliest dated manuscript of Quevedo's *Sueño del Juicio final*", *Modern Philology,* 67 (1970), pp. 238-262.

cón, [34] y las obras más breves, del tipo de las *Cartas del caballero de la tenaza* y los panfletos políticos abundan en copias manuscritas. [35] Caso distinto es el de las obras de tipo religioso, que no vieron la luz pública por falta de interés de sus autores —como sucede con los ya mencionados de Juan de Valdés, Juan de Avila o Santa Teresa—, o por rozar temas que al mediar el siglo XVI eran conflictivos. Sabemos por los procesos inquisitoriales que las copias de estos textos fueron sumamente frecuentes. Sirvan de ejemplo los comentarios de fray Luis de León al *Cantar de los Cantares* y los de las obras de San Juan de la Cruz, Santa Teresa de Jesús, Sor María Jesús de Agreda, que no se circunscribieron sólo a ámbitos conventuales. Por lo que respecta a la historia, su difusión fue habitualmente impresa. Quizá las excepciones sean la *Guerra de Granada* de Hurtado de Mendoza, de la que se conserva medio centenar de manuscritos, [36] las *Relaciones* de Antonio Pérez y algunas obras polémicas del P. Mariana.

Mención aparte merecen los textos que, en clase, copiaban los estudiantes al dictado, a pesar de las prohibiciones continuas de los claustros. [37] Pero es éste terreno poco estudiado, en general, y que rebasa los límites de "literatura vulgar" de la presente introducción.

34 *Vid.* Fernando Lázaro en su introducción a *La vida del Buscón*, Salamanca, CSIC, 1965.

35 Por ejemplo, Luisa López Grigera, "Francisco de Quevedo: *Memorial a una Academia*. Estudios bibliográfico y textual", *Homenaje a la memoria de don Antonio Rodríguez-Moñino, 1910-1970*, Madrid, Castalia, 1975, y la edición de Pablo Jauralde Pou de las *Obras festivas*, Clásicos Castalia, 113, Madrid, Castalia, 1981.

36 *Vid.* la introducción de B. Blanco-González en Clásicos Castalia, Madrid, 1970.

37 *Vid.* Salvador Muñoz Iglesias, *Fray Luis de León teólogo*, Madrid, CSIC, 1950, pp. 84 y ss.

LIBRO TERCERO

La transmisión de los textos en los siglos XVIII, XIX y XX

I. LA TRANSMISIÓN EN EL SIGLO XVIII

En líneas generales, la transmisión de la obra literaria en el Neoclasicismo plantea problemas distintos a los del Siglo de Oro. Salvo casos excepcionales —textos satíricos o polémicos—, la transmisión manuscrita es considerablemente menor y no se siente la obra como un bien comunal que pueda sufrir profundas alteraciones anónimas. La transmisión manuscrita existe, desde luego, pero se limita a grupos culturales reducidos, relacionados directa o indirectamente con el autor. [1] Cuando no son los propios escritores quienes cuidan la publicación de sus obras serán sus familiares o amigos quienes llevarán a cabo esta tarea, tomando como base, por lo general, manuscritos autógrafos o copias apógrafas. Los cambios que se advierten entre los manuscritos y los impresos, o entre las distintas ediciones de una obra, proceden en su mayor parte de los propios autores. Se trata, por consiguiente, de tradiciones ricas en variantes de autor, motivadas, en bastantes casos, por razones de censura.

A) Poesía

Si todavía los versos de Eugenio Gerardo Lobo tienen una amplia circulación manuscrita, [2] al mediar el siglo se advierte un

[1] De todas formas, la monumental Bibliografía del siglo XVIII que prepara Francisco Aguilar Piñal —y de la que recientemente ha aparecido el primer volumen (Madrid, CSIC, 1981)— permitirá conocer en sus justos límites la transmisión manuscrita de la época.

[2] *Vid.* Jerónimo Rubio, "Biografía y obras de Eugenio Gerardo Lobo", *Revista de Filología Española,* 31 (1947), p. 80, aunque el número

cambio notable en la transmisión de la lírica, cambio correlativo de la nueva actitud cultural de la Ilustración. Los certámenes poéticos de las academias, con posterior publicación de las obras triunfadoras, la constitución de academias literarias con actas, como la del Buen gusto o la de las Letras Humanas, y, sobre todo, la aparición de revistas, que, como el *Mercurio Literario, El Censor* o *El Correo de Madrid,* incluían entre sus páginas textos poéticos,[3] permitió la impresión de composiciones breves. El intercambio epistolar entre los literatos de los distintos grupos y academias permitía una difusión manuscrita selecta —cuidada textualmente— y limitada a un número reducido de copias, en muchos casos autógrafas. Salvo excepciones, como la de Porcel, que, al parecer, no tenía interés en la publicación de sus obras y cuyo más célebre poema, el *Adonis,* se transmitió de mano,[4] los poetas constituyeron colecciones que vieron la luz bajo su vigilancia, o bien fueron publicadas póstumas en ediciones basadas en los autógrafos, o en ambas circunstancias. Los problemas más graves que se suscitan son los que afectan a las atribuciones en los casos de ediciones póstumas hechas sobre autógrafos, pues no es improbable que entre éstos se hallen copias autógrafas de textos ajenos, dada la costumbre del envío epistolar y su posterior difusión entre los grupos poéticos. Por ejemplo, entre las obras de Jovellanos se imprime como de García de la Huerta el romance "Cese ya el clarín sonoro", que se halla también entre los autógrafos de Forner.[5] Cuenta fr. Juan Fernández de Rojas —*Liseno*— en el prólogo a la edición póstuma de fr. Diego Tadeo González, que éste enviaba a veces como

de los manuscritos que cita no corresponde con las noticias de los contemporáneos del poeta, que aluden al "capitán coplero" como autor de amplísima difusión.

[3] *Vid.* ahora Francisco Aguilar Piñal, *Indice de las poesías publicadas en los periódicos españoles del siglo XVIII,* Cuadernos Bibliográficos, 43, Madrid, CSIC, 1981.

[4] Lo alabaron Luis Joseph Velázquez y Rodríguez de Castro, pero su difusión no debió de ser extraordinaria pues Quintana, tan cercano cronológicamente, no había conseguido leerlo y Leopoldo Augusto de Cueto *(Poetas líricos del siglo XVIII,* BAE, 61, p. LXXI) sólo pudo acceder con esfuerzo a un manuscrito.

[5] *Vid.* L. A. de Cueto, *Poetas líricos del siglo XVIII,* BAE, 63, p. 332.

obras propias composiciones poéticas de aquél.[6] No es frecuente la publicación sin el permiso del autor, pero puede ocurrir, como con *La Inocencia perdida* de Reinoso, ganadora en 1799 del certamen de la Academia de Letras Humanas, que se imprimió furtivamente en Madrid en 1803, y Reinoso se preocupó de inmediato en publicar una edición autorizada con correcciones notables. En otros casos, los jóvenes poetas permitieron que sus maestros pulieran sus textos, como Mor de Fuentes, que los dio a Cienfuegos, o Alberto Lista, que corrigió los de Reinoso.[7]

No parece que quienes cuidaron las ediciones póstumas intervinieran notablemente en el texto, pero no hay regla sin excepción, al parecer, porque don Leandro Fernández de Moratín sí intervino al disponer la edición póstuma de las obras poéticas de su padre (Barcelona, 1821). Don Leandro alteró no poco la *Fiesta de toros en Madrid,* depurándola de aquellos aspectos que no eran gratos a su estética personal.[8]

En general, la mayoría de los poetas corrigió sus obras en dos o en más ocasiones —como Meléndez Valdés.[9] Las variantes de los manuscritos y de las sucesivas ediciones presentan una situación, por consiguiente, similar a la moderna. El editor puede trabajar sobre borradores, originales y copias autógrafas y apógrafas en un número considerablemente mayor de casos que en los siglos anteriores. Cuando se trata de autores que vivieron corrientes estéticas y políticas muy diversas, el análisis de las variantes —incluso en los casos de intervenciones ajenas, como

[6] *Las poesías del M. F. Diego González, de la Orden de S. Agustín,* Madrid, 1976, h. 7v.: "Llegó esto hasta el extremo de usar de mis versos como si fueran suyos, dándolos por tales a personas que se los pedían. Los que saben quánto incomoda un hijo expurio del entendimiento, conocerán a fondo esta fineza del M. González para con sus amigos."

[7] *Vid.* L. A. de Cueto, *Poetas líricos del siglo XVIII,* BAE, 67, p. 212 y ss.

[8] *Vid.* Fernando Lázaro Carreter, "La transmisión textual del poema de Moratín *Fiesta de toros en Madrid*", *Clavileño,* IV (1953), n. 21, pp. 33-38. Para variantes de otros poemas *vid.* John Dowling, "Tres versiones de *Las Naves de Cortés destruidas* de Nicolás Fernández de Moratín", *Homenaje a Agapito Rey,* Bloomington, University of Indiana, 1980, pp. 309-332.

[9] *Vid.* Juan Meléndez Valdés, *Poesías,* ed. Emilio Palacios, Madrid, Alhambra, 1979.

las de la censura— [10] reviste un interés excepcional para detectar los momentos de cambio.

B) Teatro

La costumbre de publicar obras sueltas se acentúa, y desde principios del siglo XVIII se generaliza, hasta el punto que de la colección del *Teatro nuevo español* (1802-1806), de la que se tiraron quinientos ejemplares por tomo —de cuatro comedias—, apenas se vendió un centenar de cada uno, por lo que el volumen 7.º no llegó a salir. El público prefería, al parecer, el sistema habitual de las sueltas. [11] Como en el caso de la poesía, fueron los propios autores quienes publicaron sus textos, a veces antes incluso de su representación, como ocurre con la *Raquel* de Huerta o *El señorito mimado* de Iriarte, o ni tan siquiera llegaron a cobrar vida en un escenario, como *La Petimetra* y *La Lucrecia* de don Nicolás Fernández de Moratín.

Habitualmente, las obras solían imprimirse —como sucederá a partir del siglo XIX— al poco de la representación. El manuscrito pasaba al censor, que enmendaba aquellos pasajes que en su opinión podían dañar la sana moral o la estética del público. Suele haber, pues, diferencias entre el texto representado —buenas pruebas son los manuscritos de actores— y el impreso, con el que con frecuencia fue la censura más benévola. [12] No es frecuente la transmisión manuscrita, pero se dan excepciones distinguidas. De la *Raquel* —según propio testimonio del autor— se hicieron más de dos mil copias del texto representado (y pro-

[10] Por ejemplo, en el poema de Forner *La paz* se suprimieron varias octavas en la edición de 1796 (ap. L. A. de Cueto, *Poetas líricos...*, BAE, 63, p. 350).

[11] *Vid.* René Andioc, *Teatro y sociedad en el Madrid del siglo XVIII*, Madrid, Castalia, 1976, p. 115. El fracaso, sin embargo, pudo ser debido, como me sugiere J. Moll, al propio tipo de obras y no a la forma, puesto que las sueltas se reunían también en tomos con portada añadida.

[12] En el Archivo Municipal de Madrid se guardan numerosos ejemplares censurados para la segunda representación *(vid.* Andioc, *op. cit.*, p. 256).

hibido a los cinco días). Dada la tendencia a la hipérbole que anima a García de la Huerta, es probable que este número pudiera ser más limitado; sin embargo, hay que reconocer que los manuscritos abundan. El texto de la representación difiere —en supresiones, sobre todo— del impreso, que en esta ocasión vio la luz no suelto, sino entre las obras de Huerta.[13] Otros casos notables de difusión manuscrita fueron *El Barón* y *La Mogigata,* de don Leandro Fernández de Moratín. El primero fue compuesto en 1787 con la intención —frustrada— de ser representado como zarzuela en casa de los condes de Benavente; circuló manuscrito, según Moratín,[14] con numerosas alteraciones; se representó sin música en varias casas particulares e incluso se llegó a representar públicamente en Cádiz; y, finalmente, se representó e imprimió en Madrid a nombre de otro autor y con el título de *La lugareña orgullosa.* Tras estos avatares, Moratín corrigió el texto primitivo y la nueva versión se representó y publicó en 1803.[15] El segundo, *La Mogigata,* tuvo amplia circulación manuscrita en la versión primitiva de 1791 y se representó en casas particulares y en teatros de provincias. La nueva versión se llevó a las tablas y vio la luz pública impresa en 1804.[16]

En el caso de los géneros menores tampoco parece que la transmisión manuscrita desempeñara un papel relevante. Raro es el sainete de don Ramón de la Cruz que figura en más de un manuscrito, y se trata, por lo general, del autógrafo o apógrafo presentado a la censura.[17]

En resumen: a partir de la segunda mitad del siglo XVIII, dada la costumbre de la publicación del texto al cuidado del autor poco tiempo después de representado, la difusión manuscrita de las obras dramáticas —al igual que sucedía, por otros

[13] Para los problemas de la *Raquel, vid.* R. Andioc, "La *Raquel* de Huerta y la censura", *Hispanic Review,* 43 (1975), pp. 115-139.

[14] *Advertencia* a *El Barón,* en *Obras,* BAE, 2, p. 373.

[15] R. Andioc, "Une zarzuela retrouvée, *El Barón,* de Moratín", *Mélanges de la Casa de Velázquez,* I (1965), pp. 289-321.

[16] Pueden verse las variantes en *Obras,* BAE, 2, p. 399 y ss.

[17] Todas las referencias a manuscritos con sus variantes pueden verse en la edición de Emilio Cotarelo *(Sainetes de don Ramón de la Cruz,* NBAE, 23 y 26*).*

motivos, en el Siglo de Oro— resulta, salvo algunas excepciones, escasa. En general, pueden darse variantes entre los manuscritos presentados a la censura y la edición cuando entre ambas ha transcurrido un lapso temporal extenso, o bien entre la primera y otra edición preparada por el autor.[18] El estudio de las variantes —tanto de autor como de manos ajenas— es particularmente interesante, dadas las especiales circunstancias político-culturales en que está inmerso el Neoclasicismo español.

C) Prosa

Fue el siglo XVIII época de libelos políticos y de panfletos satíricos de amplia difusión clandestina, impresa o manuscrita.[19] La prosa narrativa o didáctica, sin embargo, apareció por lo general impresa al cuidado del autor. Alguno de los textos en prosa más interesantes del siglo presentan, no obstante, problemas textuales harto complejos. Tal es el caso del *Fray Gerundio* del P. Isla, cuya primera parte impresa en 1758 fue inmediatamente prohibida. La segunda parte vio la luz clandestinamente en 1768 y las variantes entre ella y los manuscritos conservados —hasta diez ha podido reunir José Jurado[20]— son muy numerosas y de no fácil clasificación. Problemas igualmente complejos, debidos a una amplia transmisión manuscrita, plantean las dos obras póstumas de Cadalso: las *Cartas marruecas* y las *Noches lúgubres*. La primera fue presentada por Cadalso a la censura de la Academia y al Consejo de Castilla en 1774, y en 1778 retira el manuscrito de la Academia. Fallecido el poeta, la obra se publica póstuma en varios números de *El Correo de Madrid* en 1789, y como libro en 1793, con correcciones estilísticas que parecen debidas al propio editor Sancha. De ella existen, además,

18 Es el caso, por ejemplo, de *El delincuente honrado,* impreso en Barcelona [1782] y reeditado, con cambios, en Madrid en 1787.

19 *Vid.* al respecto Iris Zavala, *Clandestinidad y libertinaje erudito en los albores del siglo XVIII,* Barcelona, Ariel, 1978.

20 "La refundición final en el *Fray Gerundio*", *Boletín de la Real Academia Española,* 61 (1981), pp. 123-140.

cuatro manuscritos con variantes de interés, en especial, las del manuscrito de la colección Osuna.[21] Por lo que respecta a las *Noches lúgubres,* los problemas textuales son también considerables, dado que la obra quedó incompleta a la muerte de Cadalso y tuvo dilatada transmisión en copias manuscritas.[22]

[21] Para estos problemas *vid.* Joaquín Arce, "Problemas lingüísticos y textuales de las *Cartas Marruecas*", *Cuadernos para la investigación de la Literatura Hispánica,* I (1978), pp. 55-66, en donde el autor incorpora a los tres mss. utilizados por Glendinning y Dupuis para la edición crítica de la obra (London, Tamesis, 1966) el ms. *F* que perteneció a don Angel Ferrari.

[22] *Vid. Noches lúgubres,* ed. Edith F. Helman, Santander-Madrid, 1951.

II. LA TRANSMISIÓN EN LOS SIGLOS XIX Y XX

DURANTE EL siglo XIX, la transmisión de la obra literaria va a desarrollar los rasgos más distintivos que apuntaban a partir de la segunda mitad del siglo anterior. El espectacular avance de la prensa periódica, los nuevos adelantos técnicos en la impresión, la aparición del escritor profesional y la ampliación y, a la vez, diversificación del público lector, son, en conjunto, los factores nuevos que incidirán de forma terminante en la creación y en la transmisión de la obra literaria.

La publicación de la prensa periódica condiciona al escritor profesional, que, en la mayoría de los casos, se ve obligado a ceñirse a unos límites espaciales más o menos rigurosos y, sobre todo, a redactar con gran premura de tiempo textos dirigidos a un público no homogéneo y en circunstancias ideológicas habitualmente conflictivas, que afectarán sustancialmente al tipo de creación. Los géneros naturales del periodismo son, por principio, breves —el artículo, el cuento, el poema—, pero se incorporará otro género inicialmente nacido para marcos espaciales mayores: la novela. La publicación en la prensa impide, en general, la corrección de pruebas, por lo que a los errores nacidos de la precipitación en la entrega de originales —a veces borradores sin copia posterior— se une la precipitación en la impresión, hecho que viene a añadir nuevos errores cuando no intervenciones ajenas para acomodar el texto a un espacio determinado. Las probabilidades de que un texto impreso en tal vehículo de difusión reúna más errores que en forma de libro —en particular saltos por *homoioteleuton* y trivializaciones— son mayores.

Es frecuente que más tarde los autores recopilen estos textos dispersos y los publiquen en un volumen. Lo normal en estos casos es que el texto sufra correcciones de una tipología muy amplia que no puede reducirse a la simple restitución del texto original.

La mecanización en el proceso de composición del libro afecta cuantitativamente a los tipos de error. Las clases de errores que comete la linotipia o la fotocomposición son distintos de los que acaecían a los antiguos "componedores" con tipos móviles. Igualmente la copia dactilográfica difiere de la manuscrita. La corrección de pruebas que, en el Siglo de Oro, se llevaba a cabo pliego a pliego durante el proceso de impresión manual, en la impresión mecánica se hace habitualmente sobre las galeradas de todo el libro. Sin llegar al extremo de Balzac, que rehacía buena parte de lo impreso, raro es el escritor que no introduce alteraciones en esta fase del proceso editorial (Lám. LXXVI). Como no es frecuente que coteje las pruebas con el original, es fácil que se deslicen en el texto errores ajenos que acepta como suyos. La figura del corrector de estilo —sin llegar tampoco a este caso a los extremos de Lovecraft— puede perturbar ciertos rasgos estilísticos de un autor. Es sabido que Baroja sufrió en algún caso esas depuraciones de estilo.

Al aumentar el número de ediciones de las obras de autores afamados, los problemas textuales son tanto o más complejos que en épocas anteriores. Como ya se ha indicado, la transmisión lineal (*A-B-C-D-E*, etc.) en textos impresos suele ser anómala, y, por consiguiente, ediciones más tardías pueden presentar estadios textuales procedentes de ediciones primitivas corregidas posteriormente por el autor. Las reediciones, en numerosas ocasiones sin el permiso de éste, acumulan errores sucesivamente. Particularmente nocivas al respecto son las ediciones de Obras Completas, póstumas en general, que no siempre recogen las primeras ediciones o aquellas que el autor había dado como definitivas.

Como es lógico, la transmisión manuscrita ni es frecuente ni posee demasiado interés textual. Abundan en el siglo XIX y en parte del siglo XX las antologías poéticas manuscritas de uso personal, basadas, claro está, en impresos. Sin embargo, al igual que sucedía en el siglo XVIII, la circulación de poemas sueltos entre grupos reducidos de escritores sigue manteniéndose. Se trata, habitualmente, de copias de autor que carecen de valor textual si se conserva el original. No siempre, sin embargo, ocurre así. Un ejemplo: el 28 de febrero de 1928, Unamuno compone el poema *"Pimpinito, pimpinito"* (*Cancionero,* en *O.C.*, XV, página 838), en cuyo autógrafo se lee:

¿Cómo descansar, cristiana,
de esta vida del destino?

El mismo día envía una carta a Bergamín incluyendo el poema,[1] y allí los versos se leen:

¿Cómo descansar, cristiana,
de la vida y del destino?

Pocos días más tarde, el 12 de marzo, Unamuno envía este poema para que figure en el homenaje a Balseiro y su texto no difiere del *Cancionero.* ¿Cómo explicar esta anomalía de que la copia a Bergamín presente una lección distinta que no se incorpora a la copia del 12 de marzo? ¿Una regresión? La carta a Bergamín que acompaña al poema da la explicación. En ella relata Unamuno las circunstancias en que se compuso el texto: "Anoche dejé, mi querido Bergamín, el número 2 de *Carmen* en mi mesilla, entre el reló y el vaso de agua, después de haber leído *Enigma y Soledad* (¡Gracias!). Desperté, insomne, a media noche oscura, di a la eléctrica, y con lápiz, en la cubierta del mismo número escribí, a partir de un aire que en mi niñez me enternecía a lágrimas, esto..." Y copia a continuación el poema *"Pimpinito, pimpinito"*. Todo parece indicar, pues, que Unamuno hizo la copia sobre el borrador escrito en la cubierta de *Carmen;* el mismo día incorporó el texto en limpio para el *Cancionero,* corrigiendo el verso, y de esta copia extrajo otra que envió días más tarde al homenaje a Balseiro.

[1] Impresa en *Carmen,* 5, pp. 1-2.

En otros casos, como ocurre con el teatro, los autores pueden realizar lecturas públicas y dar o permitir copiar el texto leído. La invención de la máquina de escribir, aunque de forma limitada, favoreció la difusión de ciertos textos a través de las copias, en principio todas idénticas.[2] Por medio de una de estas copias de actor, al parecer, publicó Guillermo de Torre *La zapatera prodigiosa* de Lorca (*O.C.*, III, B.A., Losada, 1938), con un estado textual que correspondería a la representación que tuvo lugar en Buenos Aires en diciembre de 1934. Sin embargo, se ha conservado otra copia mecanografiada, presumiblemente apógrafa, cuyo texto presenta variantes que revelan una nueva redacción.[3]

A) Poesía

Como ya se ha indicado, por lo general los poemas aparecen inicialmente en publicaciones periódicas —con frecuencia durante el siglo XIX como anónimas o tan sólo con las iniciales del autor— y posteriormente se incorporan a un volumen. Como suele transcurrir un lapso temporal más o menos extenso entre la aparición de la obra suelta y la colección, raro es el poeta que no retoca los textos primitivos. Los ejemplos —Bécquer, Rubén, Machado, Juan Ramón Jiménez, Carner, Guillén, Lorca, etc.—[4] son numerosísimos (Láms. LXX-LXXIII). Como en el caso de Juan Ramón o de Carner, puede ocurrir que el texto sufra a lo largo de las sucesivas apariciones impresas transformaciones tan profundas, que lo convierten en una obra prácticamente nueva; o como en el caso notable de Guillén, cuya obra inicial, *Cántico,* se

[2] Actualmente la xerocopia ha revolucionado la transmisión de los textos con fidelidad única. Las cartas cruzadas entre Canales y Cela sobre el caso de Archidona circularon en miles de copias por toda España.

[3] Sobre la complicada transmisión de *La zapatera prodigiosa vid.* la introducción de Joaquín Forradellas a la edición crítica de esta obra (Salamanca, Almar, 1978) y del mismo autor el artículo "Para el texto de *La zapatera prodigiosa*", *BRAE,* LVIII (1978), pp. 135-158.

[4] *Vid.* J. M. Blecua, *Sobre el rigor poético en España y otros ensayos,* Barcelona, Ariel, 1977, pp. 11-44.

prestaba a un rehacer continuo de los versos y, sin embargo, las variantes entre las sucesivas ediciones son mínimas y, en cambio, abundan entre los textos primitivos dispersos en revistas y la primera edición de *Cántico*. Otros problemas distintos plantean algunas ediciones póstumas, como sucede con la obra de Espronceda, Bécquer o Lorca.[5] En el caso de *Poeta en Nueva York,* un velo de misterio —que parece comenzar a levantarse— envuelve la transmisión y disposición de la obra (Lám. XCIV).[6]

B) Teatro

La obra dramática, salvo excepciones, se publica en fechas inmediatas a las de su representación. Es sabido que las diferencias entre el texto representado y el impreso suelen abundar y que, con frecuencia, el primero puede variar a lo largo de las sucesivas representaciones. De ahí el interés de los manuscritos o ejemplares de autor conservados. Los manuscritos, por ejemplo, de *Don Alvaro,* de *El Trovador,* de *Don Juan Tenorio* son buena muestra de estas alteraciones textuales. Pero quizá el ejemplo más notable de múltiples redacciones corresponde a *Los Amantes de Teruel* de Hartzenbusch, del que se han conservado unos esbozos autógrafos, cinco manuscritos de la versión en cinco actos y tres de la refundición en cuatro —uno de ellos, sobre el impreso en 1849—, en borradores, originales y copias de actor. El laberinto de las ediciones puede desentrañarse gracias a que se han conservado los papeles de Hartzenbusch y pueden seguirse, paso a paso, los distintos estadios de la obra desde los apuntes primitivos hasta la versión definitiva de 1858.[7] Como ejemplo

[5] Entre las obras póstumas de Espronceda se publicaron varios poemas ajenos, sin ir más lejos, uno de Juan del Encina, por ejemplo. Los casos de Bécquer y Lorca son bien conocidos. Para este último véase ahora la traducción francesa de André Bélamich (Federico García Lorca, *Oeuvres complètes,* I, París, Gallimard, 1981) con riquísimo aparato de variantes —inéditas en su mayoría, traducidas antes al francés sin que hayan visto la luz en castellano todavía— y de notas.

[6] *Vid.* ahora la edición de Eutimio Martín (Barcelona, Ariel, 1980), con las numerosas variantes.

[7] *Vid.* la edición de Jean-Louis Picoche (Madrid, Alhambra, 1980), que incluye las dos redacciones con sus respectivas variantes.

más reciente, además del ya citado de Lorca, puede servir el de *Luces de bohemia* de Valle-Inclán,[8] con cambios que superan, con mucho, los puramente estilísticos.

C) Prosa

El artículo, el cuento y, a veces, la novela, como ya se ha indicado, aparecen en publicaciones periódicas. Los cambios que se producen al pasar a forma de libro pueden ser sustanciales, al igual que sucede con las sucesivas reediciones en las que interviene el autor. Sirvan, como ejemplos, para el ensayo, los artículos de Larra,[9] y para la narrativa, breve o extensa, los casos extremos de *El clavo* de Alarcón,[10] con tres desenlaces; el de *Doña Perfecta* de Galdós (Láms. LXIV-LXIX),[11] con cambios sustanciales también en el desenlace; *Tigre Juan* de Pérez de Ayala,[12] o *Los siete domingos rojos* de Sender,[13] novela retocada en la segunda edición (1970), con una nueva versión (1973) "definitiva" —según se anota al fin del prólogo—, y de nuevo publicada en fechas recientes, muy refundida, con el título de *La tres sorores* y con el subtítulo del texto primitivo.

8 Pueden verse las variantes en la ed. de A. Zamora Vicente (Clásicos Castellanos, 180, Madrid, Espasa-Calpe, 1973).

9 *Vid.* A. Rumeau, *Mariano José de Larra et l'Espagne à la veille du romantisme,* Thèse pour le doctorat ès-lettres presentée devant la Faculté des Lettres de París, 1949 (desgraciadamente inédita). En el Apéndice III, 34 pp., "El pobrecito hablador: notice bibliographique; fragments oubliés; manuscrits inédits", da las variantes y cortes de la censura.

10 José F. Montesinos, *Pedro Antonio de Alarcón,* Zaragoza, Librería General, 1955, pp. 81-112.

11 José F. Montesinos, *Galdós,* I, Madrid, Castalia, 1968, pp. 176-177.

12 *Vid.* la introducción y edición de Andrés Amorós (Clásicos Castalia, 103, Madrid, Castalia, 1980).

13 Manuel Aznar, a quien debo el dato, publicará en breve un estudio sobre este aspecto.

LÁMINAS

Ellos que ante son solos desque eran casados
en pares los de dueñas estan aconpañados
pienso commo o byejo de tales gas... dos
en vno q es solo pienso ... pienso ensalador

De muchos ya q matas / no se vno q sanes
quantos en tu loxuria / son grandes varraganes
matanse a sy mesmos / los locos alvardanes
contesçeles commo al aguila / a los nesçios truhanes

Enxienplo del aguila e del caçador

El aguila cabdal / canta sobre la faya
todas las otras aves / de ally las atalaya
no ay pendola della / que en çierto non caya
el vallestero la falla / preçiala mas q saya

Todos los de Greçia / dixo el sabio griego
meresçen los romanos las leyes / yo no gelas niego
levantaronse todos / con paz e con sosiego
grand onrra ovo Roma / por vn vil andariego

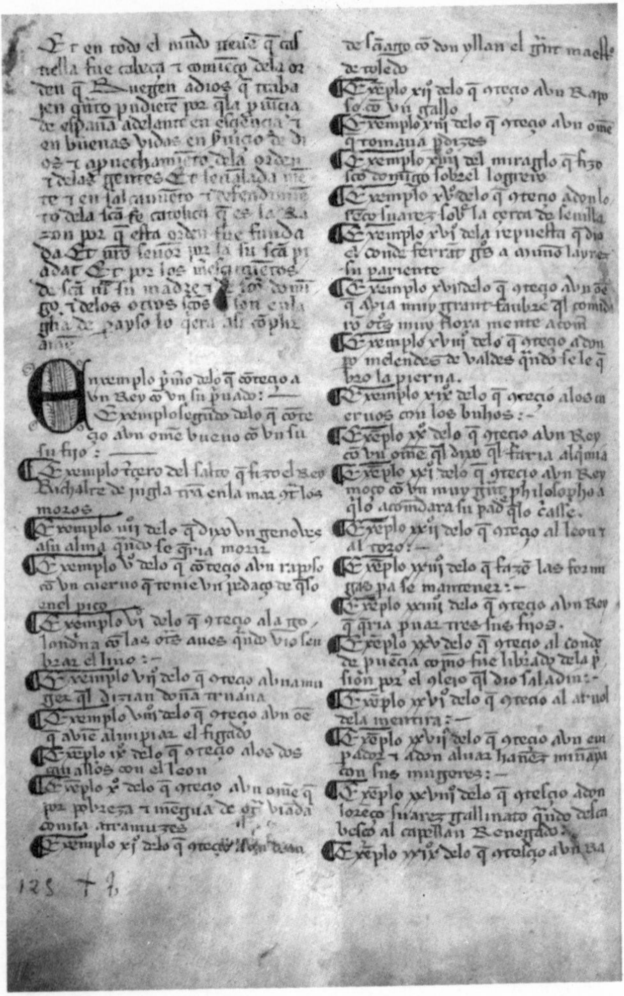

Et en todo el mundo tienē q̄ cas
tella fue cabeça ꝛ comienço dela or
den q̄ siruen a dios q̄ trabaia
ien quanto pudierē por q̄ la p̄uincia
de españa adelantē en ciencia ꝛ
en buenas vidas en seruiçio de di
os ꝛ aprouechamiēto dela orden
ꝛ delas gentes Et señalada mien
te ꝛ en salvamiēto ꝛ defendimiē
to dela sca fe catholica q̄ es la ra
zon por q̄ esta orden fue funda
da Et nro señor por la su sca pi
adat Et por los merescimientos
de sca mª su madre ꝛ de sco domin
go ꝛ delos otros scos q̄ son enla
gl'ia de parayso lo quera asi cōplir
amē

Enxemplo p̄mero delo q̄ cōtesçio a
vn Rey cō vn su priuado:—
Exemplo segundo delo q̄ cōtes
çio a vn ome bueno cō vn su
su fijo:—
Exemplo terçero del salto q̄ fizo el Rey
Richalte de inglaterra enla mar cō los
moros
Exemplo iiij delo q̄ dixo vn genoves
a su alma quando se queria morir
Exemplo v delo q̄ cōtesçio a vn raposo
cō vn cuervo q̄ tenie vn pedaço de queso
enel pico
Exemplo vi delo q̄ contesçio ala go
londrina cō las otras aves quando vio sen
brar el lino:—
Exemplo vii delo q̄ contesçio a vna mu
ger q̄l dizian doña truhana
Exemplo viii delo q̄ contesçio a vn ome
q̄ avie a limpiar el figado
Exemplo ix delo q̄ contesçio alos dos
cavallos con el leon
Exemplo x delo q̄ contesçio a vn ome q̄
por pobreza ꝛ mengua de otra vianda
comia atramuzes
Exemplo xi delo q̄ contesçio a vn dean

de santiago cō don yllan el grant maestro
de toledo
Exemplo xii delo q̄ contesçio a vn Rapo
so cō vn gallo
Exemplo xiii delo q̄ contesçio a vn ome
q̄ tomava perdizes
Exemplo xiiii del miraglo q̄ fizo
sco domingo sobrel logrero
Exemplo xv delo q̄ contesçio a don lo
renço suarez sobre la çerca de sevilla
Exemplo xvi dela respuesta q̄ dio
el conde ferrant gonçalez a muño layne
su pariente
Exemplo xvii delo q̄ contesçio a vn ome
q̄ avia muy grant fanbre q̄l conbida
ron otros muy floxa mente a comer
Exemplo xviii delo q̄ contesçio a don
pero melendes de valdes quando se le q̄
bro la pierna.
Exemplo xix delo q̄ contesçio alos cu
ervos con los buhos:—
Exemplo xx delo q̄ contesçio a vn Rey
cō vn ome q̄l dixo q̄l faria alquimia
Exemplo xxi delo q̄ contesçio a vn Rey
moço cō vn muy grant philosopho a
q̄lo acomendara su padre q̄lo castigase.
Exemplo xxii delo q̄ contesçio al leon ꝛ
al toro:—
Exemplo xxiii delo q̄ fazen las formi
gas pa se mantener:—
Exemplo xxiiii delo q̄ contesçio a vn Rey
q̄ queria prouar tres sus fijos.
Exemplo xxv delo q̄ contesçio al conde
de provençia como fue librado dela p
rision por el consejo q̄l dio saladin:—
Exemplo xxvi delo q̄ contesçio al arvol
dela mentira:—
Exemplo xxvii delo q̄ contesçio a vn en
perador ꝛ a don alvar hañez minaya
con sus mugeres:—
Exemplo xxviii delo q̄ contesçio a don
lorenço suarez gallinato quando desca
beço al capellan Renegado.
Exemplo xxix delo q̄ contesçio a vn Ra

125 + 8

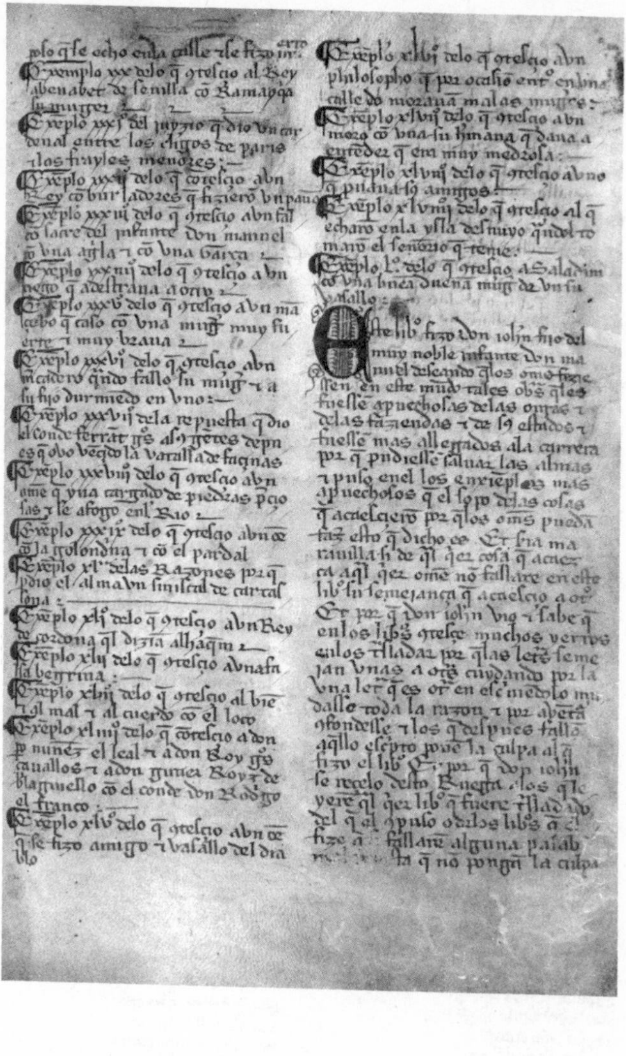
plo q̃ se echo enla calle e se fizo in... certo
Exemplo xxx delo q̃ contesçio al Rey abenabet de sevilla cō Ramayquia su muger
Exeplo xxxi del juyzio q̃ dio vn cardenal entre los clerigos de paris e los frayles menores
Exeplo xxxii delo q̃ contesçio a vn Rey cō burladores q̃ fizierō vn pano
Exeplo xxxiii delo q̃ contesçio a vn falcon sacre del infante don manuel cō vna aguila e cō vna garça
Exeplo xxxiiii delo q̃ contesçio a vn çiego q̃ adestraua a otro
Exeplo xxxv delo q̃ contesçio a vn mançebo q̃ caso cō vna muger muy fuerte e muy braua
Exeplo xxxvi delo q̃ contesçio a vn mercadero q̃ndo fallo su muger e a su fijo durmiēdo en vno
Exeplo xxxvii dela repuesta q̃ dio el conde ferrant gs a sus gentes depues q̃ ovo vençido la batalla de facinas
Exeplo xxxviii delo q̃ contesçio a vn ome q̃ yua cargado de piedras preçiosas e se afogo enel Rio
Exeplo xxxix delo q̃ contesçio a vn ome cō la golondrina e cō el pardal
Exeplo xl delas Razones por q̃ perdio el alma vn siniscal de carcasona
Exeplo xli delo q̃ contesçio a vn Rey de cordoua q̃l dizian alhaquem
Exeplo xlii delo q̃ contesçio a vna falsa beguina
Exeplo xliii delo q̃ contesçio al bien e al mal e al cuerdo cō el loco
Exeplo xliiii delo q̃ contesçio a don pero nunez el leal e a don Roy gōnçalez çauallos e a don gutier Roy; de blaguiello cō el conde don Rodrigo el franco
Exeplo xlv delo q̃ contesçio a vn ome q̃ se fizo amigo e vasallo del diablo
Exeplo xlvi delo q̃ contesçio a vn philosopho q̃ por ocasiō entro en vna calle do morauan malas mugeres
Exeplo xlvii delo q̃ contesçio a vn moro cō vna su hermana q̃ daua a entender q̃ era muy medrosa
Exeplo xlviii delo q̃ contesçio a vno q̃ prouaua sus amigos
Exeplo xlix delo q̃ contesçio al q̃ echarō enla ysla desnuyo q̃ndo le tomarō el señorio q̃ tenie
Exeplo l delo q̃ contesçio a Saladin cō vna buena dueña muger de vn su vasallo
Este libro fizo don iohn fijo del muy noble infante don manuel deseando q̃ los omes fiziessen en este mundo tales obras q̃ les fuessen aprouechosas delas onrras e delas faziendas e de sus estados e fuessen mas allegados ala carrera por q̃ pudiessen saluar las almas e puso enel los enxienplos mas aprouechosos q̃ el sopo delas cosas q̃ acaesçierō por q̃ los omes puedan fazer esto q̃ dicho es. Et sera marauilla si de q̃l q̃er cosa q̃ acaezca a q̃l q̃er ome nō fallare en este libro su semejança q̃ acaesçio a otro. Et por q̃ don iohn vio e sabe q̃ en los libros contesçe muchos yerros en los trasladar por q̃ las letras semejan vnas a otras cuydando por la vna letra q̃ es otra en escriuiendo mudasse toda la razon e por auentura confondesse e los q̃ despues fallan aquello escripto ponē la culpa al q̃ fizo el libro. Et por q̃ don iohn se reçelo desto Ruega a los q̃ leyeren q̃l q̃er libro q̃ fuere trasladado del q̃ el conpuso o delos libros q̃ el fizo q̃ ... fallaren alguna palabra mal ... ta q̃ nō pongan la culpa

[III]

Aquy se comiençan las cantigas e desires e preguntas e respuestas que fiso e hordenó en su tienpo el muy sabio e discreto varon Gomes Peres Patiño criado del obispo de Burgos don Iohan de Villa Creçes. Las quales obras quel dicho Gomes Peres fiso e ordenó son bien fechas e sabia mente ordenadas e sotil mente lymadas e escandidas por quanto el dicho Gomes Peres era buen gramatico e logico e buen filosofo e theologo e mecanico en las otras artes. E primera mente comiença se aquy un desyr que el fiso a doña Leonor Lopes de Cordoua quando salio de la priuança de la Reyna doña Catalyna el qual es muy sotil e escuro:

El fuego que es encubierto
mucho mas quema que arde
la llaga sana mas tarde
sin melesina es çierto
ssy duermo o sy despierto
mal me quema este fuego
muy dañoso es el juego
del xaque en descubierto

Quanto mas es ençendido
tanto mas arde e quema
sy vna ves es ferido
el que cae en olujdo
dubdo sy ayna cobra
antes quiebra que non dobra
el madero endureçido

Asas de cuyta padesçe
quien puede fablar si mudo
se fase e yo non dubdo
que a muy muchos contesçe
E al que culla fallesçe
a las veses el suçeso
quando se acuesta el peso
la vna parte peresçe

Quien asi mesmo es malo
a qual otro sera bueno
de la ballesta el trueno
espanta pero es palo
a muchos sin entreualo
mal se sufre la grand carga
sy es espeso mas amarga
el xarope que non ralo

Lo dulçe se fase amargo
a las veses non lo niego
e desea vista el çiego
e tener que dar el largo
lygero se fase el cargo
quando trae algund prouecho
el que tiene buen derecho
non se espanta por enbargo

Algunos disen mentira
quiça que les aprouecha
e tal cuyda que desecha
saña que finca con yra
mas penetra que non vira
sotilesa de onbre artero
disen que el mal ballestero
a los suyos sienpre tira

Despues es fecho el dapño
que pro tiene el consejo
muchos vienen a conçejo
vestidos de piel de engaño
a de ser nueuo vn paño
que sea lynpio de graça
non se torna mas la vaca
blanca por seguir el baño

Quien fase algund seruiçio
sy non le dan galardon
tiene lo por grand baldon
e cobra pesar por biçio
alguyen leuanta bolliçio
que pocas feridas toma
tal va por letras a Roma
que torna sin benefiçio

Quien bien esta en el llano
non se quiere amouer
por quanto podrie caer
ved si le seria ssano
grandes soles en verano
traen frios al ynuierno
non se fase lo duro tierno
con el seso de onbre vano

preguntas — Gomes p[ere]s p[a]tino

Aqui se comiençan las cantigas e desires e preguntas e respuestas que fiso e ordeno en su tienpo el muy sabio e discreto varon gomes peres patino criado del obispo de burgos don p[ablo] de villa creçes las quales obras quel dicho gomes peres fiso e ordeno son bien fechas e sabia mente ordenadas e sotil mente limadas e estendidas por quanto el dicho gomes peres era buen gramatico e logico e buen filosofo e theologo e mecanico en las otras artes e primera mente comiençase aqui vn desir que el fiso a doña leonor lopes de cordoua quando salio de la priuança de la rreyna doña catalina el qual es muy sotil e escuro

El fuego que es encubierto
mucho mas que ma quarde
la llaga sana mas tarde
syn melesina es cierto
ssyn duermo o ssy despierto
mal me quema este fuego
muy dañosso es el juego
del rraq[ue] ende cubierto

Quanto mas es ençendido
tanto mas arde e quema
non sse onbre que non tema
ssy vna ves es ferido
el que cae en olujdo
dubdo sy ayna cobra
antes quiebra que non dobra
el madero en duresçido

Asas de cuyta padesçe
quien puede fablar syn mudo
se fase e yo non dubdo
que a muy mucho daño creçe
cal q[ue] calla fallesçe
alas veses el su sseso
quando se acuesta el peso
la vna parte peresçe

Quien asy messmo es malo
aqual otro sera bueno
dela ballesta el ssueño
espanta pero es palo
a muchos syn entreualo
mal se sufre la grant carga
sy espesso mas amarga
el xarope que non ralo

Lo dulçe se faze amargo
alas veses no lo niego
de ssea vista el çiego
tener e que dan el largo
lygero sse fase el cargo
quando trae algund prouado
el que tiene buen derecho
non sse espanta por el largo

Algunos disen que tiene tira
quiça queles aprouecha
tal cuyda el que desecha
ssaña que fynca con yra
mas penetra que non viera
ssotylesa donbre atreso
disen quel mal ballestero
alos suyos syenpre tyra

Desque es fecho el daño
que pro tiene el consejo
muchos vieste a conssejo
vestidos de piel de cugnino
adeliene veo p[er] daño
que sea limpio de grueca
non sse torna mas la baca
por sseguyr el baño

Quien fasee algund seruiçio
ssy non le dan gualardon
tienelo por grant baldon
e cobra pessar por vicio
algunos leuantan boliçio
que pocas ferida toma
tal va por letras a roma
que torna ssyn benefiçio

Ierros, que se an hallado en la impressíon.

Plana.		Lea se
15.	15.Vanderas	11.Vanderas
19.	eram.	erat.
20.	giovineto,	giovenetto,
26.	quà tu tremendus	quà tremendus
28.	brutasq; äures	brutasq; cautes
29.	querelae,	querellae,
30.	severae	et severae
	notent	notant
36.	movimieno	movimiento
70.	piú d' una volta,	sette, e sett' anni,
88.	singularmente	singularmente
	del,anima	de l' anima
96.	todas estas cosas son oficios de l' anima. (etc.	todas estas son diversas potencias de l' anima,con que declara i pone en obra i exercicio sus aciones.
105.	Is primùm	Hic primùm
106.	evolat è nostro	evolat heu nostro
	intactos istos	intactos isto
107.	desecho en llanto,	deshecho en llanto.
125.	al punto que pense	al tiempo que pense.
127.	Soneto 53.	Soneto 35.
129.	q̃ travò su nõbre &c.	que travò su imagen,no siendo licito poner su nombre &c.
	laurusubi bona signa	at laurus bona signa
142.	λαῦφων	λαυφερῆ
148.	ne plus quattuor &c.	nec imponi quàm quod capiat laudẽ mortui incisam quattuor versi- (bus etc.
150.	1246.	1346.
	1344.	1342.
	tamaños	tamañas
	los tan lexos	las tan lexos

can-

151.	cauſales	caſuales
152.	tremefacta ſola	tremefacta ſolo
153.	Teutonas	Theutonas
155.	terrae proprior	propior terrae
	los antiguos,q.no pu (ſieron,	los que no puſieron
156.	el cual queda coxo.	el cual quedò coxo
	σξαργὶς	σφραγὶς
163.	porque recibe caſi	porque recibe en ſi
168.	q. Marca es cavallo	que Marc es cavallo
171.	enlāqual reſplādeciā	en la cual reſplandeſcan
177.	ille magis.	iſte magis.
178.	abrir la hojas	abrir las hojas
180.	enel lib.20.cap.1.	enel lib.21.
181.	puero non fuit?	non puero fuit?
	ſuspirando,	ſoſpirando,
	giovinezza	giovenezza
182.	ofeſe,	offeſe,
188.	Lucilio Tarreo	Lucilo Tarreo
202.	– a quiē buelve grande (fuego	a quien quema en grande fuego
	tardo	tarde
203.	en Fauſtino,	en Lauſino,
	roxos cabellos	roxos corales
204.	recamado	reteñido
206.	confeſſaran que ſon	confeſſarà,que ſon de otro
209.	ſu fuerça a mi crueza	a mi fuerça ſu crueza, o, ſu fuerça, (ni crueza,
211.	en aqueſtè mi error,	en aqueſta opinion,
	no devêr a los otros (en los	no de vêr a otros en aquellos
212.	a eſte Soneto aludio Iuan Saez C,umeta (en otro ſuyo.	a eſto aludio Iuā Saez C,umeta en (un Soneto ſuyo,
215.	tenette;	tenete;

¶ 3

Esfalta q̄ nõ vos finq̄ cosa enel mũ
do Mas si biẽ parsidiardes sobˀ lo p̄
mo fodes seg̃o commo fuera el gallo
si estudiera enel p̄mo arbol Et
Non tengo q̄ cũpliria a todos los
q̄ tienẽ fortalezas si sopiessẽ este
exiẽplo Ca nõ se espantaria sin
Razõ q̄ndo les metiessẽ miedo cõ
engaños cõ cauas o cõ castiellos
de madera o cõ otͬs talẽs cosas q̄
nũca las faria sinõ pa espantar a
los çercados Et mayor cosa vos di
re por q̄ veades q̄ vos digo vdat
Nunca logar se pued tomar sinõ
subiẽdo por el muro cõ escaleras
o cauãdo el muro Et alto nõ podra
llegar alla las escaleras Et pa ca
uar lo biẽ cred q̄ an mesterˀ grand
vagar los q̄lo an de cauar Et assi
todos los lugares q̄ se tomã o es
cõ miedo o por alguna mengua q̄
an los çercados ʔ lo demas es por mi
edo sin Razõ Et çierta mẽte de
nãa cõde los tales commo vos ʔ a
vn los otͬs q̄ nõ son de tan grand es
tado commo vos ante q̄ comecedes
la cosa la deuedes catar ʔ yr a ella
cõ grand acuerdo ʔ nõ lo pudiẽdo m̃
duuiẽdo escusar Mas desq̄ enel pͥli
to fueredes nõ a mesterˀ q̄ por cosa
del mũdo tomedes espanto nĩ mi
edo sin razon si quer deuedes lo faz̃
por q̄ es çerto q̄ delos q̄ son enlos
pͥgͥlos q̄ muchos mas escapan de
los q̄ se defiendẽ ʔ nõ delos q̄ fuyẽ
Si quer par mientes q̄ si vn perriel
lo q̄l quera matar vn grand alano es
ta q̄do ʔ regaña los dientes q̄ mu
chas vezes escapa Et por grand per
ro q̄ sea si fuyẽ luego es tomado ʔ
muerto Al conde plogo mucho de
todo esto q̄ patronio le dixo ʔ fizo lo
assi ʔ fallosse dello muy biẽ Et por
q̄ Don iohn touo este por buẽ exẽ

plo fizo lo ponˀ en este libͦ ʔ fizo es
tos viessos q̄ dizẽ assi
Non te espantes por cosa sin Razõ
Mas defiende te biẽ commo varõ
Et la estoria deste exiẽplo es esta
q̄ se sigue

Exẽplo treno delo q̄ conteçio a vn ome
q̄ tomaua perdizes : ———
Ablaua otra vez el cõde lucanor cõ patronio su conseio ʔ di
xo le Patronio algunos omes
de grand guisa ʔ otͬs q̄lo nõ son tanto
me fazẽ alas vegadas enojos ʔ da
ños en mi fazienda ʔ en mis gentes
Et q̄ndo son ante mi dan a entend
q̄les pesa mucho por q̄lo ouieron a fa
zer ʔ q̄lo nõ fizierõ si nõ cõ muy grand
mesterˀ ʔ cõ muy grand cuyta ʔ nõ lo
pudiẽdo escusar Et por q̄ yo q̄rria
sabˀ lo q̄ deuo faz̃ q̄ndo tales cosas
me fizierẽ Ruego vos q̄ me di
gades lo q̄ entendedes en ello Señor
conde lucanor dixo patronio esto q̄ vos
dezides q̄ a vos contesçe sobˀ q̄ me deman
dades conseio paresçe mucho a lo q̄ con
tesçio a vn ome q̄ tomaua perdizes
El conde le rogo q̄l dixiesse commo
fuera aq̄llo Señor conde dixo patro
nio vn ome paro sus redes alas perdi
zes ʔ desq̄ las perdizes fuerõ caydas
enla Red aq̄l q̄las caçaua llego ala
Red en q̄ yazia las perdizes ʔ assi co
mo las yua tomado
dela Red Et yua matando

las perdizes daua al viento enlos
ojos tan recio que les fazia llorar. Et
vna delas perdizes que estaua biua en
la red començo a dezir alas otras Ver a
migas lo que faze este omne commo quier que
era que nos mata saber que a grant duelo
do de nos et por ende esta llorando.
Et otra perdiz que estaua y mas sabi
dora que ella et que con su sabiduria se
guardara de caer enla Red Respon
diol asi: amiga mucho gradesco a di
os por que me guardo Et Ruego a
dios que guarde amj et a todas mis
amigas del que me quiere matar et
fazer mal et me da a entender que le pe
sa del mio daño Et vos Señor
conde lucanor siempre vos guardat
del que vierdes que vos faze enojo et
da a entender que le pesa por ello por
que lo faze et otrosi alguno vos fiziere
enojo non por vos fazer daño ni de
sonrra et el enojo non por vos fa
zer daño ni desonrra et el enojo non
fuere cosa que vos mucho empesca et
el omne fuere tal de que ayades toma
do seruiçio o ayuda et lo fiziere con que
ra o con mester en tales logares con
sejo vos yo que cerredes el ojo en ello
pero en guisa que lo non faga tantas ve
zes de que se vos siga daño ni vergue
nça Mas si de otra manera lo fiziesse
contra vos estrañad lo en tal manera
por que vuestra fazienda et vuestra onra si
enpre finque guardada Et el conde tomo
por buen consejo este que patronio le da
ua et fizo lo asi et fallosse ende bien
Et entendiendo don iohan que este
exienplo era muy bueno fizo lo es
creuir en este libro Et fizo estos vie
ssos que dizen asi
Quien te mal faz mostrando grand
pesar Guisa commo te puedas del
guardar La ystoria deste exienplo
es esta que se sigue.

Exemplo xiiij del miraglo que fizo
sancto domingo quando predico sobre el
logrero

Vn dia fablaua el conde lu
canor con patronio en su fa
zienda et [illegible] Patronio
algunos omnes me conseian que ayunte
el mayor tesoro que pudiere et que es
to me cunple mas que otra cosa para que
quier que me contesçer Et Ruego vos
que me digades lo que vos paresçe en
ello Señor conde dixo patronio [illegible]
quier que los grandes señores vos cunple
de auer algun tesoro para [illegible]
cosas Et señaladamente por que [illegible]
dexedes por mengua de auer de fazer
lo que vos cunpliere Et yo non enten
dades que este tesoro deuedes ayuntar
en guisa que pongades tanto el talan
te en ayuntar grand tesoro por [illegible]
dexedes de fazer lo que deuedes a vuestras
gentes et para guarda de vuestra on
ra et de vuestro estado Ca si lo fiziese
des podervos ya acaesçer lo que con
tesçio a vn lonbardo en Bolonia [illegible]
conde le pregunto commo fuera aquello
Señor conde [illegible] patronio en Bo
lonia auia vn lonbardo que ayunto
muy grand tesoro et non [illegible] si era
de buena [illegible] ayuntado lo en
que quier manera que pudiesse Et el lon
bardo adolesçio de dolençia mortal
et vn su amigo que auia [illegible] lo vio
enla muerte conseiol [illegible]
se con sancto domingo que era [illegible] en
Bollonia et el lonbardo [illegible] lo fazer

fecho despidiose del. et sola mente
non le quiso dar el papa para el ca
mino para despensa. Et estonce
don yllan dixo al papa que pues
al non tenia de comer, las perdi
zes que mandara assar aquella
noche llamo ala muger et dixole
que assase las perdizes. Quando esto
dixo don yllan, fallose el papa
en toledo dean de santiago
commo era ante. Et tan grande
fue la verguença que non sopo que dezir. Et don yllan dixo que fuese
a buena ventura que assaz avia
provado lo que tenia en el et que ternia
por mal empleado si comiese su
parte delas perdizes. Et vos señor conde
lucanor, pues veedes que tanto fazedes por
aquel omne que vos demanda ayuda
et non vos da ende
mejores gracias, tengo que non
avedes por que trabajar mucho por
llegarlo alugar que vos de tal
galardon commo el dean a don
yllan. Et el conde tovo esto por
buen consejo et fizolo assi et fallose
ende bien. Et por que entendio don
juan que este exienplo era bueno
fizolo escrivir en este libro et fizo
estos versos que dizen assi: Al que
mucho ayudares et non telo conosçiere
menos ayuda avras desque
en grand onra subiere. Exemplo xiij de
lo que contesçio a un omne que tomava perdizes

Fablava el conde lucanor
con patronio su conse
jero et dixol: patronio al
gunas personas de grand guisa et
otros que lo non son tanto me fazen
a las vegadas enojos et daños en
mi fazienda et en mis gentes; et quando son
ante mi dan a entender que les pesa
mucho por que lo ovieron a fazer et que
lo non fizieron sinon con grand me
nester et con grand cuyta, et non lo
pudieron escusar. Et por que yo querria
saber lo que devo fazer en tales
cosas, ruego vos que me consejedes
lo que vos entendedes en ello. Señor
conde, dixo patronio, esto que dezides
que a vos acaesçe sobre que me
demandades consejo, paresçe mucho
a lo que contesçio a un omne que tomava
perdizes. El conde le rogo quel dixiese
commo fuera aquello. Señor conde,
dixo patronio, un omne paro sus
redes a las perdizes et desque las perdizes
son caydas en la red, aquel que
las caçava llego a la red en que yaz
ian las perdizes et assi commo las yva
tomando, matavalas et sacavalas
dela red. Et faziendo esto, davale el
viento en los ojos muy rezio tanto
quel fazia llorar. Et una de las
perdizes que estava biva en la red
dixo assi a las otras: Ved lo que faze este
omne, commo quier que nos mata, grand
duelo ha de nos et por ende esta llo
rando. Et otra perdiz que estava y

mas sabidora que aquella et que con su sabiduria se guardava de caer en
la red. Et vos señor conde Lucanor, asi commo
mucho guardadvos de aquel que mal vuestro et ruego a Dios que me guardase
... et andades muy ... de que
me quiere matar et fazer mal
que da a entender que pesa dello et vos
conde señor siempre vos guardad
del que vieredes que vos faze enojo
et da a entender que le pesa por que lo
faze. Et pero si alguno vos fiziere
enojo non por vos fazer daño
nin desonrra et el enojo non fuere
cosa que mucho vos cunpla et el
enojo fuere tal de que aviades tomado fijado et ayuda et lo fiziere
con quexa et con menester en
tales lugares conseio vos yo que
non tengades ojo a ello, pero en
guisa que lo non faga tantas vezes
de que vos siga daño et verguença;
mas si de otra manera lo fiziere
contra vos estrañaldo en tal ma-
nera por que vuestra fazienda et vuestra onrra siempre sea guardada. Et el conde
tovo por buen consejo este que Patronio le dio et fizolo assi et fallose
ende bien. Et entendio don Juan que este
enxemplo era bueno, fizolo escrevir
en este libro et fizo estos versos que
dizen assi: Si quien te faze mal mostrar
grant pesar, cata commo puedas
de tu rredrar. Enxienplo .xiij.

que contesçio al lonbardo que ayunto
tesoro de mala parte.

Estando el conde Luca-
nor con Patronio su
consejero dixole asy:
Patronio, algunos omnes me consejan que ayunte el mayor tesoro que pudiere et que esto me cunple
mas que otra cosa para que quier que me
contesca. Et ruego vos que me digades lo que vos paresce en ello.
Señor conde, dixo Patronio,
commo quier que a los grandes señores
vos cunple de aver algun tesoro para muchas cosas, señaladamente que non dexedes por mengua
de aver de fazer lo que vos cunple, pero non entendades que este
tesoro devedes ayuntar en tal manera
que por ayuntar tesoro en
ayuntarlo por que dexedes de fazer
lo que devedes a vuestras gentes et
para guarda de vuestra onrra et de vuestro
estado, ca si lo fiziessedes podervos
ya acaesçer lo que contesçio a
un lonbardo en Bolonia. El conde
le pregunto commo fuera aquello.
Señor conde, dixo Patronio, en
Bolonia avia un lonbardo que ayunto muy grant tesoro et non catava
si era de buena parte o de
mala, sinon ayuntarlo en qual quier
manera que pudiesse. Et aquel lonbardo
adolescio de dolencia mortal, et un
su amigo que avia desque lo vio a la

gana los dientes cõ capa muchas vezes & por gran
pesar q sea luego q fuere cõ conplido & muere ¶ Et
al conde plogo mucho desto q patronio le dixo & fizolo
& fallose ende bien ¶ Et por q don iuā tovo este por bu
en enxienplo fizolo poner en este libro & fizo estos
viessos q dizen ansi . ∴

¶ Non te espantes por cosa sin razon
mas defiendete bien como fuerte varon

xiii Fablava otra vez el conde lucanor cõ patronio su cõ
sejero en esta manera ¶ patronio algunos omnes
de gran guisa & otros q nō son tanto me fazen algunas
vegadas enojos & daños en mi facienda & en mis gentes &
quando son ante mi danme a entender q les pesa por q lo
ovieron de fazer & q lo nō fizieran sinō cō gran mester
& nō lo podiendo escusar ¶ Et por q yo querria saber q
es lo q yo devo fazer quando las tales cosas me acaescieren ru
egovos q me digades en ello lo q entendierdes ¶ Señor
conde lucanor dixo patronio esto q vos dezides q a vos
acaesçe sobre q me demandades consejo paresçeme mucho a
lo q contesçio a un omne q tomaba perdizes ¶ Et el conde
enxen le rogo q le dixese como fuera aquello ¶ Señor conde di
plo xo patronio un omne paro sus redes a las perdizes & des q
las perdizes fueron caydas en la red aq̄l q las caçaba lle
go a la red en q yazian las perdizes & asi como fuero
caydas en la red yvalas tomando & matavalas & sacavalas
de la red ¶ Et matando las perdizes dabale el viento e
los ojos tan rezio q le fazia llorar ¶ Et una de las per
dizes q estava biva en la red començo a dezir a las otras
vos amigas vedes lo q faze este omne como quier q nos

mata, sabed que a grant duelo de nos e por eso esta llorando. Et la
otra perdis que estaua y mas sabidora que ella e que con su sabiduria se guardaua de caer en la rred respondiole ansy:
amiga, mucho gradesco a Dios porque me guardo que non
cay en la rred e rruego a Dios que me guarde a mi e a todas mis amigas del que me quiere matar e faser mal e me
da a entender que le pesa de mi daño. Et vos, señor conde, sienpre vos guardad de los que vierdes que vos fasen enojo e dan
a entender que les pesa de lo que fisieron. Pero si alguno vos fisiere enojo non por vos faser daño nin desonrra, e el enojo
non fuere cosa que vos mucho enpesca, e el omne fuere atal
de que ayades tomado seruiçio e ayuda, e lo fisiere con quexa o
con menester, en tales lugares consejovos yo que syenpre re-
fierades [?] el enojo. Pero en guisa que lo non faga muchas veses
de que se vos faga grant daño nin verguença. Mas de otra
guisa lo fisiere, contra vos estrañaldo en tal manera por
que vuestra fasienda e vuestra onrra sea guardada. Et el conde tovo este por buen enxenplo que Patronio le desia e porque entendio don Juan que este enxenplo era bueno mandolo
escreuir en este libro e fiso estos versos que disen ansy.

Quien te mal fase mostrando grant pesar,
guisa commo te puedas del mucho guardar.

Et sobre esta rrason fiso otro verso micer Alfonso Ffarle de
Ongrios [?] que dise ansy.

Non pares mientes a ojos que lloran
mas a manos que laboran.

Otra vez fablaua el conde Lucanor con Patronio su consejero e dixole su fasienda ansy: Patronio, algunos
omnes me consejan que ayunte el mas tesoro que pudiere e que esto me cunple mas que otra cosa para quequier que me acaesca

cados ⁊ lo de mas es por miedo sin razon ⁊ çierta
mente señor conde los tales commo vos ⁊ aun los o
tros que non son de tan grand estado commo vos ante
que comencedes la cosa devedes la catar ⁊ ver a
ella con grand acuerdo non lo podiendo nin devien
do escusar ¶ Mas despues enel pleyto fueredes non
ha menester que por cosa del mundo tomedes espan
to nin miedo sin razon si quiera devedes lo fa
zer ¶ Porque es cierto que delos que son enlos
peligros mucho mas escapan delos que se defi
enden que non delos que fuyen ¶ E ved quiera pa
rad mientes que si un perrillo a quien quiere ma
tar un grand perro esta quedo ⁊ regaña los di
entes que muchas veses escapa ¶ E por grand
perro fuerte que sea si fuye luego es comido ⁊
muerto ¶ Al conde plogo mucho de todo esto que
patronio le dixo ⁊ fizolo ende bien ¶ E por que
don Juan todo este por buen exenplo fizolo po
ner eneste libro ⁊ fizo estos versos que dizen
ansi ¶ Non te espantes por cosa sin razon mas
defiendete bien commo baron ¶ Exenplo .iii. de
lo q acaesçio a un omne q ala perdiz ⁊ v por q la
tomava.

Fablava otra vez el conde lucanor con pa
tronio su consejero ¶ E dixole patronio
algunos omes de grand guisa ⁊ aun o
tros que lo non son tanto me fazen alas veses
enojos ⁊ daños en mi fazienda ⁊ en mis gentes
⁊ quando son ante mi dan a entender q les pesa

mucho

mucho por que lo oviera a faser & que lo non fisiera sy
non con muy grand menester & con muy grand ay-
ta & non lo pudieron escusar ¶ E por que quando las
tales cosas me fisieren yo sepa lo que tengo de faser rruego vos que me digades en ello lo que entendierdes ¶ Señor conde lucanor dixo patronio
esto que vos desides que vos contesçio a qui me
demandades consejo me paresçe mucho a lo que contesçio a vn omne que tomaua perdises & el conde
le rrogo como fuera aquello ¶ Señor conde lucanor
dixo patronio vn omne paro sus rredes a las perdises & despues que las perdizes fueron caydas
en la rred en que yasia aquel que las caçaua llego a la rred ¶ E asi como las yua tomando mata-
ualas & sacaualas de la rred & matandolas dauale el viento atan rresio que le fazia llorar ¶ E vna
de las perdises que estaua biua en la rred començo a desir a las otras ved amigas que faze este
omne como quier que nos mata sabed que ha muy
grand duelo de nos ¶ E por esto esta llorando &
otra perdis que estaua y mas sabidora que ella
¶ E con la sabiduria se guardaua de la rred rrespon-
diola & dixo mucho agradesco a dios por que me guardo & rruego a dios por que me guarde a mi & a todos mis amigos del que me quiere matar & faser
mal & me da entender que le pesa de mi daño ¶ E
vos señor conde si alguno vos fisiere enojoso non
por vos faser daño nin desonrra & el non vos fuere
cosa que vos mucho empesca & el omne fuere atal

de que ayades tomado seruiçio o ayuda o lo fisie
re con quexa o con menester en tales lugares con
sejo vos que çerredes el ojo en ello pero en guisa
que lo non fagan tantas veses do vos sigua daño
nin verguença ¶ Mas si de otra manera lo fisiese
contra vos estrañado lo en tal manera porque vra
fazienda e vra onrra finq̃ guardada ¶ E el cõ
de touo este por buen enxenplo q̃ patronio le da
ua e fisolo asi e fallose ende bien ¶ E entendi
endo don juan que este enxenplo era muy bu
eno mandolo poner en este libro e fiso estos ver
sos que disen asi ¶ Quien mal dise mostrãdo
grand pesar guisa como te puedas del quitar
¶ E sobre esta rrason fiso otro verso sier al
fonso fraule de santiago que dise asy ¶ Non
paredes mientes a ojos que lloran mas a manos
que laboran. ¶ Enxẽplo .xj. de lo que acaesçio
a un lonbardo de bolonia

Un dia fablaua el conde lucanor con pa
tronio su consejero de su fasienda e dixo
patronio algunos omes me consejan q̃
ayunte el mayor thesoro que pudiere e que esto
me cunple mas que otra cosa para que quier q̃
me contesca e ruego vos que me digades lo q̃
vos paresçe en este fecho ¶ Señor conde dixo pa
tronio como quier que a los grandes señores
vos cunple de aver algund thesoro para algunas
cosas e señalada mente para que non dexedes

ninguna temades espanto nin miedo sin rrazon. Sy quier
deuedes lo fazer porque nunca es quedo que son en todos peligros que muchos mas escapan dellos que non de fazer dez-
guerra dellos fuien. Sy quier para ninguna cosa sy vn
perrillo qualquier quisiere matar vn grande alano et esta
quedo et regaña, las diuersas que muchas vezes es cosa
escapar gran perro que sea si fuere luego es muerto. Al
Conde Lucanor plogo mucho de todo esto que Patronio
le dixo et fizolo assi et fallose ende bien. Et porque Don
Johan tuvo este por buen exemplo fizolo poner en este libro
et fizo estos versos que dizen assi:

Non te espantes por cosa sin rrazon
mas defiendete bien como varon.

CAPITULO XIII DE LO
Que contesçio a vn hombre que tomaua perdizes

FABLAVA otra vez el Conde Lucanor con
Patronio su consejero et dixole: Patronio, algunos hombres
de gran guisa e otros que non son, fazen me algunas vegadas daños e daños en sus faziendas de sus gentes
et quando son ante ellos dan a entender que les pesa mucho
porque lo ouieron a fazer et que lo fizieron siempre con
muy gran menester et con muy gran cuita et no lo pudiendo

es cosa E Porque yo querria sauer lo q̃ deuo fazer
quando tales cosas me fizieren rruegouos que me consejedes en guisa lo q̃ entendedes en ello. Señor Conde Lucanor
dixo Patronio esto que uos dezis q̃ uos acaesçe sobre
que me demandades consejo paresçeme mucho a lo que
conteçio a Un omne que tomaua perdizes e el Conde
le rogo quel dixesse como fuera aquello. Señor conde
dixo Patronio vn omne paro sus redes alas perdizes e desque las perdizes fueron caydas en la red
aquel que las caçaua llego ala red en q̃ yazian las
perdizes e assi como las yua tomando matauialas e
sacaualas dela red e mientre las matava daua le
el viento en los ojos tan rezio q̃ le fazia llorar, e vna
delas perdizes que estauan en la red biuas començo
adezir alas otras vedes amigas lo que faze este
omne como quiera que nos mata sabed q̃ el ha muy
gran duelo de nos e por eso esta llorando, e otra
perdiz que estaua y mas sauidora q̃ ella que con
su sauiduria se guardara de caer en la red respondio
assi, amiga mucho agradesco a Dios porque
me guardo de caer en este poder e ruego a Dios
que me guarde a mi e a todos mis amigos del q̃ me
quiere matar o fazer mal e me da a entender que le
pesa o pesa de mi daño E vos Señor Conde

 Lucanor

Lucanor siempre vos guardad del que veredes que vos fase enojo e da a entender que le pesa porque lo fase, Pero si alguno vos fisiere enojo non queriendo faser daño nin deshonrra e el enojo non fisiere cosa que vos mucho empesca, e el hombre fuere tal de quien ayades tomado seruicio e ayuda e lo fisiere con quexa e con menester e tales lugares consejo vos, yo que cerredes el ojo en ello pero en guisa que lo non faga tantas veces de que vos faga daño nin verguença, mas si de otra manera lo fisiere contra vos estrañad lo en tal manera porque vuestra fasienda e vuestra honrra siempre finque guardada e el Conde le tenio por buen consejo este que Patronio le daua e fisolo assi e fallose ende bien e entendio don Joan que este exemplo que era mui bueno e mandolo poner en este libro e fiso estos versos que disen assy

Quien te mal fase mostrando pesar:
guisa presto como te puedas del guardar.

E sobre esta Rason fiso otro verso Suer Alfonso
Flaile de Santiago que dise assy

Non pares mientes a ojos que lloran:
Mas mira a las manos que obran.

CAPITV. XXXIII. De lo que contescio a vn hombre que tomaua perdizes.

HAblaua otra vez el conde Lucanor cõ Patronio su consejero & dixole. Patronio algunos hombres de grã guisa & otros que lo non son, fazen me algunas vegadas enojos & daños en mi faziẽdo y en mis gentes, & quando son ante mi dan a entender que les peso mucho por que lo vuieron a fazer, è que lo fizieron siempre cõ muy gran menester & con muy gran cuyta & non lo pudiendo escusar. Y porque ya querria saber lo que deuo fazer quando tales cosas me fizieren, ruego vos que me consejedes lo que entendeys enello. Señor conde dixo Patronio, esto que vos dezides que a vos contescio sobre que me demandades consejo, parescеme mucho a lo que contescio a vn hombre que tomaua perdizes. Y el cõde le rogo le dixesse como fuera aquello.

HISTORIA.

SEñor conde dixo Patronio, vn hombre paro sus redes a las perdizes, y desque las perdizes fueron caydas en la red, aquel que las caçaua llego a la red en que yaziã las perdizes, & assi como las yua tomando, matauales & sacauales dela red, & matando las perdizes dauale el viento enlos ojos tan rezio, que le hazia llorar, & vna delas perdizesque estauan enla red biuas, començo a dezir a las otras. Vedes amigas lo que faze este hombre, comoquiera q̃ nos mata sabed que el ha muy grã duelo de nos, & por ello esta llorando, & non vedes ay que buen hombre que llora quãdo nos mata? Y otra perdiz que estaua hi mas sabidora, que con su sabiduria se guardara de caer enla red respõrespondiole assi. Amiga mucho agradezco yo a Dios por que me guardo de caer enla red, & ruego a Dios que me guarde ami & a todos mis amigos del que me quiere matar & fazer mal, è me da a entender que le peso o pesa de mi daño.

§ E vos señor conde Lucanor siempre vos guardad del que vieredes que vos faze enojo & da a entender que le pesa porque lo faze, pero si alguno vos fiziere enojo non por vos fazer daño ni desonra, y el enojo non fuere cosa que vos mucho empezca, y el hombre fuer tal de quien ayades tomado seruicio & ayuda, & lo fiziere con quexa & con menester, en tales lugares consejo vos yo que cerredes el ojo enello, pero en guisa que no lo faga tãtas vezes, de que se vos faga daño nin verguẽça, mas si de otra manera lo fiziere contra vos, estrañad lo en tal manera, porque vuestra fazienda & vuestra honra siempre finque guardada. Y el conde lo tuuo por buen consejo este que Patronio le daua è fizolo assi & fallose ende bien. Y entẽdiendo don Ioan q̃ este exemplo era muy bueno, mando le poner eneste libro, & fizo estos versos que dizẽ assi.

§ Non pares mientes los ojos que lloran ·
mas deues catar las manos que obran.

§ CAPITV. XXXIIII. Delo que contescio a vn hombre con otro que le combido a comer.

EL conde Lucanor fablo otra vez con Patronio su consejero, & dixole assi. Patronio vn hombre vino a mi & dixo me que faria por mi vna cosa que cumplia muncho, & comoquier que me la dixo, entendi enel que me la dixo tã doxamente, q̃ le plazeria muncho si se

esca

Aquel grant ercoles · fiamado guerrero
virgeses ⁊ archiles ⁊ diomedes
don ector ⁊ parys · el buen cauallero
orestes dardaun · ⁊ palomades
oncas ⁊ apolo · amadys apres
tristan ⁊ galas · lançarote de lago
⁊ otros aquestos · decit me q̄l drugo
trago todos estos · o dellos q̄ es

Del buen aristotiles · ⁊ grant natural
pytagoras ercules · yprasis ⁊ platon
⁊ velides seneca · ⁊ mas juuenal
boeçio panfilo · oraçio ⁊ nason · ⁊
tulio vegeçio · virgilio ⁊ caton · ⁊
poetas prefetos · ⁊ grandes estrologos
⁊ mas otros muchos · q̄ no vā ẽplogō
pues todos aq̄stos de ste mūdo son

Ede sus jnperios · rriq̄zas poderes
rreynados cōquistas ⁊ cauallerias
sus viçios ⁊ onrras · ⁊ otros plazeres
sus fechos fazañas · ⁊ sus osidias
ado los saberes · ⁊ sus maestrias
ado sus palaçios · ado su apostamiento
çerrado el ojo · paresçe me vyento
agora lo creo · syn muchas porfias

fynyda

Conviene pues · mucho · rrogar vuestra mia
⁊ çessar el planto · de un moquito
a vos esso mesmo · fondes mudamiento
valer vna muerte · que van se los dias

Este dezir fue fecho al finamiento
del dicho señor Rey don enrryq̄
en toledo el q̄l fizo alfon aluarez

Muy poca fiança · ⁊ menos firmeza
veo en el mūdo · que es de presente
el sabio esforçado · tan biē el ualiēte
non biue sy ayuda · por mucha rriqueza
dado a las vezes · sobre en alteza ·
el pobre mesq̄no · de sotil estado · ⁊
dio en vn punto · que es derrybado
⁊ biue lazrado · con mucha pobreza

Es enlos biuos · muy biē declarado
⁊ por exemplo · asaz verdadero
en como este mūdo · es falleçedero
asy como sueño · q̄ es oluydado
ca nō sabe q̄ndo · sera derrybado
del mūdo cabtiuo · que ayna falesçe
pues vedes q̄ a todos · aq̄stos cōteçe
el rryco al pobre · q̄ fyncā burlado

Es este mūdo · burlador conosçido
por que a todos · muy mal escarmiēta
pone a los omes · ⁊ grande sobrevienta
⁊ no veo cual · vn gozo conplido
asy dios me ayude · q̄ q̄ndo comido
sus grandes bullyçios ⁊ tumbos estraños
tengo por poco · beuir ochenta años
q̄ndo no curado · es tan fallesçido

fynyda

Despues el mūdo juntado
adorie · en vuestra presençia
tornando · la obedençia
a vos bien · fecho ⁊ criado

Esta cantiga fizo el dicho alfon
aluarez por amor ⁊ loores de vna
señora que dezia · q̄rando se al a
mor de su amiga

Por vna floresta · estraña
yendo triste · muy pēsoso
oy vn gryto · pauoroso
boz aguda · cō grant saña
montaña
yba esta boz · diziendo
anda a dios te encomiēdo
q̄ no curo mas despaña

De la boz · muy espantado
torne con · grant pauor
⁊ bien vy · que era el amor
q̄ se clamaua · cuytado
de grado
seu grant · planto fazia
seguit entendi · dezia
alto pres · veo abaxado

A … Rey de … y de justiçia
my de dios que me robaron
algunos que me rrasgaron
mi carta. Con a bargan
noble Rey vña notiçia
dever ver aqueste fecho
por que faziendo derecho
castiguedes tal malyçia

Pero dias de quesada
e su yerno el de valdes
estos dos e otros tres
se echaron encelada
en vña corte e mesnada
por me robar como a moro
por lo qual mill doblas doro
vale oy menos mi possada

Desir que fiso a aluares por la tumba del rey don enrrique

El muy poderoso Rey de castilla
nõ pudo enel mundo al tanto alcançar
que viesse vn plazer nin otro pessar
nin vna folgura nin otra mançilla
Cavado dolo vemos echado en castilla
e puesto en andas delante del coro
su grant señoryo e mucho thesoro
saluar non lo pudo en alto nin villa

Los sus ofyçiales e muchos criados
que vieron vn tiempo el mundo a su parte
de prenden de nuevo otra sotil arte
e ninguno agora de quien eran privados
dizen con coyta estando apartados
que es ya del tiempo de nuestra pryvança
avemos en troque mucha tribulaçion
e somos del mundo agora burlados.

El bien deste mundo es falleçedor
segunt que por obra lo vedes passar
pues non se deue ninguno esforçar
de mucha rryqueza nin ser grant señor
que non veo enel mas fructo mejor
que ser diligente enel bien obrar
de mas syn plazeres pudier tomar
que todo lo otro ha poco valor

fin

Por ende señores que rryça de grados
pues vedes la burla que a todos passade
el cuerdo consejo la su vyda enmiende
asy como ome que biue aplazado

Este dezir fyzo el dicho alfonso al
uarez dela villa sandino en loor
dela señora Reyna doña catalyna
madre nuestro señor el Rey don juan
rrecontandole todos sus trabajos e
pobrezas e soplicandole que le fizi
esse merçet e ayuda para que con
prase vna heredat en yllescas etc.

Poderosa ensalçada
noble Reyna de castilla
grant señora a quien mançilla
de mi vyda atribulada
que es pobreza tan nostrada
con la qual biuo penado
noche e dia mal pecado
con açion mortyfycada

La veges muy desseada
toda llena de rrenzilla
oy my enta e vyl baxilla
tengo por enamorada
tristeza desconsolada
con las dos que en sobrado
me fazen aver cuytado
olujdar vña mesnada

ya es mi vysta doblada
e mi rropa toda senzilla
ante la tierra se omilla
mi presençia asaz cansada
nõ salgo de vna posada
mal vestido mal calçado
maguer fama de heredado
poco me monta e nõ nada

Heredat mal rreparada
torna la sangre amarylla
quanto mas en esta villa
syn meneo despoblada
por vos lynda esmerada
sea çedo visitado

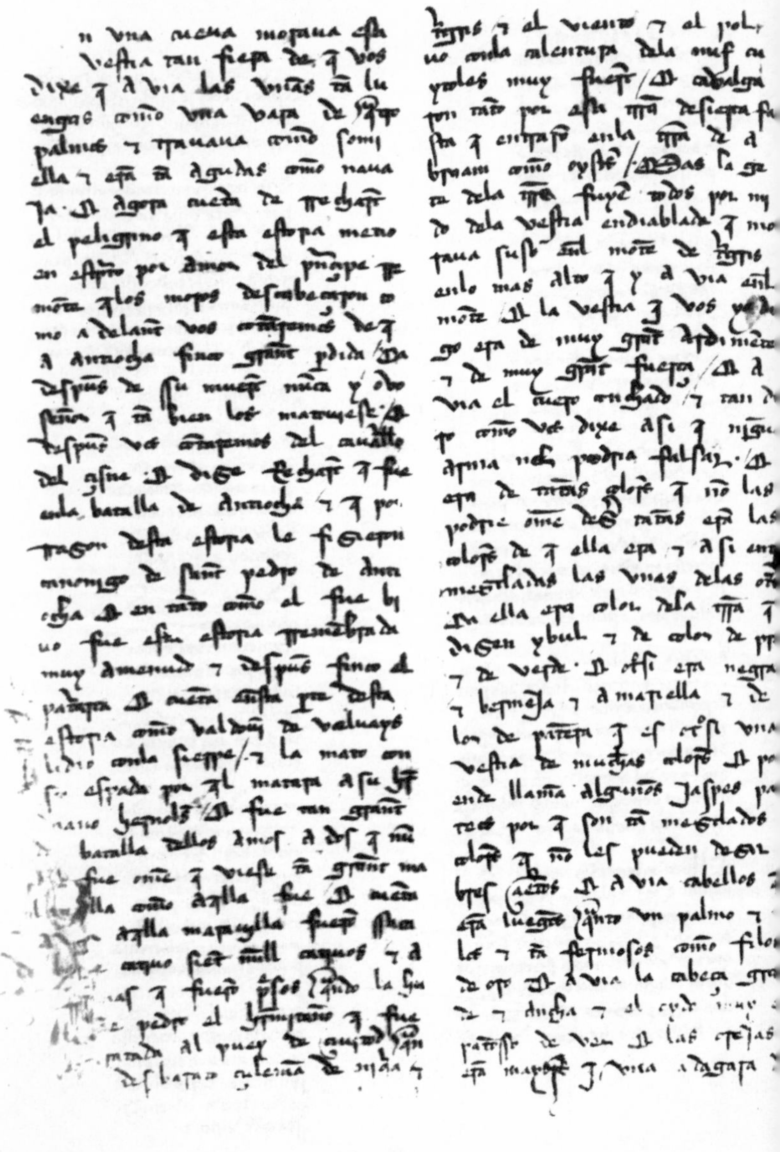

[XXIV]

E esta vestia se cobria a manera de esgrimydores e esgrimen de guisa que nõ la podrie ome ferir en la cabeça. E daua tan grandes bozes quando baladraua que oyr su boz el ome mas de grandes dos leguas. E trya vna piedra en la fruente que alunbraua tanto que podrie ome ver su claridat bien dos leguas e media e nõ passaua por y ome que pudiesse escapar conla vida. E de tres jornadas nõ a vna y bida de ninguna part ca toda la gent era fuyda delas villas e delos castiellos en derredor de esa toda la tierra yerma e muy saluaie. Todas ante que corbalan viesse su salidat deli fiera vio el algunas delas marauyllas de dios que dios suele fazer por sus amigos commo andudiesse corbalan e sus compañas bien diez leguas andando por dal monte de tygris tanto que llegaron a vn logar de aguia vna fuente muy buena.

Quando valdoyn de belbays se conbatio conla sierpe e la mato conla virtud de dios asi como agora vos contaremos. Andando corbalan e sus compañas bien diez leguas francesas a par dal monte de tygris que nõ veyan el vno al otro. tanto era torbado el viento e la tempestad con el poluo e con la calentura que era tan grande que eran en muy grant cuyta de sed los omes e las bestias.

en vna peña muy alta e esta era vna bestia fiera muy grãde e muy espantosa a demas que estaua en vna cueua e tenia enel cuerpo treynta piel en luengo: e enla cola q̃ hauia muy gorda doze palmos cõ que daua tan grãde herida q̃ no hauia cosa viua a q̃ alcãçasse q̃ no la matasse de vn golpe: las vñas hauia tã luẽgas como vna barra de quatro palmos e cortauã como nauaja e erã tan agudas como alezna. E los sus diẽtes agudos e luẽgos mas q̃ los dela biuora: e el su cuerpo era como concha e tan duro q̃ ningũa arma no gelo podria falsar: e era grande e espessa e enbarnecida de su cuerpo e hecha de tãtas colores q̃ no se podriã cõtar tãto erã entre mezcladas las vnas cõ las otras: po a lugares apartados entre si: ca era dela color que llamã añir: e de color de prez e de bra[z] e de verde. Otrosi era a lugares negra e bermeja e amarilla dela color dela pantera que es otrosi bestia de muchas colores: e por ende llamã algunos jaspe pantera porq̃ son las colores tã mezcladas en ellas q̃ las no podriã cõtar ni dezir nõbre cierto po es aq̃lla bestia fiera la q̃ llamã en españa loba cerual: e los latinos le dizẽ pãtera: e auia cabellos luẽgos q̃nto vn palmo e duros: e tales e tã fermosos como filos d' oro: e la cabeça grãde e ancha e los oydos muy espãtosos de ver: e las orejas mayores q̃ de vna adaraga cõ q̃ se escudaua e se encubria a manera de esgremidores de tal forma q̃ no la podia ningũo herir enla cabeça: e daua tan grãdes bozes q̃ se podriã oyr a grandes dos leguas: e traya enla fruente vna piedra q̃ relũbraua tãto q̃ podria hõbre ver de noche la su claridad a dos leguas e media e no passaua ningũo por aquel camino que della pudiesse escapar a vida: e hauia destruydo essa tierra yerma aderredor tres jornadas: ca las gentes delas villas e delos castillos al derredor eran huydos por miedo della: e porẽde no hauia ay quien labrasse ni hauia ay viãda ninguna. E assi como hauedes oydo ante desto anduuo Corualan e su gẽte por aquella tierra biẽ diez leguas tamañas como las que hazẽ en frãcia: cerca del mõte tigris que no vierõ los vnos alos otros tanto era turbado el ayre del fuerte tiempo dela tempestad conel poluo. E hazia otrosi la calura tan grande que estauan en muy gran cuyta los hõbres de sed e las bestias. E como ya la noche yua casi en las dos partes de su jornada, acordaron de recogerse, y reposar lo que della les quedaua. Don Quixote se ofrecio a hazer la guardia del castillo, porque de algun Gigãte, o otro mal andante follon, no fuessen acometidos, codiciosos del gran tesoro de hermosura, que en aquel castillo se encerraua. Agradecieronselo los que le conocian, y dieron al Oydor cuenta, del humor estraño de don Quixote, de que no poco gusto recibio. Solo Sancho Pança se desesperaua, con la tardança del recogimiento, y solo el se acomodò mejor que todos, echandòse sobre los aparejos de su jumento, que le costaron tan caros, como adelante se dira. Recogidas pues las damas en su estancia, y los demas acomodadose, como menos mal pudieron, don Quixote se salio fuera de la venta, a hazer la centinela del castillo, como lo auia prometido. Sucedio pues, que faltando poco por venir el alua, llegò a los oydos de las damas, vna voz tan entonada, y tan buena, que les obligó a que todas le prestassen atento oydo. Especialmente Dorotea, que despierta estaua, a cuyo lado dormia doña Clara de Viedma, que ansi se llamaua la hija del Oydor. Nadie podia imaginar quien era, la persona que tan biẽ cantaua, y era vna voz sola, sin que la acompañasse instrumento alguno. Vnas vezes les parecia que cantauan en el patio, otras que en la caualleriza. Y estando en esta confusion muy atentas, llegò a la puerta del aposento Cardenio, y dixo: Quien no duerme escuche, que oyran vna voz de vn moço de mulas, que de tal manera canta, que encanta. Ya lo oymos señor, respondio Dorotea. Y con esto se fue

fue Cardenio, y Dorotea, poniendo toda la atencion possible. Entendio que lo que se cantaua era esto.

Marinero soy de amor,
Y en su pielago profundo,
Nauego sin esperança,
De llegar a puerto alguno.
Siguiendo voy a vna estrella,
Que desde lexos descubro,
Mas bella, y resplandeciente,
Que quantas vio Palinuro.
Yo no se adonde me guia,
Ya si nauego confuso,
El alma a mirarla atenta,
Cuydadosa, y con descuydo.
Recatos impertinentes,
Honestidad contra el vso,
Son nuues que me la encubren,
Quando mas verla procuro.
O Clara, y luziente estrella,
En cuya lumbre me apuro,
Al punto que te me encubras,
Sera de mi muerte el punto.

Llegando el que cantaua a este punto, le parecio a Dorotea, que no seria bien, que dexasse Clara de oyr como ya la noche yua casi en las dos partes de su jornada, acordaron de recogerse, y reposar lo que de ella les quedaua. Don Quixote se ofrecio a hazer la guardia del castillo, porque de algun Gigãte, o otro mal andante follon, no fuessen acometidos, codiciosos del gran tesoro de hermosura, que en aquel castillo se encerraua. Agradecieronselo los que le conocian, y dieron al Oydor cuenta, del humor estraño de don Quixote, de que no poco gusto recibio. Solo Sancho Pança se desesperaua, con la tardança del recogimiento, y solo el se acomodò mejor que todos, echandose sobre los aparejos de su jumento, que le costaron tan caros, como adelante se dira.

Cap. XLIII. Donde se cuenta la agradable historia del moço de mulas, con otros estraños acaecimientos en la venta sucedidos.

RECOGIDAS pues las damas en su estancia, y los demas acomodadose, como menos mal pudieron, don Quixote se salio fuera de la venta, a hazer la centinela del castillo, como lo auia prometido. Sucedio pues, que faltando poco por venir el alua, llegò a los oydos de las damas, vna voz tan entonada, y tan buena, que les obligó a que todas le prestassen atento oydo. Especialmente Dorotea, que despierta estaua, a cuyo lado dormia doña Clara de Viedma, que ansi se llamaua la hija del Oydor. Nadie podia imaginar quien era, la persona que tan biẽ cantaua

cantaua, y era vna voz sola, sin que la acompañasse instrumento alguno. Vnas vezes les parecia que cantauan en el patio, otras que en la caualleriza. Y estando en esta confusion muy atentas, llegò a la puerta del aposento Cardenio, y dixo: Quien no duerme escuche, que oyran vna voz de vn moço de mulas, que de tal manera canta, que encanta. Ya lo oymos señor, respondio Dorotea. Y con esto se fue Cardenio, y Dorotea, poniendo toda la atencion possible. Entendio que lo que se cantaua era esto.

Marinero soy de amor,
Y en su pielago profundo,
Nauego sin esperança,
De llegar a puerto alguno.
Siguiendo voy a vna estrella,
Que desde lexos descubro,
Mas bella, y resplandeciente,
Que quantas vio Palinuro.
Yo no se adonde me guia,
Ya si nauego confuso,
El alma a mirarla atenta,
Cuydadosa, y con descuydo.
Recatos impertinentes,
Honestidad contra el vso,
Son nuues que me la encubren,
Quando mas verla procuro.

O Clara

CALLE ſus triumfos la Romana Hiſtoria
Caſtro, puès con pacificas acciones
ſu político eſtado le compones,
ſin què el furòr preceda à la vitoria.
Inſtrumentos fatàles de ſu gloria
ſon Caſtros, como en Africa Cipiones:
mas cedan à tu pàz ſus eſcuadrones,
i à nueſtras eſperanzas ſu memória.
Què cuando de la toga tè deſnùdes,
libraràs el ſepulcro, en que la Vida
ſu inmenſo amòr à los Mortales mueſtra.
Seràs deſpuès comùn Tyranicìda:
deveràn los dos Mundos à tu dieſtra
la gran reſtitucion de las virtudes.

TERRENO, en cuyos ſacros manantiales
ſuele Marte bañàr hielmos, i arneſes,
i de altas picas las ferradas mieſes,
pàra volvèr diamantes ſus metales,
No ſin emulacion Pomòna, i Pàles
te libran de influencias deſcorteſes:
oſas dàr flores en agenos meſes,
i el Ocio no conòze à tus Frutales.
Màs ni tu Gènio pròſpero te alàba,
ni la que armaſte Iuventùd robuſta,
como el hijo de Frònto, i de Flacíla.
El te dà el nombre, ò Bilbilis, de Auguſta,
cuando en la urbanidàd flechas afilà,
con que àrma el ſeno de ſu docta aljàba.

CALLE ſus triumfos la Romana Hiſtoria
Caſtro, puès con pacificas acciones
ſu politico eſtado le compones,
ſin què el furór preceda à la vitoria.
Inſtrumentos fatàles de ſu gloria
ſon Caſtros, como en Africa Cipiones:
mas cedan à tu pàz ſus eſcuadrones,
i á nueſtras eſperanzas ſu memòria.
Què cuando de la toga te deſnùdes,
libraràs el ſepulcro, en que la Vida
ſu inmenſo amòr à los Mortales mueſtrà.
Seràs deſpuès comùn Tyranycida:
deveràn los dos Mundos à tu dieſtra
la gran reſtituciòn de las virtudes.

TERRENO, en cuyos ſacros manantiales
ſuele Marte bañàr hielmos, i arneſes,
i de altas picas las ferradas mieſes,
pàra volvèr diamantes ſus metales.
No ſin emulaciòn Pomòna, i Pàles
te libran de influencias deſcorteſes:
oſas dàr flores en agenos meſes,
i el Ocio no conòze à tus Frutales.
Màs ni tu Gènio pròſpero te alába,
ni la que armaſte Iuventùd robuſta,
como el hijo de Frònto, i de Flacìla.
El te dà el nombre, ò Bilbilis, de Auguſta;
cuando en la urbanidàd flechas afila,
con que ârma el ſeno de ſu docta aljàba,

¶ Coplas nueuamẽte hechas de perdone vuestra merced. Con vn Romance de amor: τ otros Villancicos.

¶ Perdone vr̃a merced
y este se alla
que no puede entrar aca.

El. ¶ Señora mia
descanso: plazer τ alegria
que hos de dios
Ella. Señor assi haga a vos
que mandays
suplicaros q̃ me abrays
y entrare
perdone vr̃a merced.

El. ¶ Como no
y lo que oy se concerto
que es aquesto
no q̃reys cũplir lo puesto
mi señora
querays quebrãtar agora
vuestra fe
τ perdone vr̃a merced.
Ella. ¶ No venistes
ala hora que pusistes
cauallero
q̃ otro ha venido primero
amor mio
que no ha sido tan tardio
como el fue
perdone vuestra merced.

El. ¶ Que sabor
para vn buen renegador
pese a mal grado
quiẽ es el q̃ me ha hurtado
la bendicion
salga fuera esse ladron.

deuiesse de proueer
que se mandasse
la que mal marido tiene
que lo dexasse.

¶ Yo no alcãço por qual cosa
esta ley se le oluido
aquella reyna famosa
que en nuestro fauor hablo
fue christe que se vydio
que se callase
la que mal marido tiene
que lo dexase.

¶ Agora nuestro monarcha
reyes hizo a marauilla
quel que no fuesse de marca
le hechassen vna albardilla
e no ouo ley en castilla
que hordenasse
la que mal marido tiene
que lo dexasse.

¶ Comadres vendi aca
dezid que hos parece desto
no auria alguno por alla
que supiesse bien de aquesto
para que buscasse vn testo
que prouasse
la que mal marido tiene
que lo dexasse.

¶ Señoras lo que conuiene
y corazon q̃ assi conuẽga
que la que malo lo tiene
o bueno que le lo tenga
viuirle vida muy luenga
si se vsasse
la que mal marido tiene
que lo dexasse.

¶ Fin.

¶ Romance.

Lastimado del amor
cõ volũtad de q̃xarme
delibere de apartarme
para me quexar mejor
do contasse mi dolor
sin que ninguno me oyesse
vi que era bien q̃ me fuesse
solo por vn despoblado
por estar mas apartado
para llorar mi ventura
y entre por vna espessura
de vna muy fresca floresta
parte sola bien dispuesta
para mi contẽplacion
oy de lexos vn son
de vna boz de vna dõzella
que cantaua sola ella
vn cantar que assi dezia.

¶ Alegria
pues tampoco sossegays
ruego hos que no vengays
por solo vn dia.

¶ Comence a seguir mi via

por aquella soledad
con alguna piedad
de vella con su tristeza
entre por vna aspereza
de vnos arboles muy altos
mas muy tristes τ sombrosos
vi vnos valles espantosos
de muy aspera hondura
y en medio de su espessura
oy dezir vn cantar
comence le de escuchar
mas la boz no era mas duna,

¶ Al amor y ala fortuna
no ay defensa ninguna.

¶ Si ouiera persona alguna
detuuiera me conella
mas por q̃xar mi querella
llorando me fuy de alli
tan ageno ya de mi
quanto estaua desperança
τ andando sin confiança
que mi mal se me acabasse
sin q̃ mucho me apartasse
vi cantar a vn pastor
quexoso de vn nueuo amor
que su disfauor le enoja.

¶ A vn agora se me antoja
gil como te has de vengar
quẽ me torno a enamorar.

¶ Comence de caminar
por vna montaña arriba
y enesta montaña esquiua
yo quisiera fenescer
si el amor quisiera ser
contento con yo morir
pero no basto elegir
la muerte pues no queria
porque yo no merecia
morir tan dichosa muerte
τ acaso tope por suerte
vn cauallero penado
que de muy enamorado
quexaua su desuentura
diziendo con gran tristura
este cantar de gran pena.

¶ El mal quel amor hordena
es desta suerte
que fenesce conla muerte.

¶ Con vn llãto triste y fuerte
me aparte deste cantar
pues que no podia acabar
por lo que estaua hordenado
y quãdo oue mucho hãdado
por muy hermosas florestas
vi decendir dunas cuestas
en carro de oro al amor
conel qual muy grã remor
de muchas gentes veniã
vi que hombres le seguiã
τ mugeres muy discretas
y en vn aljaua saetas
traya el arco enla mano
τ venia muy hufano

el remedio que esta en ti
quien se dolera de mi.

¶ El amor demasiado
me haze ser dezidor
delas ansias τ dolor
de q̃ estoy apassionado
τ sino soy remediado
breuemente yo por ti
quien se dolera de mi.

¶ No mires mi indignidad
sino tu gran perficion
τ mira bien la passion
que me causa tu beldad
ten de mi ya piedad
pues sabes muero por ti
quien se dolera de mi.

¶ Por ti muriendo yo biuo
con mil penas τ tormẽtos
de ti son mis pensamientos
τ mi coraçon captiuo
y si el tuyo es esquiuo
para no dezir de si
quien se dolera de mi,

¶ No quieras ser homicida
de vn tu sieruo leal señora
no quieras ser causadora
que se pierda esta mi vida
yo la qual doy por perdida
sino es buelta a mi por ti
quien se dolera de mi.

¶ Y si consientes q̃ muera
te suplico en conclusion
me des la tu bendicion
porq̃ este en holgãça entera
pues es cosa verdadera
que haze morada en ti
quien se dolera de mi.

¶ Fin.

y conocer le he
y perdone vuestra merced

Ella. ¶ Si sale alla
yo pienso que cerrara
su aleluya
mi posada esta porsuya
si el bien supiesse
q otro alla fuera estuuiesse
matallo hie
y perdone vuestra merced

El. ¶ Que espantar
salga luego ame matar
que aqui lo espero
sino con fe de cauallero
y boto a dios
que entre delante de vos
y matallo he
perdone vuestra merced

Ella. ¶ Matar le ha
ca pues que no hara
por mi amor
q es mi padre y mi señor
el que aqui ha venido
hasta que se aya dormido
esperese
perdone vuestra merced

El. ¶ Que pesar
siempre me hazeys morir
sin darme vn poco plazer
que despecho
señora baste lo hecho
y abrid me
y perdone vuestra merced

Ella. ¶ Corre moça
que la risa me alboroça
y vete abrir
y hartarme he de reyr
como ha picado
mi señor tan desseado
en buena fe
y perdone vuestra merced

El. ¶ Acaba hermana
entrambas estays de gana
de burlar
q me aueys hecho picar

Ella. que le parece
su tardança lo merece
en buena fe
y perdone vuestra merced

Fin.

¶ Corre hermana
cierra la puerta con llaue
no nos oyga la perra ladre
no se leuante mi padre
a su ladrar
no nos coxga en celada
desdichada
sino en buena fe
yo no yre
y perdone vfa merced

que yo en micasa me esto
ay os puede amanecer.

Ella. ¶ Ha cauallero
catad señor que os reqero
que os vays de ay

El. no me tego de yr de aqui.

Ella. yos de mi puerta

El. primero la vere abierta

Ella. no puede ser
el. pues no me aueys d conocer

Ella. pues nunca y no
que yo en micasa me esto
ay os puede amanecer.

¶ Fin.

¶ Otras coplas.

El. ¶ Ha hermosa
abrime cara de rosa

Ella. quien soys vos

El. soy vn hombre

ella. pues dzidme vro nobre

El no puede ser
ni me aueys de conocer

Ella. pues nunca y no
que yo en mi casa me esto
ay os puede amanecer.

El. ¶ Abri entrañas
daros he para castañas
que es cosa de precio

Ella. yos de ay para necio
que promesas
se q no soy muger de essas

El. que responder
pues soltades lo vos ser

Ella. si lo soy o no
dentro en mi casa me estoy
ay os puede amanecer.

El. ¶ Acaba ya
barame vna luz aca

Ella. no ay candelas

El si fuera moço despuelas
voto a dios
que le abrierades vos

Ella. pudiera ser
el. pues no me aueys d conocer

Ella. pues nunca y no

Villancico

¶ Ay señoras si se vsase
la que mal marido tiene
que lo dexasse,

¶ Dõde esta q̃to escriuieron
paulo y baldo ytãbien iason
q̃ es dlas leyes q̃ hizieron
que es de su profundo vaso
grã mal fue q̃ en nro caso
se oluidase
la que mal marido tiene
que lo dexasse.

¶ Por mi fe poco supieron
y deuieron de entender
pues q̃ en quãto ellos legerõ
falto lo que es menester

aun que ciego de sus ojos
persiguiendo con enojos
bien a todos sus secaces
los quales sus fuertes hazes
a el tenian alçadas
y dezian fatigadas
sus almas este clamor,

¶ O señor
remediad nos presto agora
o dad nos muerte sin mora
con dolor.

¶ Viendo yo al cruel amor
de tantos acõpañado
fuy me a el muy denodado
por ver si me mataria
y dixe con agonia
porq̃ señor me maltratas
di porq̃ ya no me matas
o me libras tu ya desto
el me respondio muy presto
con vna boz amorosa
y me concedio vna cosa
diziendo con gran fauor.

¶ La tristeza de tu amor
si porfia
te dara grande alegria.

¶ Fin,

¶ Romance.

O Ji si tu me descõsuelas
con quiẽ me cõsolaris

que de verme tan penado
me maldigo cada dia
no se porq̃ la fortuna
tantos males me hazia
que me veo y me desseo
ya no soy quien ser solia
si la muerte me viniesse
gran descanso me seria
que aun q̃ la vida perdiesse
la memoria quedaria
mas pues la muerte me huye
no se que medio tendria
para poder remediar
la gran desuentura mia
buscar quiero soledad
huyr dela compañia
en montañas despobladas
desdichado habitaria
alos fieros animales
por compañeros tendria
mi coraçon y mis ojos
llorarian siempre a porfia
con solloços lastimeros
muy tristes en demasia
los males que tu crueza
sin piedad les hazia
yo nunca me alegrare
ni jamas tendre alegria
hasta saber que te dueles
deste mal que padecia.

¶ Fin.

Querella de amor.

¶ Muy graue pena
nace de congoxa
y mi bien afloxa
mas no mi cadena
muero de amores
biuo con dolores
se me condena.

¶ Fe me maltrata
amor me destruye
y mi vida huye
desseo me mata
muero biuiendo
biuo padeciendo
por vna ingrata.

¶ Ingrata dama
desagradecida
y mi triste vida
a ti siempre reclama
tienes agora
de cruel señora
obras y fama.

¶ Fama de esquiua
obras de crueza
y a tu belleza
todo se captiua
todo se prende
se quema y enciende
con llama biua.

¶ Llama me quema
de huego amoroso
y mi mal penoso
con peligro rema
y sigo porfia
no tengo osadia
ni yo se que tema.

¶ Temo la muerte
y hando tras ella
es mi querella
nunca conocerte
no se que me haga
que mi triste llaga
no ay quien la concierte

¶ A ti gran cupido
gracias te do muchas
pues que con tus luchas
me tienes vencido
mas yo te ruego
des fauor al huego
tan encendido.

¶ Fin.

¶ Villancico.

¶ Si no te dueles señora
de mi que muero por ti
quien se dolera de mi.

¶ Muero yo señora mia
con amor muy verdadero
y con querer muy entero
de seguir esta porfia
si agora se me desuia

estando en san josef de avila bispera de pascua del spiritu
~~e estando en san josef de avila~~ en la hermita de naça-
red considerando en una grandisima md q nuestro señor
me avia echo en tal dia como este veyte años avia poco
mas o menos me començo un ynpetu y hervor grande de
espiritu q me yço suspender. en este gran recogimiento entendi de nuestro señor lo q agora dire
q dijese a estos padres descalços de su parte q procurasen
guardar estas quatro cosas y q mientras las guardasen sie-
pre yria en crecimiento esta religion y quando en ellas
faltasen entendiesen q yvan menoscabando de su principio
la primera q los cabeças estuviesen conformes la segunda
q tuviesen muchas casas en cada una uviese pocos frayles
la tercera q tratasen poco con seglares y esto para bien de sus
almas / la quarta q enseñasen mas con obras q con palabras / esto fue año de 1579 y porq es gran verdad lo fir-
mo de mi nonbre

teresa de jesus

lahaze clara, y se pierden de vista todas las

maculas, y pelillos que antes en ella pa

rescian. pero buelto a quitar el sol, apar

tandose bien de ella, luego buelue na

parescer en ella las nieblas, y maculas

que antes. Mas el alma como se que

da y dura el effecto de aquel acto de

amor ~~alguntanto~~ dura, tambien el

nosaber (segun auemos dicho) ~~quanto~~ sino por actos de

~~dura el effecto y de so de aquel acto,~~

la qual como la inflamo, y mudo en

amor aniquilola, y deshizola en to

do lo que no sera amor: y dexola no

sabiendo otra cosa sino amor; segun

aquello que diximos arriba de Da

vid que dize, quia inflamatum

est cor meum, et renes mei commuta

A Don Pº Puertocarrero —

Arbol fertil, en cuyo eterno fruto
su Ambrosia soberana influye el Cielo,
Sumo monte d'Apolo, a quien tributo
las Musas dan, con cayo [illegible] su desvelo:
Templo ylustre de Ioue, donde instituto
de [illegible] santas cuya arde el limpio celo;
[illegible] ni sin xarcia [illegible]
[illegible] continuente
viento [illegible] qual vela [illegible] puerto?
viue [illegible], y sin falta en tu coluna
viento [illegible]
[illegible] aunque [illegible] de tu gloria:
me [illegible] el [illegible],
dame [illegible] el tema de tu memoria
[illegible], a quien su [illegible] pluma entrego,
mas tu por [illegible] de mortal escoria
purgada; [illegible] vida, con un sacro fuego,
Heroico en nombre, y celebrado encargo
Don pedro viuiras, por siglo largo —

viue crece, y sin falta en tu coluna
viento [illegible]
[illegible]
gran [illegible]
qual [illegible]
[illegible]

me crece y dexas qualquiera puerto
sin ser naufragio para mi, tu puerto.

Arbol fertil, en cuyo eterno fruto
su Ambrosia soberana influye el Cielo,
sumo Monte de Apolo, que tributo
diuinas das de si y el ... en el
~~[illegible] sobre ...~~ ... ~~[illegible]~~.

ynsigne
Templo ~~[illegible]~~ de Ioue, donde instruto
de santas leyes arde el limpio celo,
viue, crece, y del Sar qualquiera resto,
si en el naufragio para mi, tu puerto.

quando toda
~~[illegible]~~
~~[illegible]~~ ~~[illegible]~~ en las ondas de tu gloria
(aun si glosa ...)
~~me confundo,~~ ~~y [illegible]~~ mi naue anego,
~~y pues~~ me asalta el temor de mi memoria
sublime, a quien su mente pluma entrego.
mas tu prouida, de mortal escoria
purgada, con virtud de un sacro fuego
Heroico en nombre, y celestial en cargo
Don PEDRO viuiras por siglo largo.

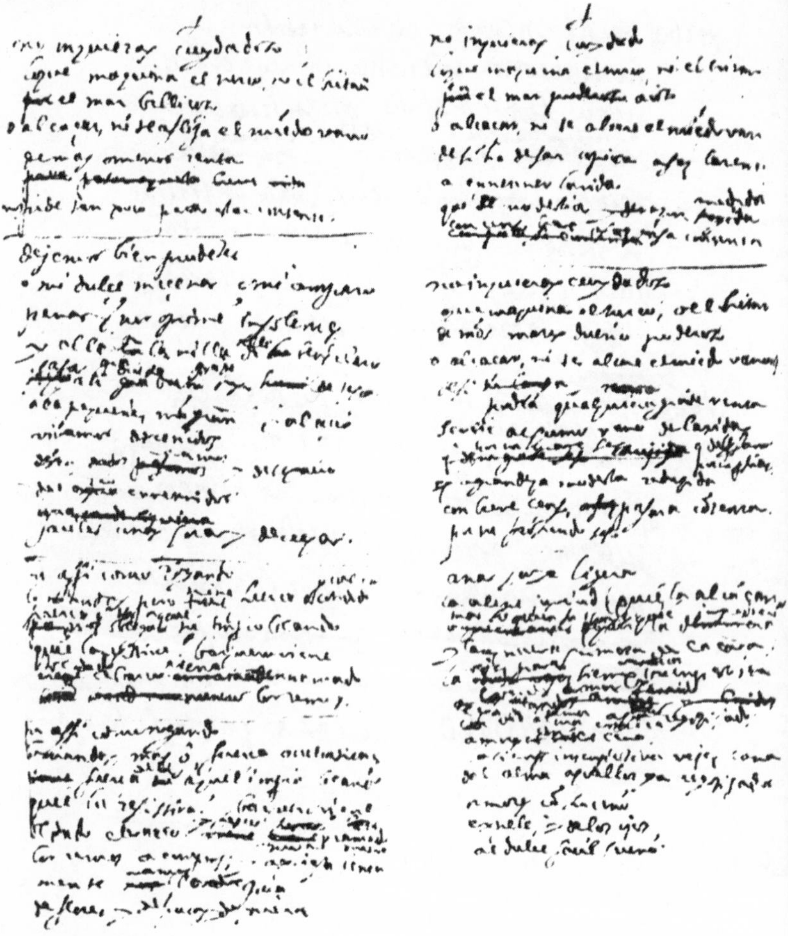

[XXXVIII]

Al S.r Lic.do Baltasar del Alcaçar. 323

no inquieras cuydados
(que maquina el turco, o el hircano
tuerto de nuestros mares [retirados] apartados)
o Alcaçar, ni te altere el miedo vano
de si podra qualquiera larga renta
servir al humo breve de la vida.
q, del profano exceso
a grandeza modesta reducida
con su profundo seso,
pequeño censo hazer podra contenta.

Atras huye ligera
la alegre juventud. (¡quien la alcançara!
mas ô, antes de irse asirla quien pudiera!)
y la tez nueva, hermosa de la cara.
La vejez ~~ante~~ llega siempre intempestiva
y aquellos pierde aquellos ~~regalados~~ alentados regalados
amores con el ceño
severo; y de los ojos ~~desvelados~~ desvelados destierra
desvia el facil sueño
sabroso, ô ~~quanto ya~~ quanto ya en la edad lasciva!

Si los ojos al suelo
perdidos inclinamos, como hermosa
quando abre con la luz el cielo
sus hojas abre al nuevo sol la rosa!
¡Como ingrata de embidia la margarita!
al cielo los volvemos, en la luna
~~mas~~ no un semblante hallamos.
¿porque pues con inutil ansia importuna
el animo cansamos
menor que para hacer infinitos!

~~[illegible]~~ 7

Fin. Yo os sirvo ~~[illegible]~~ aunque nunca ingrata

que no ay mayor mentecato

en todo el mundo que yo.

Ma. el creer que es cortesía

adoros que oy mil cortes.

vayase y entre / Cla. danzaste / Fin. quando estaba

Clara

persiguenme todos el día

que leer, que escrivir

con danzar que todo es nada

solo tu ausencia me agravaba

Cla. que no te podré decir

una desgracia ~~[illegible]~~ que troxiste

Fin. hablando, porque no ay cosa

~~[illegible]~~ de decir de sus calores

a mugar que viva y sabe.

~~[illegible]~~

Fin. dormir en dia de fiesta ~~[illegible]~~

es malo / Fi. piensolo que no ~~[illegible]~~

Aunque si Adan se durmio ~~[illegible]~~

buena costilla le cuesta

Cla. pues si ~~[illegible]~~ nació la muger

de una dormida costilla

que duerma, no es maravilla

Fin. agora vengo a entender ~~[illegible]~~

solo con esa advertencia

Cla. ~~[illegible]~~

porque se andan tras nosotras

Cla. los hombres tan en unas y otras

Fin. con tanta diligencia

que si aquesto no es costilla

~~[illegible]~~ que

deben de andar a buscar

su costilla y no ay parar

hasta topar su costilla

Músi. quien merece de todos nosotros
lograr la corona ceñir el laurel

Ced. Sola mente la Humildad
merece tan alto bien
~~y asi corona pone solo~~ y asi coronada
~~[illegible] ojos bolbed~~ bien
~~sola humildad coronada~~ de una espiga la vere y
~~[illegible] de espiga vere~~
~~con los sagrados frutos~~
~~de la espiga y de la mies~~
estos mi cuerpo y mi sangre
quisieron para que
mi sangre y mi cuerpo fuesen
en el pan y el vino esten

[illegible]

~~Suenan las chirimias y vanse descubriendo en los dos corredores dos arboles como gran ... que pudiesen uno pintado todo de haces de espigas y en el ellos ... formas sembradas y en su remate una grande sustentada de dos haces y a los pies ... espiga = el otro pintado todo de parras y entre ellas calices y en el remate uno grande y dos racimos como que se exprimen en el y a los pies la vid~~

Cedr. aquellas especies dos
Si antidotos son de aquel Si
primer veneno del hombre

mor la pureza ... y en su

conversazio de difuntos contrapuntos

Retirado en la paz destos desiertos,
[illegible] empocos, pero doctos libros juntos
bibo con el conversazio de difuntos,
i con mis ojos oigo hablar los muertos.

Si no siempre entendidos, siempre abiertos,
o enmiendan, o [illegible] mis asumptos.
los libros, que en callados contrapuntos
al mudo silenzio estan despiertos.

enmiendan
las grandes almas que la muerte [illegible] ausenta
de [illegible] de los años vengadora
[illegible] [illegible]
historia, [illegible] [illegible]

En fuga irrebocable huie la hora
con el mexor [illegible] se cuenta
[illegible] [illegible]
[illegible] en la [illegible]
[illegible] en leccion i estudio nos mexora.

de todo meridiano Pasto [illegible] Mosca
es don Melchior, [illegible]
es [illegible],
de todo bodegon sus [illegible]
es [illegible] al troto, la hambre orixinal que a todos mata

ncos, ~~[illegible] del todo [illegible]~~

Por huir la afectación dar en otra;
de medio a medio en ella, pues afecta
el no afectar, [illegible] imperfección y por
lo doble ~~[illegible]~~ [doblada] la necedad de [illegible]

Afecto sí [illegible] el disimular, pero
no [illegible] disimular el disimular. [illegible]
el primor de [illegible] [illegible] la [illegible]
~~[illegible]~~ [y el mayor] [illegible] [illegible]
[illegible] [illegible] lo otro mayor,

La afectación de prendas es estado
de la apreciativa; gusta de [illegible]
ella la ~~apreciativa~~ [illegible] vanidad que como
hacía [illegible] los menores mayores.

El [illegible] no afectar las prendas teni-
endolas todas es grandeza de ánimo
conquista a todos. Grande y dos veces el
~~El Heroe~~ que [illegible] todas las prendas
en sí ~~[illegible]~~ y ninguna [illegible] estimación
con un ~~[illegible]~~ [discreto descuido] despejo del [illegible] [illegible]
pena atención a todos. Y siendo él ciego
para sus ~~[illegible]~~ [prendas] hace ojos a los demás
~~[illegible] que [illegible] la política [illegible]~~
~~de política pues [illegible] lo [illegible]~~
~~[illegible] del [illegible]~~
despejo grande que por sí [illegible]
por [illegible] quita a la grandeza
esta por opuesta y al [illegible]
de medio a medio al ~~[illegible] de [illegible]~~ [illegible]
de la inmortalidad,

Despues q. Mitridates rindio al hado
el fiero pecho, i Asia sacudida
cayò rota, i la tierra al fin vencida
vio el mar delos piratas despojado;
lo q. no pudo el Medo, el parto osado,
i de Sertorio la virtud crecida,
una vil, flaca diestra la temida
cabeça, ô gran Pompeyo, t'à cortado.
I el cuerpo, mal cubierto del'arena,
misero exemplo dela umana gloria,
desierto yaze. ô cuanto entre la dura
Suerte discorde se mostrò agena;
pues falleciendo tierra à tu vitoria,
la tierra fallecio a tu sepultura.

Bueno es amar: pues como daña tanto?
Grã guſto es querer biẽ: por q̃ entriſtece?
Plazer es deſſear: como aborrece?
Amor es nr̃o bien: porque da llanto?
Da eſſuerço amar: pues como cauſa 'ſpanto?
Por el amor, el bien del alma crece:
Pues como aſſi por el ella padece?
Como tantos contrarios cubre vn manto?
No es el Amor, el que dolor nos trae:
La compañia que a ſu peſar el tiene,
Tambien a ſu peſar nos hiere, y mata.
El mal en el de nueſtra parte cae:
El ſolo en nueſtro bando nos ſoſtiene:
Y nueſtra paz continamente trata.

Bueno es amor pues como daña tanto
gran gusto es querer bien porque tristece
plazer es deßear como aborrece
amor es nr̃o bien, porque da llanto
Da esfuerço amor pues como causa espanto
por el amor el bien de leal me crece
pues como aßi por el ella padece
como tantos contrarios cubre vn manto
No es el amor el que dolor nos tiene
la compañia que a su pesar el tiene
es quien ael ya nos a nosotros hiere
El mal en el de nr̃a parte cae
en nr̃o bando el solo nos sostiene
Con nosotros ya nr̃o lado muere

Las telas eran hechas, y texidas
Del oro, que 'l felíce Tajo embía
Apurado, deſpues de bíen cernídas:
Las menudas arenas do ſe cría.
Y de las verdes hojas reduzidas
En eſtambre ſotíl, qual conuenía.
Para ſeguír el delícado eſtílo
Del oro, ya tírado en ríco hilo.

Las telas eran hechas y texidas
del oro quel felice tajo embia
apurado despues de bien cernidas
las menudas arenas do se cria
y delas verdes onas reduzidas
en estambre subtil qual conuenia
Para seguir el delicado estilo
Del oro ya tirado en rico hilo

Como la tierna madre, quel doliente
Hijo, le'sta con lagrimas pidiendo
Alguna cosa, dela qual comiendo,
Sabe que ha de doblarse el mal que siente:
Y aquel piadoso amor, nole consiente
Que considere el daño, que (haziendo
Lo que le piden) haze: va corriendo
Y aplaca el mal y dobla el accidente.
Assi, a mi enfermo y loco pensamiento
Que en su daño os pide, yo querria
Quitalle aeste mal mantenimiento:
Mas pidemele y llora cada dia
Tanto, que quanto quiere le consiento:
Oluidando su muerte y aun la mia.

SONETO

Como la tierna madre quel doliente
hijo con lagrimas lesta pidiendo
cosa dela qual sabe que comiendo
salle a de doblar el mal que siente
y aquel piadoso amor no le consiente
considerar el daño y va corriendo
para su mal su desseo cumpliendo
aplaca el llanto y dobla el acidente
Assi a mi mi enfermo pensamiento
que en su daño es me pide yo querria
quitarle este mortal mantenimiento.
Mas pidemele y llora cada dia
tanto que quanto quiere le consiento
olvidando su muerte y aun la mia.

Quien descubre su secreto
al q no es perfecto amigo
contra si haze testigo.

Glosa sobre el psalmo 41.
que comiença Quemadmodum desiderat

Como la Cierva brama
por las corrientes aguas encendida
y en ~~sed~~ biva ~~asi~~ ~~llama~~ sed se inflama
~~[illegible] afligida~~
ansi mi alma afligida
~~mi alma a ti mi Dios [illegible]~~.
se buela asi mi Dios despavorida
Sed tiene el alma mia
del S.r fuerte y biuo ~~[illegible]~~ y poderoso
ay quando sera el dia
que ~~tornare~~ llegare gozoso
a verme ante tu rostro glorioso.

La noche

La noche estoy llorando
y el dia, ~~[illegible]~~ pues que solo es mi contento
en ver que preguntando
me esta ~~[illegible]~~ cada momento
adonde esta tu Dios ~~donde esta tu fundamento~~ do tiene assiento.

Y en lloro ~~[illegible]~~ transformado
derramo el coraçon con la memoria
de quando rodeado
fui de pueblo y gloria
haziendo de tus ~~loores larga~~ tan grande historia.

~~My~~ Mas digo por q̃ tanto
te afliges, fia en Dios, o alma mia
q̃ ~~de vida canto~~ con divino canto
le ~~[illegible]~~ cantare algun dia
las sus saludes y la ~~[illegible]~~ gloria mia

Mas ~~Y~~ crece mas mi pena
~~entre esto~~ Dios propio en todo esto q̃ he cantado
~~de mi [illegible] [illegible] he contado~~
viendome en la tierra
de yermo despoblado
~~de mi [illegible] de ti tan apartado~~.
y de todo solas desterrado

2

El frontispicio de la puerta de la Ciudad era de hermosas colunas de diferentes marmoles, i jaspes. En ellas (no sin misterio) pareze que faltava à si misma la architectura, porque de los cinco ordenes solamente se veia el Dorico duro, i desapacible, simbolo de la fatiga, i del trabajo. Entre las colunas estavan en sus nichos nueve estatuas de las nueve Musas, con varios instrumentos de musica en las manos, à las quales avia dado la escultura tal aire, i movimiento à pesar del marmol, que la imaginacion se dava à entender, que imprimia en ella aquellos afectos, que suelen desde las esferas del Cielo, donde las considerò Inteligencias, ò Almas la Antiguedad. Clio pareze, que encendia en los pechos llamas de gloria con las hazañas de los varones ilustres. Terpsichore elevava los pensamientos con la dulzura de la musica. Erato dava numeros, i compases al movimiento de los pies. Polymnia abivava la memoria. Urania se servia della, para

+ infundir

persuadir en el animo la contemplacion
de los astros. Calliope lebantava los espiritus heroicos à acciones gloriosas. ~~[illegible]~~
El frontispicio se remataba en la estatua
de Apolo, cuya madeja de oro con ~~[illegible]~~
lustrosos cursos de luz ondeava sobre los hombros.
Ocupava su mano derecha el plectro y
la izquierda la lira.
Entramos por los arrabales, i vimos que en
ellos se exercitavan aquellas Artes, que
son calidades, i habitos del cuerpo, en las quales
se fatiga* el entendimiento, ~~a que poco o nada~~
hijas bastardas de las Sciencias, que aviendo
recibido dellas el ser, i las reglas, por donde se
goviernan, las desconocen, i obran sin saber dar la razon de lo mismo, que estan obrando.
Por estas Artes Mecanicas passamos
ligeramente, sin discurrir en ellas, a-
unque nos diò ocasion Dedalo Atheniense
que con una sierra, i un barreno en
la mano hacia ostentacion de aver
sido el primer inventor deste, i otros instrumentos
mecanicos, i llegamos à aquellas Artes
en que el entendimiento discurre, i le obedece
la mano

* la mano y poco ó nada obra

muros altas y peñaſcoſas montañas, y el hombre induſtrioſo buſca
artes, è inſtrumentos con que naue-
gar los mares, penètrar los montes,
y ſacar aquella materia que tantos
cuidados guerras, y muertes cauſa
al mundo. Eſtan en los muladares
los viles andrajos, de que aun no pu
do cubrirſe la deſnudez, y de entre
aquella inmundicia los ſaca nueſtra diligēcia, y labra con ellos nueſtro deſvelo, y fatiga en aquellas
hojas, donde la malicia es maeſtra
de la innocēcia, ſiendo cauſa de infinitos pleitos, y de la variedad de
religiones, y ſectas.

El frontiſpicio de la puerta de la
Ciudado era de hermoſas colunas
de

de diferẽtes marmoles, y jaſpes. En ellos (no ſin miſterio) parece q̃ falta ua à ſi miſma la arquitectura, porque de los cinco ordenes ſolamẽte ſe veìa el Dorico Toſcano: duro, y y deſapacible ſimbolo de la fatiga, y del trabajo. Entre las colũnas eſtauan en ſus nichos nueue eſtatuas de las Muſas cõ varios inſtrumẽtos de muſica en las manos, à q̃ auia dado la eſcultura tal ayre y mouimiẽto (a peſar del marmol) q̃ la imaginaciõ daua à entẽder q̃ imprimia en ellas a quellos afectos q ſuelen infũdir deſdelas eſpheras del cielo, dõde las conſiderò inteligencias, ò almas la antiguedad. Clio parece q̃ encẽdia en los pechos, llamas de gloria

A 3 cõn

con las hazañas de varones ilustres: Thersicore eleuaua los pensamientos cõ la dulçura de la musica: Erato daua numeros, y compases al mouimiento de los pies: Polimnia auiuaua la memoria: Vrania se seruia de ella para persuadir el animo a la contemplacion de los Astros: Caliope leuantaua los espiritus heroicos a acciones gloriosas: Melpomene los alentaua con la memoria de muchos que merecieron con las hazañas los elogios: Thalia disimulando en el donaire la censura, a vn tiempo entretenia, y enseñaua: Y Euterpe formaua diuersas fabulas acõmodando a todas diferentes sentidos con tal propiedad, que parecia

cia, que para cada vno las auia fabricado. Este frontiſpicio ſe remataua en la eſtatua de Apolo, cuya madexa de oro con luſtroſo curſo de luz, baxaua ſobre los ombros. Ocupaua ſu mano derecha el plectro, y la izquierda la lyra, y aun ſin herir las cuerdas hazia armonia al diſcurſo, ſi no al oìdo, la propiedad.

Entramos por los arrauales, y vimos que en ellos ſe exrcitauã aquellas Artes que ſon calidades, y habitos del cuerpo, en q̃ ſe fatiga la mano, y poco, o nada obra el entendimiento, hijas vaſtardas de las ciencias, que auiendo recibido de ellas el ſer, y las reglas por donde ſe gouiernan las deſconocen, y obran ſin

ſa-

El frontiſpicio de la puerta de la Ciudad, era de hermoſas colunas de diferentes marmoles, y jaſpes: En ellas (no ſin miſterio) parece que falta ua aſsi miſma la architectura, porque de los cinco ordenes ſolamente ſe veìa el Dorico, duro, y deſapacible ſimbolo de la fatiga, y del trabajo. Entre las colunas eſtauan en ſus nichos, nueue eſtatuas de las nueue Muſas, con varios inſtrumentos de muſica en las manos, à las quales auia dado la eſcultura tal ayre, y mouimiẽto apeſar del marmol, que la imaginacion ſe daua a entender, que imprimia en ella aquellos afectos, que ſuelen infundir deſde las esferas del cielo, donde las conſiderò inteligencias, ò almas la antiguedad. *Clio* parece que encendia en los pechos llamas de gloria con las hazañas de los

los Varones Illustres. *Terpsichore* eleuaua los pensamientos con la dulçura de la musica. *Erato* daba numeros, y compasses al mouimiento de los pies. *Polimnia* auiuaba la memoria. *Vrania* se servia de ella, para persuadir en el animo la contemplacion de los astros. *Caliope* leuantaua los espiritus heroycos à acciones gloriosas.

Este frontispicio se rematava en la estatua de Apolo, cuya madeja de oro con lustroso curso de luz baxaua sobre los ombros; ocupaua su mano derecha el plectro, y la izquierda la lyra.

Entramos por los arrabales, y vimos que en ellos se exercitauan aquellas artes que son calidades, y habitos del cuerpo, en las quales se fatiga la mano, y poco, ò nada obra el en-

A 4 ten-

se atreuen a discurrir en todas materias y no menos algunos fantasticos que solamente por tener grandes librerias y andar desaliñados con barba ancha, y grande
gualderas quieren ser estimados por doctos, y los peores que a si mesmos no se lo persua-
den, pues entremos un poco por las ciencias que son el fundamento de esta republica
y veras quantas cosas en ellas y en sus professores saltan de risa; mira la vanidad
y presuncion de los gramaticos, que soberbios de lo que saben de genero y preterito
se atreben a discurrir y aun a corregir las ciencias, criminar los libros y a sus autores
sin perdonar a ninguno, llamando a Platon confuso, a Aristoteles tenebroso, a
Virgilio ladron y de poco ingenio, a Ciceron ocioso en sus digresiones, frio y floxo en
las gracias, a Lucilio turbio, a Plinio acumulador de cosas sin luz ni orden, a Aulo Gelio desvanado, a Salustio afectado, a Terencio ladron de las comedias de Lelio
y Scipion, y a Seneca cal sin arena; mira quan pagada y enamorada esta de si la retorica adulladora que es especie de tirania, arte de cautivar los sentidos y de mentir alcançando con una dulce violencia lo que no puede la verdad, por lo qual jus-
tamente Platon la desterro de su republica y Roma [illegible] a los oradores
y Socrates dice que no se deben tener en la republica oficios eminentes porque engañan y ciegan la plebe moviendola con la dulçura de sus palabras a lo que ellos
pretenden, los quales fiados en esta potencia persuasiva siempre son sediciosos,
como lo mostro la experiencia en los Brutos, Cassios, Gracos, Catones, Demosthe-
nes y Cicerones; hermana de la retorica es la poesia que desprecia todas las demas ciencias y vanamente presume que entre ellas se le debe la preheminencia
porque a ella sola se lebantan teatros, y no conoce que es arte perdida y especie de
truhaneria, desvanecida, inutil, afectada, deliciosa, cuio blason es mentir y
hacer guerra a la verdad, ni se acuerda que fue desterrada de la republica de Platon, y no admitida de Ciceron, y que quien la exercitava (segun dice Aulo Gelio
y Caton) era tenido por malhechor, y en Roma se señalaron censores que compusieron su lengua maldiciente con que facilmente quito la honrra a Dido, que
fue buena muger, y hecho en los infiernos a Minos, sabiendo sido un Rey jus-
tissimo, solo por odio de que movio guerra a los Athenienses. No es menos dañosa
a la republica la historia porque como los hombres apetecen la inmortalidad
y esta se alcança con la fama, o sea buena o mala, y una y otra se conserva y
vive en la historia, de aqui nace que siendo mas facil a la naturaleza humana
el

los materiales de otras, en que toda a-
quella Ciudad, andaua rebuelta, y em-
barazada, con mas confusion que fruto, de su vana fatiga, la qual renouaua,
y no engrandezia la republica, antes la
defraudaua de aquel lustre, y aumen-
tos, que tuviera, si sus hijos entre si com
pitiessen en buscar nueuas trazas, y ma
terias de palacios, y obras publicas; los
ciudadanos estauan melancolicos, ma
cilentos, y desaliñados, entre ellos auia
poca vnion, y mucha emulacion, y in-
uidia; Alli eran nobles los auentajados
en las Artes, y ciencias, de cuya exce-
lencia, recibian lustre, y estimacion; y
los demas hazian numero de plebe,
aplicandose cada vno al oficio que mas
frisaua con su profesion, y assi los Gra
maticos eran berçeros, y fruteros,
que

que de vnas tiendas a otras, con verbo-
sidad, y arrogancia, se deshonrra-
uan vnos a otros, motexando tambien a los que pasauan a vista de ellos,
sin tener respecto a ninguno. A Platon llamauan confuso, a Aristoteles tenebroso, y Xibo, que entre obs-
curidades celaua sus conceptos: à
Virgilio ladron de versos de Home-
ro, à Ciceron timido, y superfluo
en sus repeticiones, frio en las gracias, lento en los principios, ocioso
en las digressiones, pocas vezes infla-
mado, y fuera de tiempo vehemen-
te: à Plinio, Rio turbio, cumula-
dor de quanto encontraua: à Ouidio
facil, y vanamente facundo; à Aulo
gellio derramado: a Salustio afectado;
y a Seneca, cal sin arena.

F4 Los

gada, y enamorada de si està la Rheto
rica, con sus afeites, y colores desmin-
tiendo la verdad siendo vna especie de
adulacion, y vn arte de engañar, y tira-
nizar los animos con vna dulce violen
cia, tan enbaidora que pareze lo que no
es, y es lo que no pareze: esta es la Lira
de Orpheo que lleuaua tras si los animales, y la de Amphion, que mouia
las piedras, siendo piedras, y animales
los hombres al encanto de ella; por esto los Espartanos no la admitian en
su Ciudad: Roma la expelio de ella
dos vezes, y los Estoicos la echauan de
su escuela, pues mueue los afectos, y
agraua las enfermedades, del animo.
A los Oradores llama Socrates publi
cos lisongeros, y aduierte el peligro de
darles oficios en la republica, porque
engañan la plebe, mouiendola con la
dul-

dulçura de sus palabras, a lo que ellos
desean, y fiados en esta fuerça, y poder
de sus labios, intentan sediciones, como lo mostrò la experiencia, en los
Brutos, Cassios, Gracos, Catones, De
mosthenes, y Cicerones.

Hermana de la Rhetorica es
la Poesia, que soberuia desprecia las de
mas ciencias, y presume vanamente
la precedēcia entre todas, porque a ella
sola leuātò Theatros la Antiguedad,
no reconoce su nacimiento del trabajo, padre, (*rustico, y villano*) de las demas Artes si no del Cielo: Està muy
presumida, porque los Scitleas, los Cre
tenses, y tambien los Españoles escriuieron en verso sus primeras leyes, y
los Godos sus hazañas: pudiera pues
deponer estos deuanecimientos, que
es Arte afectada, y vana, o puestas la
ver-

—El pobre *Risas* tenía un presentimiento de lo que iba a sucederle y así cuando le propuse que me acompañara a Rusia con Napoleón, me preguntó al momento :—¿Pasaremos por la tierra de los polacos? —Es regular, le contesté. —Pues no voy, me replicó.— Le convencí al cabo... y... ya le digo a usted, entre las cuatro polacas no dejaron ni rastro de mi asistente.

—Pero ¿cómo se apoderaron de él? ¿Por qué dejaron libre al compañero? ¿De dónde nacía ese odio? preguntó el comandante.

—Nunca me he podido explicar todo esto. Pero he adivinado mucho. Oiga usted. Herido *Risas* en una escaramuza, le llevó su amigo (un muchacho que había estado siempre con él en la guerra de la Independencia) le llevó, digo, a una casa de campo allí próxima. Al principio le cuidaron mucho las cuatro polacas que la habitaban, y desplegaron una viva caridad. —¿Eres español? le preguntaban. —Sí, decía *Risas*. —¿Has visto a *Iwa*? ¿Vive *Iwa*? ¿*Iwa* ha muerto? ¡Qué será de *Iwa*! replicaban las pobres mujeres, que habían perdido algún pariente en la guerra de España y no lo sabían de cierto. *Risas* las consolaba. Pero es lo raro que al desnudarle le encontraron no sé qué retrato o medallón, a cuya vista las polacas rompieron a gritos.

—¡*Iwa*! ¡*Iwa*! ¡*Iwa*! exclamaban. —¿Es éste *Iwa*? preguntó *Risas* señalando el retrato. ¿Era pariente vuestro el polaco que llevaba este medallón? —Sí, sí... —Pues entonces no lo esperéis. —¿Y por qué tienes tú ese retrato? ¡Ah! ¡ah! ¡eres español...! esclamaron; ¡eres español! Y precipitándose sobre él le hicieron pedazos. Fué obra de un minuto. Su amigo, el que me ha dado estos detalles, huyó despavorido.

—Y ¿qué ha sido de él? pregunté yo desde mi mesa, no pudiendo dominar aquella intromisión impolítica.

El viejo coronel estrañó mi pregunta.

Antes bien pareció alegrarse del interés que en mí había escitado su narración, hecha en voz alta.

—El compañero de *Risas*, contestó el anciano, se heló al día siguiente.

—¡Con que los dos murieron en Polonia!

—Los dos

El pobre *Risas* tenía un odio mortal a ciertos países, y cuando le propuse que me acompañara a Rusia con Napoleón, me preguntó al momento: —¿Pasaremos por la tierra de los polacos? —Es regular, le contesté. —Pues no voy, me replicó.— Convencíle al cabo y partimos allá. Herido en una escaramuza, llevóle a una casa de campo cierto amigo suyo que había hecho a su lado toda la guerra de la Independencia.—En aquella casa vivían cuatro mujeres: una madre y tres hijas.—Al principio desplegaron una viva caridad con el herido, y le cuidaron como a un hermano. —¿Eres español? le preguntaron en francés chapurrado. —Sí, respodía *Risas* en la misma jerga. —¿Has visto a Iwa? ¿Conoces a Iwa? —Iwa vive? —¿Ha muerto mi hijo?— Estas preguntas resonaban constantemente en los oídos de *Risas*. *Risas* consolaba a aquellas pobres mujeres—. Un día al curarle, le encontraron no sé qué retrato o medallón debajo de la camisa.— Las polacas rompieron a llorar a gritos. —¡Iwa! —¡Iwa! —¡Iwa! —¡Iwa! exclamaban con alegría, con desesperación y con siniestra cólera. —¿Eres español? gritó la madre. —¿Por qué tienes tú este retrato? preguntó la mayor de las hijas. —¿Por qué palideces? añadió la segunda. —¡Tú le has matado! concluyó la menor, que era una niña.— Y cayendo sobre *Risas*, las cuatro mujeres le despedazaron con las uñas en menos de un minuto.

En cuanto a su amigo (que me contó aquella noche esta aventura) huyó despavorido.

—¿Y qué ha sido de él? pregunté yo desde mi mesa, no pudiendo menos de introducirme en aquella conversación.

El viejo coronel no extrañó mi pregunta, antes pareció alegrarse del interés que había excitado en nosotros su narración, hecha en voz alta.

—El compañero de *Risas*, contestó, se heló a la noche siguiente.

—¿Con que los dos murieron en Polonia?

—Los dos...

El pobre *Risas*... —decía el coronel— fué hecho prisionero por
los franceses cuando tomaron a Málaga, y de depósito en depósito fué a parar nada menos que a Suecia, donde yo estaba
también cautivo, como todos los que no pudimos escaparnos
con el Marqués de la Romana.— Allí lo conocí, porque inti-
mó con Juan, mi asistente de toda la vida, o de toda mi carrera, y cuando Napoleón tuvo la crueldad de llevar a Rusia, formando parte de su Grande Ejército, a todos los españoles que
estábamos prisioneros en su poder, tomé de ordenanza a *Risas*.
Entonces me enteré de que tenía un miedo cerval a los polacos, o un terror supersticioso a Polonia, pues no hacía más que
preguntarnos a Juan y a mí «si tendríamos que pasar por aquella tierra para ir a Rusia». [...] Indudablemente, a aquel hombre,
cuya cabeza no estaba muy firme, por lo mucho que había
abusado de las bebidas espirituosas, pero que en lo demás era
un buen soldado y un mediano cocinero, le había ocurrido algo
grave con algún polaco, ora en la guerra de España, ora en su
larga peregrinación por otras naciones. Llegados a Varsovia,
donde nos detuvimos algunos días, *Risas* se puso gravemente
enfermo, de fiebre cerebral, por resultas del terror pánico
que le había acometido desde que entramos en tierra polone-
sa, y yo, que le tenía ya cierto cariño, no quise dejarlo allí solo
cuando recibimos la orden de marcha, sino que conseguí de
mis jefes que Juan se quedase en Varsovia cuidándolo, sin perjuicio de que, resuelta aquella crisis de un modo o de otro,
saliese luego en mi busca con algún convoy de equipajes y ví-
veres, de los muchos que seguirían a la nube de gente en que
mi regimiento figuraba a vanguardia. ¡Cuál fué, pues, mi
sorpresa cuando el mismo día que nos pusimos en camino, y
a las pocas horas de haber echado a andar, se me presentó mi
antiguo asistente, lleno de terror, y me dijo lo que acababa de
suceder con el pobre *Risas*! ¡Dígole a V. que el caso es de lo
más singular y estupendo que haya ocurrido nunca! Oígame
y verá si hay o no motivo para que yo haya olvidado esta historia en cuarenta y dos años. Juan había buscado un buen
alojamiento para cuidar a *Risas* en casa de cierta labradora viuda, con tres hijas casaderas, que, desde que llegamos a Varso-

via los españoles, no había dejado de preguntarnos a todos, por medio de intérpretes franceses, si sabíamos algo de un hijo suyo llamado Iwa, que vino a la guerra de España en 1808 y de quien hacía tres años no tenía noticia alguna, cosa que no pasaba a las demás familias que se hallaban en idéntico caso. Como Juan era tan zalamero, halló modo de consolar y esperanzar a aquella triste madre, y de aquí el que, en recompensa, ella se brindara a cuidar a *Risas*, al verlo caer en su presencia atacado de la fiebre cerebral... Llegados a casa de la buena mujer, y estando ésta ayudando a desnudar al enfermo, Juan la vió palidecer de pronto y apoderarse convulsivamente de cierto medallón de plata con una efigie o retrato en miniatura, que *Risas* llevaba siempre al pecho, bajo la ropa, a modo de talismán o conjuro contra los polacos, por creer que representaba a una Virgen o santa de aquel país. —¡*Iwa*! ¡*Iwa*! gritó después la viuda de un modo horrible, sacudiendo al enfermo, que nada entendía, aletargado como estaba por la fiebre.— En esto acudieron las hijas, y enteradas del caso, cogieron el medallón, lo pusieron al lado del rostro de su madre, llamando por medio de señas la atención de Juan para que viese, como vió, que la tal efigie no era más que el retrato de aquella mujer, y encarándose entonces con él, visto que su compatriota no podía responderles, comenzaron a interrogarle mil cosas con palabras ininteligibles, bien que con gestos y ademanes que revelaban claramente la más siniestra furia. Juan se encogió de hombros dando a entender por señas que él no sabía nada de la procedencia de aquel retrato, ni conocía a *Risas* más que de muy poco tiempo... El noble semblante de mi honradísimo asistente debió de probar a aquellas cuatro leonas encolerizadas que el pobre no era culpable... ¡Además él no llevaba el medallón! Pero el otro... ¡al otro, al pobre *Risas*, lo mataron a golpes y lo hicieron pedazos con las uñas! Es cuanto sé con relación a este drama; pues nunca he podido averiguar por qué tenía *Risas* aquel retrato...

249

Julián 2º / Orbajosa 23 de diciembre.

Mi carísimo amigo: escribo a V. á toda prisa para decirle que no puedo remitirle hoy las pruebas. Acaba de ~~su~~ suceder en mi casa una desgracia espantosa... me llaman... tengo que acudir... no sé qué es de mí.

Era cierto el proyecto de casamiento de Jacinto con mi cuñada. ~~[illegible]~~ Esta mañana estaban todas en la cocina. Se había matado el cerdo para las Pascuas. Las mujeres se ocupaban en las alegres faenas de estos días, y viera V. allí ~~[illegible]~~ á Perfecta con media docena de sus amigas y criadas, confundiendo en un [illegible] la carne para el adobo, en picadillo para las morcillas, en fin para todo lo conveniente al ~~[illegible]~~ interesante tratado de las morcillas. Entró Jacinto, acercóse al grupo, resbaló en una piltrafa, y cayó... Horrible decir que ~~[illegible]~~ fue tan monstruoso que parece verdad. El infeliz muchacho cayó instantáneamente

490.

sobre su madre María Remedios, que tenía un gran cuchillo carnicero en la mano. Por un movimiento fatal, el arma se clavó en el pecho del joven, atravesándole el corazón.

Estoy consternado... Mañana irán las pruebas... Añadiré otros dos pliegos, porque he descubierto un nuevo orbajosense ilustre, Bernardo Amador de Soto, que fué espolique del duque de Osuna, y le sirvió durante la época del virreinato de Nápoles, y aun hay indicios de que no hizo nada en el complot contra Venecia.

XXXII

Esto se acabó. Es cuanto por ahora podemos decir de las personas que parecen buenas y no lo son.

Fin de la novela

B. Pérez Galdós

»dado en los puros huesos. Lo más particular es »que ha reñido con su sobrina, y vive solo, enteramente solo en una casucha del arrabal de Baidejos. »Ahora dicen que renuncia su silla en el coro de la »catedral y se marcha á Roma. ¡Ay! Orbajosa pier»de mucho, perdiendo á su gran latino. Me parece »que pasarán años tras años y no tendremos otro. »Nuestra gloriosa España se acaba, se aniquila, se muere.»

»Orbajosa 23 de Diciembre.

«Mi carísimo amigo: escribo á Vd. á toda prisa »para decirle que no puedo remitir hoy las pruebas. »Acaba de suceder en mi casa una desgracia espan»tosa... Me llaman... Tengo que acudir... No sé lo »que es de mí.

»Era cierto el proyecto de casamiento de Jacin»to con mi cuñada. Esta mañana estaban todos en »casa. Se habia matado el cerdo para las Páscuas. »Las mujeres se ocupaban en las alegres faenas de »estos dias, y viera Vd. allí á Perfecta con media »docena de sus amigas y criadas, ocupándose en »limpiar la carne para el adobo, en picarla para »los chorizos, en preparar todo lo concerniente al »interesante tratado de las morcillas. Entró Jacinto, »acercóse al grupo, resbaló en una piltrafa y cayó... »¡Horrible suceso que, por lo monstruoso, no parece »verdad!... El infeliz muchacho cayó violentamente »sobre su madre María Remedios, que tenia un gran

»cuchillo en la mano. Por un mecanismo fatal, el »arma se envasó en el pecho del jóven, atravesán»dole el corazon.

»Estoy consternado... ¡Esto es espantoso!... Ma»ñana irán las pruebas... Añadiré otros dos pliegos, »porque he descubierto un nuevo orbajosense ilus»tre. Bernardo Armador de Soto, que fué espolique »del duque de Osuna, le sirvió durante la época del »vireinato de Napoles y aun hay indicios de que no »hizo nada, absolutamnete nada en el complot con»tra Venecia.»

XXXII.

Esto se acabó. Es cuanto por ahora podemos decir de las personas que parecen buenas y no lo son.

FIN DE LA NOVELA.

Madrid.—Abril de 1876.

Orbajosa 12 de Diciembre.

«Una sensible noticia tengo que dar á usted. Ya no tenemos Penitenciario, no precisamente porque haya pasado á mejor vida, sino porque el pobrecito está desde el mes de Abril tan acongojado, tan melancólico, tan taciturno, que no se le conoce. Ya no hay en él ni siquiera dejos de aquel humor ático, de aquella jovialidad correcta y clásica que le hacía tan amable. Huye de la gente, se encierra en su casa, no recibe á nadie, apenas toma alimento, y ha roto toda clase de relaciones con el mundo. Si le viera usted no le conocería, porque se ha quedado en los puros huesos. Lo más particular es que ha reñido con su sobrina y vive solo, enteramente solo en una casucha del arrabal de Baidejos. Ahora dicen que renuncia su silla en el coro de la catedral y se marcha á Roma. ¡Ay! Orbajosa pierde mucho, perdiendo á su gran latino. Me parece que pasarán años tras años y no tendremos otro. Nuestra gloriosa España se acaba, se aniquila, se muere.»

Orbajosa 23 de Diciembre.

«El joven que recomendé á usted en carta llevada por él mismo, es sobrino de nuestro querido Penitenciario, abogado con puntas de escritor. Esmeradamente educado por su tío, tiene ideas juiciosas. ¡Cuán sensible sería que se corrompiera en ese lodazal de filosofismo é incredulidad! Es honrado, trabajador y buen católico, por lo cual creo que hará carrera en su bufete como el de usted... Quizás le llevará una ambicioncilla (pues también la tiene) á las lides políticas, y creo que no sería mala ganancia para la causa del orden y la tradición, hoy que la juventud está pervertida y acaparada por los *de la cáscara amarga*. Acompáñale su madre, una mujer ordinaria y sin barniz social, pero que tiene un corazón excelente y acendrada piedad. El amor materno toma en ella la forma algo abigarrada de la ambición mundana, y dice que su hijo ha de ser Ministro. Bien puede serlo.

»Perfecta me da expresiones para usted. No sé á punto fijo qué tiene; pero ello es que nos inspira cuidado. Ha perdido el apetito de una manera alarmante, y ó yo no entiendo de males, ó allí hay un principio de ictericia. Esta casa está muy triste desde que falta Rosario, que la alegraba con su sonrisa y su bondad angelical. Ahora parece que hay una nube negra encima de nosotros. La pobre Perfecta habla frecuentemente de esta nube, que cada vez se pone más negra, mientras ella se vuelve cada día más amarilla. La pobre madre halla consuelo á su dolor en la religión y en los ejercicios del culto, que practica cada vez con más ejemplaridad y edificación. Pasa casi todo el día en la iglesia, y gasta su gran fortuna en espléndidas funciones, en novenas y manifiestos brillantísimos. Gracias á ella, el culto ha recobrado en Orbajosa su esplendor de otros días. Esto no deja de ser un consuelo en medio de la decadencia y acabamiento de nuestra nacionalidad...

»Mañana irán las pruebas... Añadiré otros dos pliegos, porque he descubierto un nuevo orbajosense ilustre. Bernardo Amador de Soto, que fué espolique del duque de Osuna, le sirvió durante la época del vireinato de Nápoles, y aun hay indicios de que no hizo nada, absolutamente nada, en el complot contra Venecia.»

NOTES

Serenitat.

Quin pler me dona, sobre'l tou de l'herba
ben ajegut y ab un comens de sòn,
endevinar darrera'ls closos parpres
un cel immens, de rutilant blavor.

Y sentí'l pes d'aquella mar tan fonda
sobre tot el meu cos, sobre tot jo,
y buydarme tot jo dins ses entranyes
ab un esllanguiment sense dolor.

Y recordar ab vaguetats d'ensomni
que aquell cel tan feixuch, d'un blau tan fort,
se fa tan esblaymat, tan apacible,
al desmayarse enllà dels horitzons...

Quin pler me dona, sobre els càlits brins
d'herba agegut y ab una sòn esterna,
endevinar darrera els parpres fins
un cel immens qui, olímpic, enlluerna.
Y sentî el pes d'aquella gran blavor
sobre el meu cos y sobre les montanyes,
y buidar-me tot jo dins ses entranyes
ab un esllanguiment sense dolor.
Y recordar confosament encara
que aquella mar qui els àmbits acapara,
besa després timidament la posta,
com dins la cala, gairebè divina,
besa l'onada joguinosa y fina,
l'àuria garlanda de l'oberta costa.

Quin gust em dona, sobre els càlids brins

d'herba, ajegut, i amb una son externa,

endevinar, darrera els purpres fins,

un cel que, fit a fit, ens enlluerna!

I sentir, d'aquell gruix,
~~Sentor, del gruix del cel.~~
~~I sentor, d'aquell blau,~~ la pesantor

sobre el cos meu i sobre les muntanyes,

i buidar-me tot jo dins ses entranyes

amb un esllanguiment sense dolor.

I recordar confusament, encara,

que el blau intens, que els àmbits aclapara,

empal·lideix al caire de la posta,

com, dins la cala, fràgil i divina,

s'agenolleix l'onada gegantina

rosegaria de la
que els blocs ~~rosega de la brava~~ costa.

[LXXII]

LLANGOR

Quin gust em dóna, sobre els càlids brins
d'herba, ajegut, i amb una son externa,
endevinar, darrera els parpres fins,
un cel que, fit a fit, ens enlluerna!

I sentir, d'aquell gruix, la pesantor,
sobre el meu cos i sobre les muntanyes,
i buidar-me tot jo dins ses entranyes
amb un esllanguiment sense dolor.

I recordar confusament, encara,
que el blau intens que els àmbits aclapara,
empal·lideix al caire de la posta,

com, dins la cala fràgil i divina,
s'agemoleix l'onada gegantina
que els blocs rosegaria de la costa.

Tuvo mi corazón, encrucijada
de cien caminos, todos pasajeros,
un gentío sin cita ni posada,
como en andén ruidoso de viajeros.
Hizo a los cuatro vientos su jornada,
disperso el corazón por los senderos
de llana tierra y piedra aborrascada,
y a la suerte, en el mar, de cien veleros,

Hoy, en el campo que torna a su colmena,
cuando el ... de enero enronquece
en busca de su peña ennegrecida,
vuelve mi corazón a ser faena
una rectitud del campo, que florece
y al luto de la tarde desasida.

A. M.

Tuvo mi corazón, encrucijada
de cien caminos, todos pasajeros,
un gentío sin cita ni posada,
como en andén ruidoso de viajeros.
Hoy, a los cuatro vientos, su jornada,
disperso el corazón por mil senderos,
de llana tierra y piedra aborrascada,
y a la suerte, en el mar, de ~~cien~~ veleros.
Hoy, enjambre que torna a su colmena,
cuando el bando de cuervos emigrante
en ocaso de su cielo renegrida,
vuelve mi corazón a su faena
con néctar del campo que florece
y el luto de la tarde desabrida.

A. M.

¡Sí, mar, gran mar de delirios dotado,
Piel de pantera y clámide calada
Por tantos, tantos ídolos del sol,
Ebria de carne azul, hidra absoluta,
Que te muerdes la cola refulgente
En un tumulto análogo al silencio,

El viento vuelve, intentemos vivir!
¡Abre y cierra mi libro el aire inmenso,
Con las rocas se atreve la ola en polvo!
¡Volad, volad, páginas deslumbradas!
¡Olas, romped ~~con aguas jubilosas~~ gozosas el tranquilo
~~Ese tranquilo~~ echo ~~de~~ los foques – donde picotean!

[techo – donde los foques picotean!]

An liureia ni la neu nil frey. ueyr uenir nil glatz nil aura.
chantarai delas traicios. quē fetz mon sogrel uelll tyrios.
cauc no mi uale ni dreit ni fei. al bran daciē ne dam mer
cei. e al ferran matagelos.

E sobre tot al glorios. q̄ sab mon dreit e mas razos. q̄sters autra
dona no uey. mas ma sogra nau sopley. q̄s la genter ela plus pros.
q̄ sia deça enfre nos. e menc ne q̄ no desautrey.

E ia no sen contat ab mei. un caualer ni duy ne trei. q̄ la genter
dona cauc fos. bela sogra e lietz uos. q̄ sia de neguna ley. a lienteriam
fe q̄us dey. dos catalas o tres gascos.

Sogra p uos estau ioyos. francs e fis o homelitos. e can ma senne
ra despley. en batayla ni en tornei. uau del ferir encorratios. q̄ sera
leupartz olros. no mouria tan gran estrey.

Arnaldo en ton palafrey. ten uay dir amon seinhel rey. ioglar no
sies temezos. enans sias del dir cochos. quel per fol cosseyl nom guer
rey. q̄ mais ual q̄n sa cort plaidei. a quel ne sia poderos.

Aleu farai dreit uolenteros. e manamet en sa mercey. e q̄ ma
pcla de nostey. eu nō soan neire ni ros.

El so quicanto e cola. tant soi ayrade cauinen. si que i
destral ni escola. noy deman ni ferramen. q̄sters nay bas
tidas cen. q̄ maestre del escola. so e am tan finamen. q̄
p pauc lo cor nom uola.

Si deus me do alegranza. e gaug de mon pecabal. tant hi fer
ray de ma lanca. entre quaresme nadal. q̄n lengua moza de sal. naura
chaug e pesanca. e tut mei amich coral. gaug e alegrança.

Si mon caual trota lega. no men fal sous assegur. q̄n tal leue
nol acossega. si no trop q̄ men atur. q̄ no y ha autrech tan dur. q̄
mon bran dacer cossega. q̄ ios la carn nol peuer si adeu merce no i
pregha.

b n. c. y. e. uy. a. uui. b. c. bi. e biy. e buy. miquenc lautrer a contra
tre. ab ma osta tota nuit. e sim trobes flac e buit. per la fe q̄us dey

I	II
I Can l'ivern ni la neu ni·l frey	Ar el mes que la neu e·l frei
vey venir ni·l glatz ni·l aurei,	vei venir e·l gel e·l aurei,
chantarai de las traicios	chantarai de las tracios
que·m fetz Mon Sogre, ·l veill tynos;	qe·m dis Mos Sogres, vieills tignos
c'anc no m'i valc ni dret ni fei,	e pois no m'en val dretz ni fei,
al bran d'acer ne clam mercei	al bran d'acier en clam mercei
e al ferran Matagelos.	et al ferran Matagilos.
II E sobre tot al Glorios,	E sobre tot al Glorios,
que sab mon dret e mas razos,	que sap mos dreitz e mas razos,
qu'esters autra dona no vey	q'estiers autres amics no·m vei
mas Ma Sogra, a cui sopley,	mas sol Ma Sogra, cui soplei,
qu'es la gençer e la plus pros	q'es la mieiller e la plus pros
que sia de ça enfre nos;	dompna que sia demest nos;
e ment ne qui m'o desautrey.	e ment qui que m'o desautrei.

I. - 1 Ara mens [mes *D*] que *DD*ᵃ*IK*. 3 Chantarai *repetido en C*. 4 Que dis *C*; mos suegrel vielh *C*, mos sogres viellz *D*, mons suegrels viels *D*ᵃ, mos suegrels viels *IK*. 5 [dreiz *mala transcripción de Pakscher-De Lollis*]; ni fes *ACDD*ᵃ*IKω*. 6 daser *D*; merces *ACDD*ᵃ*IKω*. 7 feran *DIKω*.

II. - 9 saup *IK*. 10 noy *C*, noi *D*ᵃ*IKω*. 11 suegra *D*ᵃ*IKω*. 13 de ues *CDD*ᵃ*IK*. 14 no *S*ᵍ.

4. Para este caso de correcta declinación en la versión II *(Mos Sogres)*, e incorrecta en la I, de copista catalán *(Mon Sogre)*, § 150. También en el verso 6, I trae la solución catalana *acer* y II la provenzal *acier*, etc.

5. *valc* y *val:* es frecuente en provenzal el uso del verbo en singular concordando con dos o más sustantivos (otros casos en III, 15; XIV, 32; XX, 41, etc.; cfr. Varvaro, *Rigaut de Berbezilh*, pág. 102, nota 18). Ello está autorizado por Jofre de Foixà en sus *Regles de trobar:* "... si tu pauses dos nomenetiuz singulars apres lo verb ab que s'ajusten, potz pausar en plural... e atressi potz pausar lo verb en singular, per ço cor lo verb singular respon a cascu dels nominatius singulars, enaxi com qui desia: 'Sa gran beutatz e sos pretz senyoreja' " (edición Li Gotti, pág. 72).

6. El *bran* es propiamente la hoja de la espada, pero tanto en provenzal como en francés y catalán antiguo designa, muy a menudo, toda la espada.

7. Levy, *SW*, V, pág. 141, interpreta este verso suponiendo que *ferran* significa "de color de hierro, gris", y que *Matagelos*

I. {Cuando veo venir el invierno, y / Ahora en el mes en que veo venir} la nieve y el frío y el hielo y la tormenta, cantaré de las traiciones {que me hizo / que me dijo} Mi Suegro, {el viejo tiñoso; / viejo tiñoso; y} pues con él {nunca me valieron / no me valen} derecho ni fe, recabo el auxilio de la espada de acero y del corcel Mataceloso.

II. Y sobre todo del Glorioso, que sabe {mi derecho / mis derechos} y mis razones; pues de otro modo no veo {a otra dama / a otros amigos} sino { / sólo} a Mi Suegra, a la que imploro, que es {la más gentil / la mejor} y la más noble { / dama} que haya {aquí entre / alrededor de} nosotros, y miente {quien / cualquiera que} me lo discute.

---

es el nombre de una lanza, tal vez siguiendo a Stössel, *Die Bilder,* pág. 8, nº. 18. Así como las espadas solían tener nombre propio, no es frecuente que lo tuvieran las lanzas. Esta interpretación de Levy ya fue refutada por Ugolini (en nota a este verso), quien dio el sentido exacto. Añadamos que el mismo Levy, *Petit dic.,* pág. 188, registra *ferran,* "cheval gris (de fer)", y en *SW,* III, pág. 467, ac. 3: "graues Pferd". Peire Vidal cita "destriers ferrans ni bais" (364, 35; edición Avalle, pág. 70), y nuestro Guillem de Berguedà habla de un "bai feran" en *Ara voill un sirventes far* (XXIV, 9). *Matagelos* o *Matagilos* es un nombre muy adecuado para un caballo de Guillem de Berguedà, sobre todo cuando presume de luchar con Pere de Berga; y no es extraño, pues un caballo de Girard de Fraite se llamaba "Matefelon": "Li viels Girars broce Matefelon" *(Aspremont,* verso 5026; edición L. Brandin, I, pág. 161). Un ingenio de guerra que en 1191 fabricó Ricardo Corazón de León en Sicilia fue bautizado con el nombre de "Mategriffun" (cfr. J. Hewitt, *Ancient Armour and Weapons in Europe,* I, Londres, 1860, pág. 176).

matador de oso e de puerco e de cavalleros señore, B (A)
quier de cavallo quier de pie que ningun otro mejor. A
Nunca rafezes compañas, fijo, amastes vos, A
e muy bien vos aveniades con las mas altas e mejores, A
¡Vuestro tio don Rodrigo malas bodas vos guiso: B A
a vos fizo matar e a mi metio en prision!, B A
¡traidor le llamaran quantos por nascer son!» B A

Lamento por Rodrigo

Beso la *cabeça* llorando e en su lugar la *miso;* A
la de Ruy Gonçalez en braços la priso. B A
«Fijo Ruy Gonçalez, cuerpo muy entendido, A
.. cuerpo tan sabido B
de las vuestras buenas mañas un rey seria conplido, A
de las mañas de vuestro cuerpo un rey se ternia por complido B
muy leal a señor e verdadero amigo, A
leal para señore e bueno para amigo B
mejor cavallero de armas que nunca omne vido. B
nunca mejor cavallero de armas en el mundo *fue* nasçido A
¡Malas bodas vos guiso vuestro tio don Rodrigo: B A
a vos fizo descabeçar e a mi metio en cativo! B (A)
Hevos finados deste mundo mesquino, B (A)
el por sienpre avia perdido el paraiso». B A

Lamento por Gustios

Beso la cabeça llorando e en su lugar la *dexava;* A
la de Gustios Gonçalez en braços la tomava, B A

Crónica de 1344 A

tras mañas, fijo, pagar se devia un emperador: **122** vos erades matador de los puercos monteses e de los osos, **123** quier de cavallo quier de pie, mejor que ninguno otro; **124** fijo, vos nunca amastes compañas rafezes, **125** mas las mejores e las mas altas que fallavades, e muy bien vos sabiades avenir con ellas. **126** E guisovos muy malas bodas vuestro tio Ruy Vasquez, **127** que vos fizo matar e a mi meter en prision, **128** e los que por nasçer son le avran por esto a llamar traydor». **129** Entonçe la beso llorando e pusola en su lugar, **130** e tomo la de Ruy Gonçalez entre sus braços e dixo: **131** «¡Fijo Ruy Gonçalez, cuerpo muy entendido, **132** de las vuestras buenas mañas un rrey seria conplido! **133** vos erades muy leal a señor e verdadero amigo; **134** e nunca mejor cavallero dea rmas en el mundo nasçio que vos erades. **135** Malas bodas vos guiso vuestro tio Ruy Vasquez, **136** que vos fizo matar, e a mi meter en grandes fierros e en carçel! **137** E vos sodes muertos, **138** e el ha perdido el parayso.» **139** E beso la cabeça, llorando mucho de los sus ojos, e pusola en su lugar, **140** e tomo la de Gustios

---

Interpolación de la Terc. Crón. Gral. B.

que vos bautizo. **122** Matador de oso e de puerco e de cavalleros señore; **126** vuestro tio don Rodrigo malas bodas vos guiso; **127** a vos fizo matar, e a my metio en prision; **128** traidor le llamaran quantos por naçer son». **130** La cabeça de Ruy Gonçales en braços la priso. **131** «Fijo Ruy Gonçales, cuerpo tan sabido, **132** de las mañas de vuestro cuerpo un rey se ternya por complido: **133** leal para señore, e bueno para amygo, **134** mejor cavallero de armas que nunca ome vido. **135** ¡Malas bodas vos guiso vuestro tio don Rodrigo: **136** a vos fizo descabeçar, e a my metio en cativo. **137** Hevos finados deste mundo mesquino; **138** el por sienpre avia perdydo el paraiso». **140** La cabeça de Guçios Gonçales en braços la tomava,

M

[17] E despues que lloro e fizo su duelo, dixo: "Yo vos dyre lo que en esta tabla esta escrito; e esta ay que los de Merida mandaron que *f*iziesen el muro de Ilia de quinze codos en alto". E en la tabla non estava al sino esto. [18] E esto fizieron escrevir los de Merida e poner sobre el vnbral de la puerta de la çibdad, para ser sabido por todas las tierras de España lo qu' ellos fazian.

E despues fue fallado en Merida vna tabla de alaton escrita que dezia ansi: [19] que gentes de muchas partes vinieron fazer la çibdad de Ylia con miedo de los de Merida; en que fallaron que la *f*izieron muy toste e muy sotilmente.

[20] E desi que leyeran en los fundamientos viejos que nengun honbre non entrara en Merida quando Abdarrahame, el fijo de Moabia, en España entro, que se non maravillase de las fermosura que avia en Merida e, desque las vio, que entro en vna see que ay avia e fallo ay vn ermitano, [21] e aquel ermitaño andudo con el derredor de la yglesia. E quando fue en derecho de vn lugar donde solia estar vn cruçifiçio de Jhesu Christo, dixo: "En este lugar falle yo vn ermitaño que avia çiento e veinte años que ay

E; tabla *E*, tablada *M*; al sino y esto f. *E*. — 56 [e que *Ca*]; ficieron *E*, hiz. *M*. — 58 "*E desi*" *por incomprensión del pg.* "*E disse*" [E dixo *Ca*]; q. nengum h. non *E*, q. ningun h. non *M*, *interpretando mal el pg.* "*que hũum homen*" [que vn onbre *Ca*]. — 62 ygleja *E*. — 63 crucecificio *E*. — 64 y 65 ermitaño *E*, ermitano *M*. — 65 e. en vn ermita *M*, e. vn ermitaño *E* (*error*

U

[17] E despues que asy ouo llorado e fecho su duelo, dixo: "Yo vos dire lo que en esta tabla yaze escripto: aqui yaze en commo los de Merida mandaron que feziesen el muro della de quinze cobdos en alto". E en la tabla non yazia al synon esto. [18] E esto fizieron escriuanos de Merida e poner sobre la mejor puerta de la çibdat, por ser sabido por todas las tierras de España lo que ellos fazian.

E dixo que fallaron en Merida vna tabla de laton escripta que dezia asy: [19] gentes de muchas partes venieron a fazer la çibdat de Hilia con miedo de los de Merida: e que fallara que la fiziero*n* muy toste e muy sotilmente.

[20] E dixo que el leyera en los fundamentos viejos e que fallara que vn omne en Merida, quando Abderramen, fijo de Moabia, entro en España, que viese las fermosuras e marauillas que auia en Merida que, desque las ouo vistas, que entro en vna iglesia que y auia e que fallo y vn hermitaño, [21] e aquel hermitaño andouo con el aderredor de la iglesia. E quando fue en derecho de vn lugar onde solia estar vn cruçifixo de Jhesu Christo, dixo: "En este lugar falle yo vn hermitaño que auia çiento e veynte años que aqui estouiera, el qual hermitaño me dixo que ante

onrra *VV'*. — 47 dixo *falta QV*. — 48 en como hiziesen el m. *V'*. — 49 fiziese *Q*; della *UQVV'* [de Ilya *LP*]; palmos *V*, codos *V'*; E *falta VV'*; non auia al *Q*. — 50 escriuanos de *UQV* *por incomprensión del pg.* "*escrepver os de*"; ponerla *V*; sobre mejor *Q*. — 51 para ser *VV'*; las partes de E. *QV*. — 52 dixeron *V*; fallaran *V*. — 53 Hilim *Q*, Yvan *V*, Xuan *V'* [Ilia *LP*]; con miedo *QVV'* [con medo *LP*], commo miedo *U*. — 54 e que fallara *repetido U*; fallaron *VV'*; fizieron *Q*, hizieron *VV'* [ferezon *LP*], fiziera *U*. — 55 que leyera *Q*; fundamientos *Q*. — 56 Avderramen *V'*, Avderrame *V*, Abedarremen *Q* [Abderamen *LP*]. — 57 M. e desque *QV*. — 58 eglesia *Q*; e fallo *V'*; e que el ermyt. anduvo *V*, e que anduvo *V'*. — 59 de aquella ygl. *V*; eglesia *Q*; de aquel lugar *V*. — 60 fallo *Q*. — 62 el *falta V'*; est. viera aqui *V*; muy ... hermit.

(2563) 2527. Setieñbre traỹe çerallos ⁊ ſegudie las nogueras
apretaua las cubas podaua las mj*n*breras
vendemaua las vjñas co*n* falçes podaderas
no*n* dexaua las parras llegar a las figeras
(2564) 2528. Eſtaua don Otubre ſus mjeſegos fasiendo (184ro)
enſaỹava los vjnos quales yrien disiendo
yuan com*mo* de nuevo ſus coſas rreq*ue*riendo
yua pora σenbrar el yujerno vjnjendo
(2565) 2529. Noujenbre ſegudie a los puercos las landes
caỹera de vn rrobre leuavanlo en andes
enpiençan al creſuelo veỹlar los abesantes
q*ue* σon las nochēs luengas los dias no*n* ta*n* grandes
(2566) 2530. Mataua los puercos Disienbre por la mañana
almorçava los figados por matar la lagaña
tenje njebla eſcura ſienpre por la mañana
q*ue* es en eſy tienpo ella muỹ cutiana
(2567) 2531. Las eſtorias cabdales fechãs de bue*n* pjntor
la vna fue de Ercoles firme canpeador
en *el* σegundo paño de la rrica lavor
la otra fue de Paris vn bue*n* doñeador
(2568) 2532. Nyñuelo era Ercoles aſas poco mocuelo
apenas abrie los ojos jasie en *el* berçuelo
entendiole la madraſtra q*ue* σerie fuerte njñuelo
q*ue*rria fer a la madre veỹer del fiio duelo
(2569) 2533. Enbiava doſ ſierpes q*ue*rienlo afogar
perçibiolas el njño q*ue* lo q*ue*rie*n* matar
ovo con ſendas manos a ellas allegar
afogolas a amas ovo luego peſar
(2570) 2534. Deſeñt yua c*ri*aando ſintieſe muỹ caliente
vençie muchãs batallas conqujrie muchã gente
q*ui*taua ad Anteo*n* muỹ aujltada meñt
plantava ſus mojones luego e*n* oçideñt
(2571) 2535. Paris ʀabio a Elena fiso grañt adulterio (184vo)
ʀeſçibiero*n* lo en Troỹa mas fue por ſu duelo
no*n* qujſiero*n* los g*ri*egos ſofrir tan grañt lase*r*yo
juraron de vengarſe todos en *el* σalterio
(2572) 2536. Vynjen çercar a Troỹa con agueros catados
eſtaua*n* los de dentro firme agujſados
eran de todas partes ʀepreſos ⁊ lasrados
pero ellos ⁊ ellos eſtaua*n* deſfeusados
(2573) 2537. Los dyes años paſados q*ue* la çerca durava
auje a morir Etor Achiles lo matava
pero avn la villa e*n* duro ſe parava
q*ua*ndo el termjno pueſto avn no*n* ſe llegaua
(2574) 2538. Auje avñ Archiles e*n* cabo a morir
onde auje*n* el cavallo los g*ri*egos a baſtir
avien con grañt engaño Troỹa a co*n*q*ue*rir
oujeronla por ſuelo toda a deſtroỹr

[LXXXII]

(2563) 2399. Setembrio trae uaraſ || ſacude las nogueras
ap*re*taua las cubas || podaua las uimbreras
vendimiaua las uinnas || co*n* fuertes podaderas
no*n* dexaua los paſſaros || llegar a las figueras
(2564) 2400. Eſtaua don Ochubrio || ſus miſſiegos faziendo
ȳua como de nueuo || ſus coſas requiriendo
ȳua pora ſembrar || el inuierno ueniendo (146vo)
enſaȳando los uinos || q*ue* azen ȳa feruiendo
(2565) 2401. Nouenbrio ſecudia || a los puercos las landes
ca era dun ʀoure || leuauan lo en andes
compieçan al criſuelo || uelar los aueçantes
ca ſon las noches luengas || los dias no*n* tan grandes
(2566) 2402. Mataua los puercos || Dezembrio p*or* ma*n*nana
almorzauan los fegados || por amatar la gana
tenie nȳubla eſcura || ſiempre p*or* la ma*n*nana
ca es en eſ tiempo || ela muȳ cotiana
(2567) 2403. Las eſtorias cabdales || fechas de bon pintor
la una fu de Hercules || el bon campeador
el ſegundo pa*n*no || de la rica ualor
la ot*ra* fu de Paris || el bon doneador
(2568) 2404. Ninno era Hercules || aſſaz peq*ue*no moçuelo
adur abria los oȳos || azia en el breçuelo
entendio la madraſtra || q*ue* era fuerte moçuelo
queria fazer a la madre || ueer de fijo duelo
(2569) 2405. Enuiaua dos ſierpes || q*ue*rieno afogar
entendio lo el ninno || q*ue* lo q*ue*rien matar
ouo con las manos || en ellas a trauar
afogo las a ambas || ouo ella g*ra*nt peſar
(2570) 2406. Deſende ȳuaſ criando || fazia ſſe muȳ ualiente
vençia muchas bataias || *con*q*ue*rie mucha ȳente
echaua a Antheon || mucho auiltada miente
plantaua ſus moiones || luego en occiente
(2571) 2407. Paris roſſo a Helena || fizo g*ra*nd adulterio
reçebio lo Troȳa || mas fu por ſu lazerio
non q*ui*ſioro*n* los g*ri*egos || ſofrir tan g*ra*nt *cont*r*a*rio
iuraron de uengar ſe || todos en el ſalterio
(2572) 2408. Venien çercar a Troȳa || co*n* agueros catados
eſtauan los de dentro || firmes ⁊ aguiſados
eran de todas partes || repreſos ⁊ lazdrados
pero ellos ⁊ ellos || eſtauan eſſorçiados
(2573) 2409. Los .x. a*n*nos paſſados || q*ue* la çerca duraua
auie de morir Ector || Achilles lo mataua
pero aun la villa || en duro ſe paraua
ca el t*er*mino pueſto || aun no*n* ſe llegaua (147ro)
(2574) 2410. Auie aun Achilles || en cabo a morir
ende auien el cauallo || los g*ri*egos a baſtir
auien co*n* g*ra*nt enga*n*no || Troȳa a conq*ue*rir
ouioro*n* la p*or* ſuelo || toda a deſtroȳr

[LXXXIII]

(1383) Tú tienes grandes casas, mas ay mucha conpaña,
comes muchas vïandas: aquesto te engaña;
buena es mi probreza en segura cabaña
que mal pisa el ome, el gato mal rascaña.'

(1384) Con paz e segurança es rica la pobreza;
al rico temeroso es pobre la riqueza:
sienpre tiene reçelo e con miedo tristeza;
la pobredat alegre es segura nobleza.

(1385) Más valen en convento las sardinas saladas
e fazer a Dios serviçio con las dueñas onradas,
que perder la mi alma con perdizes assadas
e fincar escarnida como otras deserradas.»

(1386) «Señora», diz' la vieja, «desaguisado façedes
dexar plazer e viçio, e lazeria queredes;
ansí como el gallo, vos ansí escogedes:
dezir vos é la fabla e non vos enojedes.

Enxienplo del gallo que falló el çafir en el muladar.

(1387) En un muladar andava el gallo ajevío;
estando escarbando mañana con el frío,
falló çafir, ¡culpado!, mejor ome non vío;
espantóse el gallo, dixo como sandío:

5659. p. su r. GT. 5665. e. con o. S. 5666. D. la v. s. GT. *vv. 5670-5725: testo in SGT.* 5670. A. en el m. S. 5673. g. e d. GT.

5655. Comen G, muchos manjares T. 5656. es *om.* S. 5657. Q. el o. m. p. e el T, o. al g. G. 5658. En p. e con s. G, es buena la S. 5659. El r. . . . p. en su r. T. 5660. T. s. r. con m. e t. T. 5661. es muy noble riqueza GT. 5662. vale ST. 5663. E *om.* GT, faziendo T. 5667. v. e desagisado que (*sic*) G, v. l. T. 5668. galgo G, escogeredes T. 5669. enojaredes T. 5670. muralda G, g. aujando G, g. çerca un río T. 5671. esc. de m. T. 5672. F. un ç. colgado T, ç. golpado él nunca m. v. G, vido SGT. 5673. el villano d. T, dexól S.

5657. *rascaña*: cf. *CBaena* 133ra «la burla non rascaña» (SCHMID, p. 137). 5658. *es rica la pobreza*: cf. GUALTIERO ANGLICO, op. cit., v. 26 «pauperiem ditat pax opulenta mihi». 5668. In S *gallo* è correzione della stessa mano su *galgo*. 5670. *ajevío*: lezione oscurissima ma certo assai più vicina a quella originale dell'assurdo mostriciattolo di G, che oltre ad esser privo di senso rompe la rima, e del maldestro conciero di T. 5671. *mañana*: «temprano, por la mañana» (DCELC, III 250). 5672. *¡culpado!*: «¡el desventurado! ¡el necio!» (DCELC, II 743). Non è senza gravi perplessità che va accolta, perché meno insoddisfacente delle altre possibili, la citata interpretazione del COROMINAS; le varianti di G e di T sarebbero differenti congetture provo-

[LXXXIV]

(N 289) 290 (E 290)

Otrosi al consejo deuen sienpre llamar
a aquellos que sopieren en tal caso fablar;
ca segunt dizen en Françia mucho es de rrebtar,
aquel que se entremete de ansares ferrar.

(N 290) 291 (E 291)

Quien non sabe la cosa nin la ouo ensayado,
non puede en el consejo ser mucho avisado,
e seria grant peligro e grant yerro prouado
si el tal al consejo ouiese a ser llamado.

(N 291) 292 (E 292)

Seneca diz': « Las artes abran buena ventura
« si los que las bien saben, las touiesen en cura »;
ca nunca bien disputan en la Santa Escriptura,
ferrero, carpintero, alfayate de costura.

(N 292) 293 (E 293)

Segunt diz' Sant Gregorio, deuese entremeter
cada uno en su arte e en su menester;
ca non puede un filosofo, con todo su saber,
gouerrnar una nao, nin mastel le poner.

(N 293) 294 (E 294)

Si quisieres f(az)er nao, busca los carpinteros;
si quisieres çamarra, busca los pellejeros;
ofiçios son partidos, caminos e senderos:
por unos van a Burgos, por otros a Zebreros.

290b a aquellos] a *om.* *E* / 290c mucho] muy *praem.* *E*; rrebtar] culpar *E* /. 291c peligro] perigo *N* / 291d si el tal] el *om.* *N*; al consejo] al *om.* *E*, consejero *E* /.

292a abran] aurian *N* / 292c disputan] disputara *E* / 292d carpintero] nin *praem.* *E*; alfayate] nin *praem.* *E* /.

293a diz'] dize *NE*; S. Gregorio] s. geronimo *E* / 293d nin mastel] n. boneta *E* /. 294a quisieres] quisierdes *E*; fer] fazer *NE*; nao] naos *E*; busca] buscad *E* / 294b quisieres] queredes *E*; busca] buscad *E* / 294c partidos] apartados *N* / 294d a Zebreros] van *praem.* *E* /.

71

1584

Manuscritos: CH, p.44; 2892, f.20v; 4269, f.27; 19003, f.353; Co 74, f.18v; PR 2801, f.19v; RAE 22, f.107v; E, p.40; I, f.27; RM I, f.22v; RM II, f.83; Ba 147, f.112v; S, f.62v; DG II, f.24v; BM, f.22v; HS B2362, f.27 = A / Ma A, p.226 = A_1 / Se 84-2-9, f.95v = A_2 // 4118, f.17v = B // 4075, f.17 = C / HS B2465, f.260v = C_1 // 4130, f.26v = D // 5913, f.78v; 4101, f.118 = E / RM OCV, f.72v = E_1 // Za, f.20 = F // HS B2360, f.134v = G // HS B2361, f.155 = H

Impresos: Fl, f.160 = B // Vi, f.14v; SC, p.352; Gracián *AA*, p.254 = A // Ho, f.12v = I

CON differencia tal, con gracia tanta
Aquel ruiseñor llora, que sospecho,
Que tiene otros cient mil dentro del pecho,
Que alternan su dolor por su garganta.

I aun creo que el espiritu leuanta
(Como en informacion de su derecho)
A escribir del cuñado el atroz hecho
En las hojas de aquella verde planta.

Ponga pues fin a las querellas que vsa,
Pues ni quexarse, ni mudar estança
Por pico, ni por pluma se le veda.

I llore solo aquel, que su Medusa
En piedra conuirtio, porque no pueda
Ni publicar su mal, ni hacer mudanca.

[LXXXVI]

Ep. A un ruiseñor 4269, HS B2362; E E_1 **I 3** dentro en el B **4** alterna I (R 15836) / con su D **5** y aun sospecho E E_1 / [que] E **7** al escribir de su cuñado C_1 **8** en las cegas E_1 **9** [que usa] C_1 **10** estancia H; esperanza E_1 / mudarse A_2 **11** plumas C C_1 / picio A_1 / niega E E_1 (*corr.*) **12** aquel que solo G

En E y E_1 como del Conde de Villamediana. No está incluido, sin embargo, en la primera edición de sus *Obras* (Zaragoza, 1629). (L. Rosales lo incluye en la suya de 1944; no lo reconoce J.M. Rozas en la suya de 1969). SC señala que fue imitado por Marino: "Sovra l'orlo d'un rio lucido e netto / il canto soauissimo scioglea / musico Rossignuol, ch'auer parea / e mille voci e mille augelli in petto". Crawford acepta esta opinión (69, p.127). L.P. Thomas (239, p.48) lo pone en duda y sugiere que probablemente ambos se han inspirado en una fuente común. En 1584 Marino tenía sólo 15 años; parece imposible que hubiera escrito un soneto que hubiera llegado a las manos de G. antes de esta fecha. El resto del soneto de Marino no tiene ningún parecido con éste. En 1648 fue traducido al inglés por R. Fanshawe. Comentado por E. Orozco Díaz (186, p.180).

1 SC señala que debe de ser una imitación de Garcilaso, Egloga I, v.330-333: "y aquel dolor que siente / con diferencia tanta, / por la dulce garganta / despide", quien a su vez lo habría tomado de Virgilio, *Geórgicas*, IV, v.511-515: "qualis populea maerens philomela sub umbra / amissos queritor fetus, quos durus arator / observans nido implumis detraxit; at illa / flet noctem ramoque sedens miserabile carmen / integrat et maestis late loca questibus implet". La fuente primaria es **La Odisea**, XIX, 521.

10-11 SC señala que son términos usados en un pleito, a los cuales une una expresión popular: *tener buen pico y buena pluma*; *mudar estanza* en términos legales sería cambiar "audiencia o tribunal donde se escuche" (p.354).

[LXXXVII]

voluntades desconcertadas, y por mal nombre alcagüeta. Para unos era tercera, primera para otros, y flux para los dineros de todos. Ver, pues, con la cara de risa que ella oía esto de todos, era para dar mil gracias a Dios.

No me detendré en decir la penitencia que hacía. Tenía su aposento —donde sola ella entraba y algunas veces yo, que, como era chico, podía—, todo rodeado de calaveras que ella decía eran para memorias de la muerte, y otros, por vituperarla, que para voluntades de la vida. Su cama estaba armada sobre sogas de ahorcado, y decíame a mí: —"¿Qué piensas? Estas tengo por reliquias, porque los más déstos se salvan".

Hubo grandes diferencias entre mis padres sobre a quién había de imitar en el oficio, mas yo, que siempre tuve pensamientos de caballero desde chiquito, nunca me apliqué a uno ni a otro. Decíame mi padre: —"Hijo, esto de ser ladrón no es arte mecánica sino liberal". Y de allí a un rato, habiendo suspirado , decía de manos: —"Quien no hurta

---

41. nombre: la llamaban *add S* | alcagüeta: alcahueta *CS*
42. Para.. otros: *om E* | tercera, primera: primera, tercera *C* | primera para otros: y prima para todos *S*
43. pues: *om C* | cara: boca *S*
44. dar... Dios: más atraerles sus voluntades *E*
46. su: un *CS* | donde sola ella: adonde ella *C* donde ella sola *S* | algunas veces: alguna vez *S*
46-7. yo, que, como: como yo *C*
47. chico: chiquito *S*
48. decía: que *add CS* | eran: era *C* | memorias: memoria *C*
48-9. muerte... que: muerte o *S*
49. por vituperarla, que: para vituperalla, que era *C* ***La omisión de S (nota anterior) revela, quizá, que su modelo repetía*** para, *como C. Con todo, prefiero E.*
50. ahorcado: ahorcados *CS* | y: *om S* | a mí: *om C*
51-2. Estas tengo... se salvan: Con el recuerdo desto aconsejo a los que bien quiero que, para que se libren dellas, vivan con la barba sobre el hombro, de suerte que, ni aun con mínimos indicios, se les averigüen lo que hicieren" *E*
52. déstos: de éstos *C*
55. apliqué: ni *add CE*
57. mecánica: mecánico *C* | a: *om E*
58. Quien: El que *S*

---

desconcertadas, ⟦*otros juntona: qual la llamaba enflautadora de miembros, y qual texedora de carnes*;⟧ y por mal nombre Alcagueta. Para vnos era tercera, primera para otros, y flux para los dineros de todos. Ver pues con ‖ la cara de risa, que ella oiia esto de todos era para dar 4r
mil gracias a Dios. <- - ->

Vbo grandes diferencias entre mis padres sobre a quien auia de imitar en el officio. Mas yo que sie[m]pre tuue pensamientos de cauallero desde chiquito nunca me aplique a vno, ni a otro. Deciame mi padre Hijo, esto de ser ladron no es arte mecanica, si no liberal. Y de alli a vn rato auiendo suspirado, decia. De manos. Quien no hurta en el

389

IMPRESOS: P_8 232, P_9 164 = A. / T 50 = B. / *Flores*, 2.ª parte, p. 226 = E / *Entremés de Pero Vásquez de Escamilla*, en el ms. MP 108, f. 138 = F. (La edic. de Astrana Marín es una mezcla de textos.)

MANUSCRITOS: 4117, f. 362 = C / 18405, f. 34 = D / 83-4-39, Colombina, f. 319 = G.

Los textos BDE se aproximan entre sí por la coincidencia en la omisión de los versos 49-60 y por algunas variantes muy importantes. Pero B se aparta en otras para coincidir con A. (F es un pequeño parlamento puesto en boca de don Pedro que requiebra a doña Ana.) El texto C presenta, en cambio, los versos omitidos en BDE, pero coincide con ellos en numerosas variantes relevantes, por lo que procederá de una versión primitiva más completa que la que originó DE y la modificada B. Pero todos ellos son, evidentemente, anteriores a A, que ofrece la versión última. Compárense sólo los versos 1, 8, 28, etc.

(El texto G ofrece sólo los versos 49-60 y 65-72, con la siguiente advertencia: "No se pone toda, porque está casi lo mismo en las obras de Quevedo, a diferencia de algunos términos; sólo hay algunas diferencias en la estancia quinta y el fin de la sexta. Lo que aquí va es del original de Quevedo, y en sus obras está variado por la mayor decencia. La estancia quinta y final de la sexta se pone aquí sólo").

FECHA. La versión E deberá ser anterior a 1611, fecha de la 2.ª parte de las *Flores*.

ERRORES. D: 1 el sueño; 4 vimos flores; 8 sombras a las ramas; 9 ya la minta

OMISIONES. BD: 49-60; E: 32; 49-60.

ADICIONES. F: 4 vv. detrás del 56; 8 vv. detrás del 64.

Texto de A.

LLAMA A AMINTA AL CAMPO EN AMOROSO DESAFÍO

CANCIÓN

Pues quita al año Primavera el ceño
y el verano risueño
restituye a la tierra sus colores
y en donde vimos nieve vemos flores,
y las plantas vestidas
gozan las verdes vidas,
dando, a la voz del pájaro pintado,
las ramas sombras y silencio el prado,
ven, Aminta, que quiero
que, viéndote primero,
agradezca sus flores este llano
más a tu blanco pie que no al verano.

Ven; veráste al espejo de esta fuente,
pues, suelta la corriente

EPÍGRAFE. *Canción amorosa* B / *Quevedo* C / *A la Primavera. Canción* D / *Silva a la Primavera*, G.

[1] Pues quitas, Primavera, al año el ceño B / Pues ya el abril le quita al tiempo el ceño C / Pues quita Primavera al tiempo el DEF
[4] adonde vimos B / y donde CF / y adonde DE
[6] gozan sus C / de verdes D
[8] los ramos sombras y C / sombra a los ramos y E
[9] sal, Aminta BCE / sal, doña Ana F
[11] tus frutos B / sus frutos C
[12] blando pie BDEF / hermoso pie C
[13] Sal, por verte al BCDEF / de la fuente E
[14] que suelta C / su corriente BCDE

del cautiverio líquido del frío,
perdiendo el nombre, aumenta el suyo al río.
Las aguas que han pasado
oirás por este prado
llorar no haberte visto, con tristeza;
mas en las que mirares tu belleza,
verás alegre risa,
y cómo las dan prisa,
murmurando su suerte a las primeras,
por poderte gozar las venideras.

Si te detiene el sol ardiente y puro,
ven, que yo te aseguro
que, si te ofende, le has de vencer luego,
pues se vale él de luz y tú de fuego;
mas si gustas de sombra,
en esta verde alfombra
una vid tiene un olmo muy espeso
(no sé si diga que abrazado o preso)
y a sombra de sus ramas
le darán nuestras llamas,
ya los digan abrazos o prisiones,
invidia al olmo y a la vid pasiones.

Ven, que te aguardan ya los ruiseñores,
y los tonos mejores,
porque los oigas tú, dulce tirana,
los dejan de cantar a la mañana.
Tendremos invidiosas
las tórtolas mimosas,
pues, viéndonos de gloria y gusto ricos,
imitarán los labios con los picos:
aprenderemos dellas
soledad y querellas,
y, en pago, aprenderán de nuestros lazos
su voz requiebros y su pluma abrazos.

15 al cautiverio E / rígido del frío DE
18 verás por F
22 les dan DE / la[s] F
23 mormurando D / la suerte BDEF
26 sal, que BCDEF
28 porque él pelea con luz y tú con fuego BCDEF (que él C; peca B; [él] F)
31 a un olmo BC
32 ni sé D / abrasado B
33 sombras de F
34 pueden dar nuestras BCDE / les darán F
35 ya les F / ya los llamen abrazos CD ([a]brazos D) / ya las llamen abrazos E / ya prisiones C
36 envidia BDE
37 Sal, que F
41 envidiosas BE
42 tórtolas dichosas BCDEF
43 de amor y C
47 aprenderá[n] BC

[XC]

¡Ay, si llegases ya, qué tiernamente,
al ruido de esta fuente,
gastáramos las horas y los vientos
en suspiros y músicos acentos!
Tu aliento bebería
en ardiente porfía
que igualase las flores de este suelo
y las estrellas con que alumbra el cielo,
y sellaria en tus ojos,
soberbios con despojos,
y en tus mejillas sin igual, tan bellas,
sin prado, flores, y sin cielo, estrellas.

Halláranos aquí la blanca Aurora
riendo, cuando llora;
la noche, alegres, cuando en cielo y tierra
tantos ojos nos abre como cierra.
Fuéramos cada instante
nueva amada y amante:
y ansí tendria en firmeza tan crecida
la muerte estorbo y suspensión la vida;
y vieran nuestras bocas,
en ramos de estas rocas,

---

49 si vinieses CFG
50 al rumor de C / al son G
51 g. los aires y l. C / gustáramos los aires y los G
52 en besos, no en razones ni en acentos CG / en suspiros de amor y sentimientos F
53 y tantos te daría CFG (diría F)
54 que los igualaría CFG
55 a las rosas que visten este suelo CFG (viste en F)
56 y a las estrellas que nos muestra el cielo CFG. *F continúa:*

> sal, y saldrá a porfía
> el día antes del día;
> que bien puedes tener, bella tirana,
> por aprendiz de luz a la mañana.

57 pues besara en tus ojos CG (besaré G)
59 mejillas más que el alba bellas C / y en tus mejillas (no hay igual) tan G
60 sin prado, rosas CG
61 Hallaráos aquí F
63 la noche alegre EF
64 tantos ojos abrirá como en sí cierra F. *Continúa así:*

> Hurta el sol a tu ceño
> el ser del mundo dueño;
> amanezcan los rayos al abismo
> y amanezcan tus ojos al sol mismo,
> que de producir flores
> y de inventar colores,
> si en esta soledad salieres antes,
> los abriles tendrás por platicantes.

65 Seremos cada BCDEG
67 y así hallará en BCEG / y en ti hallará D / firmeza tan unida C / firmeza tan subida DG
68 la muerte engaño BCDEG / [y] G
69 pues verán nuestras BCDEG
70 desde estas altas rocas BCDEG

[XCI]

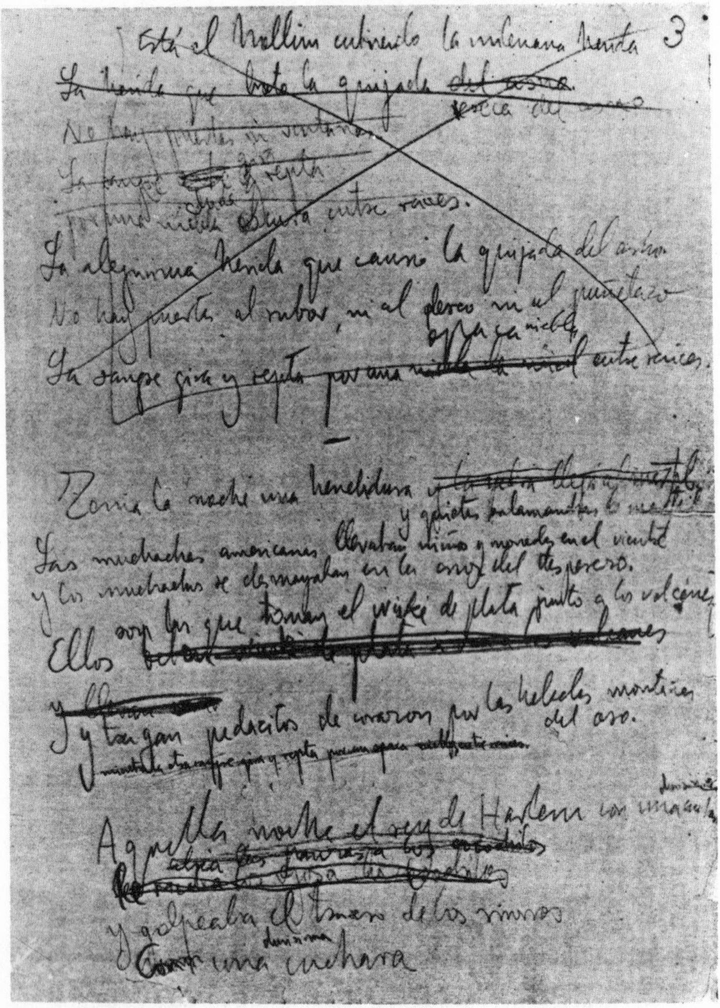

{Está el hollin cubriendo la milenaria herida
La herida que broto la quijada [del asno.]
reseca del asno
No hay puertas ni ventanas.
gira
La sangre [entre] y repta
duda[?]
por una niebla oscura entre raices.
La alegrisima herida que causó (?) la quijada del asno.
No hay puertas al rubor, ni al [p]deseo ni al puñetazo
opaca niebla
La sangre gira y repta por una [niebla [?] la miel] entre raices.]

———

Tenia la noche una hendidura [y la yedra llegó al mastil]
y quietas salamandras de marfil.
Las muchachas americanas llevaban niños y monedas en el vientre
y los muchachos se desmayaban en la cruz del desperezo.
son los que toman el wiski de plata junto a los volcanes
Ellos [beben wiski de plata si van a los volcanes]
[y llevan cieno]
y tragan pedacitos de corazon por las heladas montañas del oso.
[mientras la otra sangre gira y repta por una opaca niebla, entre raices.]

durisima
Aquella noche el rey de Harlem con una cuchara
[abria las panzas a los cocodrilos
[l] lee sacaba los ojos a los cocodrilos]
y golpeaba el trasero de los monos
durisima
[Con] Con una cuchara

de los embudos, los rayadores,
los plumeros y las cacerolas de las cocinas.

¡Ay, Harlem! ¡Ay, Harlem! ¡Ay, Harlem!
No hay angustia comparable a tus rojos oprimidos,
a tu sangre estremecida dentro del eclipse oscuro,
a tu violencia granate sordo-muda en la penumbra,
a tu gran Rey prisionero con un traje de conserje.

***

Tenía la noche una hendidura
y quietas salamandras de marfil.

29-30 Ms.: los rayadores *y* [los plumeros y] las cacerolas de la cocina
PF: los rayadores, los plumeros y las cacerolas de las cocinas.

32 FG, OCL, N: ojos/rojos

33 Ms., PF: de tu eclipse/del eclipse

34 Ms.: a tu violencia granate *cubierta de hollín y sándalo* [sordomuda en la penumbra]

35 Ms.: en un traje/con un traje
FG, OCL, N, S: rey/Rey

[36-39] en dos fases de escritura, las dos desechadas:

(a)
[36] *Está el hollín cubriendo la milenaria herida*
[37] *la herida que brotó la quijada del asno* [*reseca del asno*]
[38] *No hay puertas ni ventanas.*
[39] *La sangre sube y repta por una niebla oscura entre raices* [*gira* / *duda*]

(b)
[36] *Está el hollín cubriendo la milenaria herida*
[37] *La alegrísima herida que causó la quijada del asno*
[38] *No hay puertas al rubor, ni al deseo, ni al puñetazo*
[39] *La sangre sube y repta por una opaca niebla entre raices* [*gira* / *duda*]

36-37 Ms.: un solo verso =
Tenía la noche una hendidura y *la hiedra llegó al marfil* [quietas salamandras de marfil.]
N, S: un solo verso.

[XCIV]

OBSERVACIONES A LAS LÁMINAS

LÁMINA I

Tres fragmentos del ms. *S* (Salamanca, Universidad, ms. 2663) del *Libro de Buen Amor,* folios 79r, 19v y 5v. Son los casos que se estudian en las págs. 55, 127, 130.

LÁMINAS II Y III

Los folios 129v y 130r del ms. *S* (Madrid, Biblioteca Nacional, ms. 6376) de las obras de don Juan Manuel. Obsérvense las lecciones *conteçió* y *contesçió* en la Tabla (vid. p. 167), y la falta de solución de continuidad entre el desenlace del *Libro de los Estados* (fol. 129v.a) y el principio de la Tabla y entre ésta y el prólogo de *El Conde Lucanor.* En otra disposición, la Tabla ocuparía un folio completo exacto.

LÁMINAS IV Y V

Los folios 130r y 154r, respectivamente, del *Cancionero de Baena* (París, Bibliothèque Nationale, ms. esp. 37), y en los que se copian, con distinta mano, las mismas obras de Gómez Pérez Patiño (o Patino). Los errores que cometen ambos copistas permiten conjeturar que ninguno es *textus descriptus,* en copia directa o indirecta, del otro.

LÁMINAS VI Y VII

Hojas ¶ 2v y ¶ 3r de los preliminares de las *Obras de Garcilaso con Anotaciones de Fernando de Herrera* (Sevilla, Alonso de la Barrera, 1580). Entre los *ierros advertidos* se mezclan errores propios de la impresión, errores de Herrera y cambios notables de autor.

LÁMINAS VIII Y IX

Folios 142v y 143r del ms. *S* de las obras de don Juan Manuel, con el ejemplo XIII de *El Conde Lucanor.* Los blancos al final de cada cuento iban destinados a las miniaturas que 'estoriaban' el ejemplo.

LÁMINAS X Y XI

Folios 14v y 15r del ms. *P* (Madrid, Real Academia Española de la Lengua, ms. 15), con el mismo ejemplo XIII de *El Conde Lucanor.* Obsérvense las modernizaciones de la letra posterior (vid. p. 164), donde se hace mención del caso del *Sendebar* en este mismo manuscrito).

LÁMINAS XII Y XIII

Folios 22r y 22v del ms. *M* (Madrid, Biblioteca Nacional, ms. 4236), con el ejemplo XIII de *El Conde Lucanor.*

LÁMINAS XIV-XVI

Folios 24v-25v del ms. *H* (Madrid, Biblioteca de la Real Academia de la Historia, ms. 9-5893-E-78), con el ejemplo XIII de *El Conde Lucanor.*

LÁMINAS XVII-XIX

Folios 27r-28r del ms. *G* (Madrid, Biblioteca Nacional, ms. 18415), con el ejemplo XIII de *El Conde Lucanor.*

LÁMINAS XX Y XXI

Folios 61v y 62r de la edición de *El Conde Lucanor* preparada por Argote de Molina (Sevilla, Hernando Díaz, 1575). Argote alteró conscientemente el orden de los ejemplos. Su capítulo XXXIII corresponde al ejemplo XIII.

LÁMINAS XXII Y XXIII

Folios 18v (Lám. XXII) y 23v.a y 24r.b (Lám. XXIII) del *Cancionero de Baena.* El «Dezir al finamento del dicho señor rey Don Enrique», que se interrumpe por desencuadernación de un ascendiente con la *fynida* de la segunda columna del folio 18v, continúa en la segunda columna del folio 23v y se cierra en la primera del siguiente. Vid. p. 166.

Láminas XXIV y XXV

Folio 203v.a (Lám. XXIV A), folios 202v.a y 203r.a (Lám. XXIV A y XXV B) de uno de los manuscritos de *La gran conquista de Ultramar* (Madrid, Biblioteca Nacional, ms. 1920); y folio 203v.a de la *editio princeps* (Salamanca, Hans Giesser, 1503). El texto impreso fusiona, cambiando el orden, la descripción de la 'sierpe', modernizando un texto de la obra en su versión definitiva. Vid. p. 162.

Láminas XXVI-XXIX

El texto reconstruido por Flores de los folios 261v y 262r (Láminas XXVI y XXVII) de la *editio princeps* del *Quijote* (Madrid, Juan de la Cuesta, 1605); y el texto sin epígrafe de esta misma edición en su estado original (Láminas XXVIII y XXIX), supresión debida al 'componedor' del pliego Kk para que le cupiera exactamente el material manuscrito. El epígrafe aparece, sin embargo, en la Tabla de los capítulos (que es el que incluye Flores en su reconstrucción). Vid. p. 188.

Láminas XXX y XXXI

Página 485 de las *Rimas de Lupercio y Bartolome Leonardo de Argensola* (Zaragoza, Hospital Real, 1634). Se trata de dos ediciones del mismo año, a plana y renglón e intentando reproducir exactamente el modelo, probablemente el de la lámina XXX.

Láminas XXXII y XXXIII

Reproducción de un pliego suelto, sin lugar ni año de publicación. En la lámina XXXIII, el recto del pliego, y en la lámina XXXIV el verso, antes del plegado. El pliego pertenece a la colección de la Biblioteca Nacional de Madrid (*Pliegos poéticos góticos de la Biblioteca Nacional,* Joyas Bibliográficas, Madrid, 1957, II, n.º LXV, pp. 155-160).

Lámina XXXIV

Folio 96v del *Libro de las fundaciones,* autógrafo de Santa Teresa (El Escorial, Biblioteca). Por el tipo de error de la línea 2, se trata del original o de una copia.

Lámina XXXV

Página 226 del *Cántico espiritual* (Sanlúcar de Barrameda, Convento de las Carmelitas Descalzas), con correcciones autógrafas de San Juan de la Cruz, quien escribió en la portada: «Este libro es borrador de q̄ ya se saco en limpio.»

Láminas XXXVI y XXXVII

Folios 111v y 112r del ms. 3902 de la Biblioteca Nacional de Madrid con el proceso de creación de un soneto dirigido a don Pedro Portocarrero por un anónimo (*ca.* 1580).

Láminas XXXVIII y XXXIX

El recto y el verso de una tira de papel encuadernada entre los folios 317 y 318 del ms. 3888 de la Biblioteca Nacional de Madrid, y el folio 323 del mismo manuscrito. En la tira se halla el borrador autógrafo de la Ode XXXIII de Francisco de Medrano. En el folio, el texto en limpio con alguna enmienda y que todavía no representa el estado definitivo del poema (vid., para las variantes, Dámaso Alonso y Stephen Reckert, *Vida y obra de Medrano, II, Edición crítica,* Madrid, CSIC, 1958, pp. 285-287).

Lámina XL

Autógrafo de *La dama boba* de Lope de Vega (Madrid, Biblioteca Nacional, ms. 14956, p. 57). El manuscrito es un original con pocas correcciones, aunque en la página reproducida, Lope corrigió el texto con una nueva redacción.

Lámina XLI

Autógrafo de una página del auto sacramental de Calderón, *La humildad coronada* (Madrid, Biblioteca Nacional, Res. 72, folio 27v). Se trata de un original con correcciones posteriores para adaptar la obra a la representación.

Lámina XLII

Borrador autógrafo de la primera versión de un soneto de Quevedo (Londres, British Museum, Add. 12108, recto de la contraguarda posterior).

LÁMINA XLIII

Página autógrafa de *El Héroe* de Gracián (Madrid, Biblioteca Nacional, ms. 6643, folio 38v). Parece tratarse de un original con correcciones y no de un borrador. Vid. Miguel Romera-Navarro, *Estudio del autógrafo de «El Héroe» graciano,* Madrid, CSIC, 1946.

LÁMINA XLIV

Soneto autógrafo de Fernando de Herrera (Madrid, Biblioteca de Don Antonio Rodríguez-Moñino). Copia muy cuidada con la ortografía característica del poeta. Vid. A. David Kossoff, «Another Herrera Autograph; Two Variant Sonnets», *Hispanic Review,* XXXVIII (1965), pp. 318-325.

LÁMINAS XLV-XLVII

Los textos impresos proceden de *Las obras de Boscán y algunas de Garcilaso de la Vega* (Barcelona, Carles Amorós, 1543); los manuscritos, del códice de Gayangos (Madrid, Biblioteca Nacional, ms. 17969, folios 107v, 309v, 116r). En algunos casos, como en el de la lámina XLV, el manuscrito da versiones primitivas de poemas de Boscán (vid. Antonio Armisen, *Estudios sobre la lengua poética de Boscán,* Universidad de Zaragoza, 1982). En la lámina XLVI una clara *lectio difficilior* en el texto manuscrito ('verdes ouas' frente a 'verdes hojas') en el v. 109 de la Egloga III (vid. A. Blecua, *En el texto de Garcilaso,* Madrid, Insula, 1970). En la lámina XLVII el texto manuscrito da una versión primitiva en mi opinión, con lecturas que permiten corregir errores del texto impreso. Para Aldo Ruffinatto («Garcilaso senza stemmi», *Ecdotica e testi ispanici,* Università degli Studi de Padova, 1982, pp. 25-44), el manuscrito de Gayangos sería un *codex descriptus* de la *editio princeps,* con errores e innovaciones de copistas y sin valor para la reconstrucción del texto. Doy las variantes del soneto de la edición príncipe en *Mb* (Madrid, Palacio Real, II-B-10), en *M(B),* es decir, el manuscrito utilizado por el Brocense en su edición comentada de las *Obras* de Garcilaso (Salamanca, 1574), y en *Mg* (el ms. de Gayangos): 2. con lagrimas le sta MgMb. 3. cosa de la qual sabe que c. Mg. 4. se le ha de doblar el m. q. s. Mg; doblar Mb. 6. considerar el d. y va corriendo Mg. 7. para su mal su desseo cumpliendo Mg; pide MbM(B). 8. y] *om.* MgMb; mal] llanto MgMb. 9. enfermo y loco] mi enfermo Mg. 10. os pide] os (es *Mg*) me pide MgMbM(B). 11. a] *om.* MgMbM(B); mal] mortal MgMbM(B). 12. pidemelo M(B).

LÁMINAS XLVIII Y XLIX

Traducción del Salmo 41 por fray Luis de León (Barcelona, Biblioteca Universitaria, ms. 161, folios 297v-298r). Como puede observarse, el copista encontró otra redacción del texto e introdujo las variantes, tachando las primitivas. Así se producen cierto tipo de contaminaciones que pueden originar falsas redacciones intermedias (vid. p. 119).

LÁMINAS L-LVII

Un pasaje de la *República Literaria* (Madrid, Biblioteca Nacional de Madrid, ms. 6436, folios 9r-9v) con supuestas correcciones autógrafas de Saavedra Fajardo (láms. L-LI); parte del mismo pasaje en la *editio princeps* que, con el título de *Juizio de Artes y Sciencias* (Madrid, Julián de Paredes, 1655), apareció a nombre de don Claudio Antonio de Cabrera (láminas LII-LV); y en la edición que, con el título de *República Literaria* (Alcalá, 1670), se publicó a nombre de Saavedra Fajardo (láms. LVI-LVII). Ambas ediciones derivan, a través de un subarquetipo perdido, del manuscrito con correcciones. Son, pues, ediciones *descriptae,* y, sin embargo, obsérvese el añadido de las tres musas en la edición de 1655, obra de un corrector que advirtió el error del arquetipo. Obsérvese también cómo en el manuscrito la laguna de las tres musas —que forzosamente debían estar en el original o en el borrador— se produce en el lugar que cambia el copista (línea 4 del folio 9v).

LÁMINAS LVIII Y LIX

Un pasaje de la *República Literaria* en su primera redacción (Madrid, Biblioteca Nacional, ms. 7526, folio 626) y en la redacción definitiva publicada en Alcalá en 1670. Obsérvese la diferencia en el *usus scribendi* entre ambas redacciones. La primera parece, en mi opinión, de un autor mayor que Saavedra; la segunda, de un autor más joven. La atribución a Saavedra tiene todo el aspecto de tratarse de una falsificación.

LÁMINAS LX-LXIII

Un pasaje de *El extranjero* de Pedro Antonio de Alarcón que apareció en una versión en *El eco de Occidente,* Granada, 1854, p. 149 (lám. LX); en una segunda versión en *El Museo Universal,* 1859, III, p. 21 (lám. LXI); y en la tercera redacción impresa en las *Historietas Nacionales* en 1881 (láms. LXII-LXIII). Se reproducen —con montaje— los tres pasajes del estudio de José F. Montesinos, *Pedro Antonio de Alarcón,* Zaragoza, 1955, pp. 73-77.

Láminas LXIV-LXIX

El desenlace de *Doña Perfecta* de Pérez Galdós en el autógrafo (Las Palmas, Casa Museo Galdós); en la primera edición en forma de libro (Madrid, J. Noguera, 1876); y en la primera con el desenlace definitivo (Madrid, La Guirnalda, 1876).

Láminas LXX-LXXIII

Tres versiones de un poema de Guerau de Liost. La primera (lám. LXX) apareció en el *Anuari dels Jocs Florals* de 1908 (Barcelona, La Renaixensa, 1908); la segunda (lám. LXXI) en *La Montanya d'Amathystes,* Barcelona, 1908, p. 107; la tercera redacción (lám. LXXII) está representada por el autógrafo (Barcelona, Biblioteca de Cataluña, Arxiu particular Jaume Bofill i Mates), cuyas correcciones pasaron a la edición revisada (lámina LXXIII) de *La Montanya d'Amathystes,* Barcelona, 1933, p. 105.

Láminas LXXIV y LXXV

Borrador y original de un poema de Antonio Machado en *Los Complementarios* (procede de la edición crítica por Domingo Ynduráin, Madrid, Taurus, 1972, I, donde se reproduce el facsímil).

Lámina LXXVI

Ultima página de las pruebas de la traducción de Jorge Guillén del *Cementerio marino,* con las correcciones del poeta.

Láminas LXXVII-LXXIX

Dos poemas manuscritos de Guillem de Berguedá (Barcelona, Biblioteca de Cataluña, ms. 146, folio 124v), y la edición crítica, con traducción, de Martín de Riquer (*Guillem de Berguedá,* Abadía de Poblet, 1971, II, pp. 48-49), de las dos primeras estrofas del primero de ellos en una probable doble redacción del propio poeta. Para la redacción I toma como base *Sg* (reproducido en la lám. LXXVII) y para la redacción II el ms. *A* (Roma, Biblioteca Vaticana, ms. lat. 5232). Obsérvese cómo resuelve Riquer el problema de las dos redacciones, en el texto y en la traducción, el color lingüístico de los manuscritos y los múltiples y especializados conocimientos que requiere un filólogo para la anotación de un texto y su correcta interpretación.

LÁMINA LXXX

Reconstrucción del *Cantar de los infantes de Lara* por don Ramón Menéndez Pidal (*Reliquias de la poesía épica española,* Madrid, Espasa-Calpe, 1951, p. 209), con la ayuda de las prosificaciones de la *Crónica de 1344* en la redacción *A* (*M* en la lámina siguiente) y con las interpolaciones de la *Tercera Crónica General* en la versión *B*.

LÁMINA LXXXI

Página 65 de la edición de Diego Catalán Menéndez Pidal y Soledad de Andrés Castellanos de la *Crónica de 1344* (Madrid, Seminario Menéndez Pidal y Editorial Gredos, 1971). Los mss. *M* y *U* representan dos ramas del arquetipo, traducción del original portugués perdido; *M* y *E* son ramas del arquetipo de la primera versión portuguesa; *U, Q, S, V, H* ramas del subarquetipo castellano de la refundición portuguesa (*ca.* 1400), de la que *L, P, C, Li* y *Ex* son los representantes en esta lengua.

LÁMINAS LXXXII Y LXXXIII

Páginas 442-443 de la edición de Raymond S. Willis, JR., de *El libro de Alexandre,* Princeton University Press, 1932. El ms. *P* (París, Bibliothèque Nationale, ms. esp. 488) tiene más rasgos castellanos y el ms. *O* (Madrid, Biblioteca Nacional, V.ª 5-10) rasgos leoneses. Willis lleva a cabo una edición paleográfica en la que se limita a añadir la numeración de las estrofas, de cada manuscrito y de la obra en conjunto.

LÁMINA LXXXIV

Página 271 de la edición de Giorgio Chiarini del *Libro de Buen Amor* (Milán-Nápoles, Ricciardi, 1964). El aparato crítico está constituido por tres apartados: variantes adiáforas —de la rama *S* o de la rama *GT*—; *lectiones singulares,* innovaciones y errores; notas de selección de variantes, de interpretación, de fuentes, etc. Las variantes en las grafías y el vocabulario se publican al final de la edición.

LÁMINA LXXXV

Página 183 de la edición de Germán Orduna del *Rimado de Palacio* (Pisa, Giardini, 1981, 2 vols.), con aparato de variantes positivo. Orduna da un texto más conservador en las grafías y en la acentuación que el de Chiarini. Las notas críticas figuran en el vol. II.

LÁMINA LXXXVI

Páginas 256-257 de la edición de Biruté Ciplijauskaité de los *Sonetos* de Góngora (Madison, 1981). En el texto reproduce literalmente el manuscrito Chacón llevado a cabo bajo la dirección del propio Góngora, según advierte el compilador. En los impresos, *Fl* es las *Flores de poetas ilustres* (1605); *Vi,* la edición de Juan López de Vicuña (1627); *Ho,* la de Hoces (1633); *SC,* la comentada de Salcedo Coronel (1644); y *Gracián AA,* la *Agudeza y Arte de ingenio* (1648). Obsérvese la falsa atribución a Villamediana en *E* y E_1, y la escasez de variantes en relación con el número de manuscritos. En los sonetos satíricos, en cambio, la cantidad y calidad de las variantes es muy rica, prueba de una transmisión distinta.

LÁMINA LXXXVIII

Página 18 de la edición de Fernando Lázaro Carreter de *La vida del Buscón* (Salamanca, 1966). En la parte superior se edita el texto crítico, con modernización de las grafías, de la segunda redacción representada por los mss. *S* y *C* y la *editio princeps E* (las restantes ediciones son *descriptae* de ella), cuyas variantes figuran en el aparato crítico positivo. En la parte inferior se edita el ms. *B,* que representa la primera redacción, manteniendo la ortografía, puntuación y acentuación. La cursiva en este texto indica que se trata de un pasaje cambiado en la segunda redacción, y la cursiva entre corchetes dobles ([[ ]]), el pasaje suprimido. Con el signo < — — — > se señalan las ausencias en *B.* El texto crítico definitivo se reconstruye, naturalmente, con ayuda de *B* cuando su lección coincida con uno de los testimonios de la segunda redacción, esto es, con las ramas *SC* y *E.*

LÁMINAS LXXXIX-XCI

Páginas 551-553 de la edición de José Manuel Blecua de la *Obra poética* de Quevedo (Madrid, Castalia, 1969, I), con cuatro redacciones de una canción. Blecua edita, con modernización de la ortografía, como texto base el impreso en la edición póstuma de 1648 ($P_{\hat{8}}$). Faltan en la lámina los vv. 71-72 que cierran el poema y que presenta variantes de importancia:

ya las aves consortes, ya las vïudas
más elocuentes ser cuando más mudas.

71 las tórtolas lascivas y vïudas *BCDEG* (lacivas o *C*).
72 que por sobra de lenguas están mudas *BCDEG.*

Láminas XCII-XCIV

Autógrafo y transcripción (láminas XCII y XCIII) de un fragmento de la *Oda al rey de Harlem* de Federico García Lorca (en Federico García Lorca, *Autógrafos,* prólogo, transcripción y notas por Rafael Martínez Nadal, Oxford, The Dolphin Book, 1975, I, pp. 222-223). En la lámina XCIV la edición crítica de Eutimio Martín de *Poeta en Nueva York* (Barcelona, Ariel, 1981, p. 141). El *Ms.* es el autógrafo reproducido; las demás siglas corresponden a las restantes ediciones del poema.

BIBLIOGRAFÍA GENERAL

Alberti, Giovan Battista, *Problemi di critica testuale,* Firenze, La Nuova Italia, 1979.

Avalle, D'Arco Silvio, *Principî di critica testuale,* Padova, Antenore, 1972.

Balduino, Armando, *Manuale di Filologia Italiana,* Firenze, Sansoni, 1979.

Basile, Bruno, ed., *Letteratura e Filologia,* Bologna, Zanichelli, 1975.

Bédier, Joseph, *La tradition manuscrite du «Lai de l'ombre». Réflexions sur l'art d'éditer les anciens textes,* París, Champion, 1970 (apareció en *Romania,* LIV [1928], pp. 161-196 y 321-356).

Bowers, Fredson, *Textual and literary Criticism,* Cambridge, Cambridge University Press, 1959.

Brambilla Ageno, Franca, *L'edizione critica dei testi volgari,* Padova, Antenore, 1975.

Clark, A. C., *The Descent of Manuscripts,* Oxford, Clarendon Press, 1969 (apareció en 1918).

Contini, Gianfranco, *Varianti e altra linguistica,* Torino, Einaudi, 1970.

Dain, Alphonse, *Les manuscrits,* París, Les Belles-Lettres, 1964 [2]

Dearing, Vinton A., *A Manual of Textual Analysis,* Berkeley-Los Angeles, California University Press, 1959.

Del Monte, Alberto, *Elementi di ecdotica,* Milano, Cisalpino-Goliardica, 1975.

Fränkel, Hermann, *Testo critico e critica del testo,* Firenze, Le Monnier, 1969.

Froger, dom Jacques, *La critique des textes et son automatisation,* París, Dunod, 1968.

Foulet, Alfred, y Speer, Mary Blekely, *On Editing Old French Texts,* Lawrence, 1978.

Greg, W. W., *The Calculus of Variants. An Essay on Textual Criticism,* Oxford, 1927.

Havet, Louis, *Manuel de critique verbale appliqué aux textes latines,* París, Hachette, 1911.

Kenney, E. J., *The Classical Text: Aspects of Editing in the Age of the Printed Book,* Berkeley-Los Angeles-London, University of California Press, 1974.

Laufer, Roger, *Introduction à la textologie,* París, Larousse, 1972.

Maas, Paul, *Critica del testo,* Firenze, Le Monnier, 1963 (es traducción de la segunda edición; la primera alemana apareció en 1927).

Macrí, Oreste, *Ensayo de crítica sintagmática,* Madrid, Gredos, 1969.

——, «Teoria dell'edizione critica», en *Due saggi,* Lecce, Milella, 1977.

Marichal, Robert, «La critique des textes», en *L'Histoire et ses méthodes,* París, Gallimard, 1961, pp. 1247-1366 (Encyclopédie de la Pléiade).

Moll, Jaime, «Problemas bibliográficos del libro del Siglo de Oro», *Boletín de la Real Academia Española,* 59 (1979), pp. 49-107.

Pasquali, Giorgio, *Storia de la tradizione e critica del testo,* Firenze, Le Monnier, 1964 [3] (apareció en 1934).

Quentin, dom Henry, *Essais de critique textuelle (Ecdotique),* París, 1926.

Reynolds, L. D. y Wilson, N. G., *Copisti e Filologi,* Padova, Antenore, 1974 [2].

Roncaglia, Aurelio, *Principi e applicazioni di critica testuale,* Roma, Bulzoni, 1975.

Timpanaro, Sebastiano, *La genesi del metodo del Lachmann,* Padova, Liviana Editrice, 1981 [2].

Thorpe, James, *Principles of Textual Criticism,* San Marino, California, The Huntington Library, 1972.

West, Martin L., *Textual Criticism and editorial Technique,* Stuttgart, Teubner, 1973.

ÍNDICE DE NOMBRES Y OBRAS

ÍNDICE DE VOCES TÉCNICAS

ÍNDICE GENERAL

Págs.

ESTE LIBRO
SE TERMINÓ DE IMPRIMIR
EL 2 DE SEPTIEMBRE DE 1983